黄河文明与可持续发展文库

沿黄黄金旅游带构建与可持续发展

Construction and Sustainable Development of Golden Tourism Belt along the Yellow River

程遂营　宋军令　等◎著

科学出版社
北京

内 容 简 介

本书在梳理构建沿黄黄金旅游带的理论基础、作用与意义、有利条件等的基础上，明确了沿黄黄金旅游带的概念、内涵、特征与地理空间范围，评估了沿黄黄金旅游带的资源构成、旅游产业、旅游经济发展水平，分析了沿黄黄金旅游带构建的路径、模式与机理，并结合大运河文化带建设、乡村振兴等国家战略，为沿黄黄金旅游带的构建及其可持续发展提供了对策和建议。

本书适合高校和研究机构旅游管理、人文地理相关专业师生、政府机构工作人员、旅游行业管理人员等参考。

图书在版编目（CIP）数据

沿黄黄金旅游带构建与可持续发展 / 程遂营等著. —北京：科学出版社，2020.11

（黄河文明与可持续发展文库）

ISBN 978-7-03-066791-5

Ⅰ. ①沿⋯　Ⅱ. ①程⋯　Ⅲ. ①黄河流域-旅游业发展-研究　Ⅳ. ①F592.7

中国版本图书馆 CIP 数据核字（2020）第 220977 号

责任编辑：杨婵娟　姚培培 / 责任校对：韩　杨
责任印制：徐晓晨 / 封面设计：无极书装

科学出版社 出版

北京东黄城根北街16号

邮政编码：100717

http://www.sciencep.com

北京凌奇印刷有限责任公司 印刷

科学出版社发行　各地新华书店经销

*

2020 年 11 月第 一 版　开本：720×1000 B5
2021 年 5 月第二次印刷　印张：11 3/4
字数：225 000

定价：78.00 元

（如有印装质量问题，我社负责调换）

丛 书 序

　　大河流域是人类文明的摇篮。在中华文明发祥、形成、发展、演化和复兴的过程中，黄河文明一直发挥着中流砥柱的作用。尽管什么是文明，学术界还有不同的看法，但文明作为人类社会进步的状态，就不仅体现在诸如文字、技术（如青铜器制造技术）、城市、礼仪等组成要素上，而且还体现在由这些要素组成的社会整体——国家的形成与发展上。正如恩格斯在《家庭、私有制和国家的起源》中所指出的："国家是文明社会的概括。"对于黄河文明的认识，无论是对中国古代文明起源持单中心论的学者，还是持多中心论的学者，都无法否认从黄河流域兴起的夏、商、周文明在中国古代文明起源与发展中的支配地位。特别是，随着考古学研究的深入和中华文明探源工程的推进，我国史前文化的地域多样性得到了进一步的确认，黄河文明在我国古代文明进程中的支配地位同样也得到了进一步的确认。由此，我们不禁要问，在灿烂发达、具有多个起源的中国史前文化中，为何只有地处黄河流域的中原地区走向了国家文明的道路，而别的地区却被中断或停滞不前？黄河文明的特质、优势及其对文明连续性发展的影响何在？黄河文明与周边地区的文明是如何互动并融合发展的？在国家文明形成之后，自秦汉至唐宋，黄河文明在中华文明进程中是如何创造一个个高峰的？她对中华文明乃至世界文明究竟产生了哪些重大影响？北宋以来，伴随着国家经济中心和政治中心的地域转移，黄河文明的演化与发展又面临着哪些前所未有的挑战？如果说农耕文明是黄河文明的核心内容，那么，是什么原因造就了这种文明的历史辉煌？又是什么原因造成其发展的路径依赖甚至锁定，以至于形成"高水平均衡陷阱"？

　　在国际学术界，冷战结束之后，伴随着经济全球化的快速推进，国际政治经济格局和秩序的重构，生态与可持续发展问题的凸显，有关文明冲突、共存，以及文化软实力、文化竞争力的辩论，为地域文明的研究注入了鲜明的时代性及全球化和生态环境两个重要视角。对于黄河文明而言，在全球化时代从传统农耕文明向现代农业文明、现代工业文明和现代城市文明的转型已成为历史的必然。经过一个多世纪的探索，目前黄河文明已经进入全面、快速转型的新时期，但这种转型不仅面临着传统制度和文化的约束，而且还面临着前所未有的资源与生态环境问题的挑战。作为中华文明的典型代表，黄河文明在全球化时代和全面转型时代如何实现可持续发展并实现伟大复兴，仍是我们面临的一个重大的时代性课题。

历史是一面镜子，而现在是联系过去和未来的纽带。对于文明的研究，我们需要回答几个基本问题：我们是谁？我们从哪里来？现在到了哪里？今后走向何方？为了回答黄河文明的这些问题，地处黄河之滨的河南大学以多年对黄河文明研究所形成的厚重历史积淀为基础，整合学校地理、经济、历史、文学（文化）等优势学科，并广泛联合国内外优秀研究力量，于 2002 年组建了黄河文明与可持续发展研究中心，并于 2004 年被教育部批准为普通高等学校人文社会科学重点研究基地。围绕黄河文明与可持续发展这一核心，中心将历史研究与现实研究有机结合起来，凝练了黄河文明的承转与发展、制度变迁与经济发展、生态与可持续发展三个主攻方向，并以此为基础，提出了创建具有中国特色、中国风格、中国气派的"黄河学"的宏伟目标。

近年来，中心科研人员承担了一批国家自然科学基金、国家社会科学基金、教育部基地重大项目等国家级和省部级课题，取得了丰硕研究成果。为繁荣黄河文明与可持续发展研究，推动"黄河学"建设与发展，河南大学黄河文明与可持续发展研究中心从 2011 年起编撰"黄河文明与可持续发展研究丛书"，分批出版中心研究人员在黄河文明与可持续发展研究领域的代表性成果。此套丛书的出版得到了科学出版社的大力支持，在此我代表河南大学黄河文明与可持续发展研究中心表示衷心的感谢。

"黄河学"的创建任重而道远，黄河文明复兴的征程伟大又艰巨。研究黄河文明形成、发展、演变的规律，探究黄河文明的精髓和可持续发展的道路，不仅对中华文明、中国道路的研究有重大贡献，而且能为世界不同文明的和谐发展提供知识和智慧源泉。我们期待着中华文明的伟大复兴，我们也期待着以黄河文明与可持续发展研究为核心的"黄河学"能够早日建成并走向世界。

苗长虹

河南大学黄河文明与可持续发展研究中心执行主任

2011 年 4 月 9 日

前言

随着中国经济持续发展、人民生活水平不断提高、新的休假制度逐步实行，以及高铁、自驾车时代的到来，人们有了更好的经济条件、更多的时间、更强烈的出门旅行和观光的愿望，更多的人走出去领略祖国大好河山风光，品味优秀文化遗产。黄河流域以其特殊的自然和人文资源优势，成为旅游者竞相前往的旅游目的地。

黄河是中国第二大河，发源于青藏高原巴颜喀拉山北麓的约古宗列盆地，流经青海、四川、甘肃、宁夏、内蒙古、山西、陕西、河南、山东九省（区），在山东省东营市垦利区注入渤海。黄河干流全长约 5464km，横贯中国东西，流域内自然条件差别很大，既有青藏高原的冰川、积雪，又有内蒙古高原和黄土高原的草原牧场、黄土高坡，以及黄淮平原一望无际的田园风光。壶口瀑布更是黄河自然奇观的代表，蜚声海内外。

自古以来，黄河被誉为"百川之首""四渎之宗"，被看作中华民族的"母亲河"，哺育了早期中华文明。在大家所熟知的"八大古都"中，西安、洛阳、郑州、开封、安阳五大古都都位于黄河流域。长期的历史发展积淀了众多的文物古迹，殷墟、兵马俑、龙门石窟、少林寺等都已经成为驰名世界的文化遗产。而产生于黄河流域的仁爱、礼仪、孝悌、包容、和谐、诚信、大同等重要价值观念、行为规范，也已经深深植根于中华文化之中，成为中华民族赖以生存与发展的精神支柱，在炎黄子孙心目中享有至高无上的地位。

改革开放以来，依托黄河流域丰富的自然和人文资源，沿黄各省（区）一直把沿黄旅游开发作为工作的重点。近年来，沿黄各省（区）又迎来了一系列的国家重大发展战略机遇，特别是西部大开发、中部崛起、区域协调发展等。同时，在美丽乡村建设，促进革命老区、民族地区、边疆地区、贫困地区经济社会发展，推动文化传播和繁荣，以及提升国家形象、发挥民间外交功能等诸多方面，沿黄各省（区）均有着积极而重要的作用。

总体来看，在沿黄各省（区）中，黄河风光、石窟文化、寻根朝敬、儒学修习、武术研修、丝绸之路、红色旅游等旅游产品都已形成较为完整的系统。以黄河为依托的历史、人文与自然资源共性多、品位高、关联强，其旅游发展起步早、基础好、潜力大。同时，陇海铁路、连云港—霍尔果斯高速公路，以及各省（区）之间的航空交通、部分黄河河段的水上交通等，已在实质上把黄河沿线连成一个整体，以黄河文明为核心的黄金旅游带已初现端倪。大黄河之旅正日益成为广大游客认知、了解中国的窗口和文化名片。

基于以上背景，2012年，笔者依托河南大学黄河文明与可持续发展研究中心申请获批了教育部人文社会科学重点研究基地重大项目"沿黄黄金旅游带构建及其可持续发展研究"。本书便是在这一项目结项成果的基础上进一步修改完善而成的。本书的总体思路如下。首先，在确定沿黄黄金旅游带基本概念、内涵、特征与地理空间范围的基础上，依据沿黄各省（区）旅游资源开发和旅游产业发展的历史与现状，以沿线主要旅游城市和重点风景名胜区为纽带，以黄河文明为核心，整合旅游要素，分析沿黄黄金旅游带构建的现实基础。其次，对沿黄黄金旅游带的资源构成、旅游产业、旅游经济发展水平进行评估，确定沿黄黄金旅游带发展的制约因素与现实障碍。再次，分析沿黄黄金旅游带发展的路径、模式与机理，明确沿黄黄金旅游带的主次轴线、增长极、旅游区（圈）和功能板块，探讨构建沿黄黄金旅游带在机构设置、资源整合、线路与产品设计、市场营销与形象塑造、利益共享与发展模式等方面的具体措施。最后，本着可持续发展理念，探讨在旅游大众化背景下如何围绕黄河文明的传承和弘扬，实现旅游开发带动沿线地区历史文化遗产与自然环境的合理保护与利用；同时，为将沿黄黄金旅游带打造成为荟萃华夏文明、凸显生态黄河的国内与国际精品旅游带，将黄河沿线打造成为绿色生态走廊、历史文化走廊、休闲度假走廊，提供坚实的理论支撑和实践帮助。

本书各章的具体分工是：程遂营确定本书的撰写大纲；前言及第一章构建沿黄黄金旅游带的理论基础、作用意义与有利条件，由程遂营、李麦产、张新主笔；第二章沿黄黄金旅游带旅游资源类型、特征及旅游开发价值，由陈玉英、谢盟月主笔；第三章沿黄黄金旅游带的产业基础、特征及其空间结构，由陈玉英、洪鹏飞主笔；第四章沿黄黄金旅游带构建的路径、模式与机理，由程金龙、张孟梦主笔；第五章沿黄黄金旅游带的构建，由陈楠、李麦产、袁簪主笔；第六章沿黄黄金旅游带的可持续发展，由宋军令、李鹏鹏主笔。此外，河南大学博士研究生高

前言

一萍参与了第二章、第三章的修改工作，河南大学研究生孙慧娟等参与了部分章节的资料收集、图表制作等工作。最后，由程遂营、宋军令负责全书的修改完善。

在本书写作过程中，笔者清醒地认识到，中华民族在黄河流域的大规模活动已达五千年左右，黄河流域的土壤、植被、水资源等生态条件已发生重大变化，黄河母亲早已不堪重负。所以，对沿黄黄金旅游带的开发，应本着理性和可持续发展的原则，在明确保护黄河流域脆弱生态的基础上，找到旅游产业高质量发展的合理路径，从而保障黄河文明发展的世代永续。

当然，沿黄黄金旅游带涉及地域广、范围大，各省（区）在旅游资源状况、旅游发展理念、旅游产业水平、旅游管理与服务能力等方面也都存在不小的差异。加上笔者理论和认知水平有限、投入时间不足等各方面原因，本书对相关问题的阐释还只是管中窥豹，如有不当之处，还请方家批评指正！

程遂营
2020年6月

目 录

丛书序 ·· i

前言 ·· iii

第一章　构建沿黄黄金旅游带的理论基础、作用意义与有利条件 ············· 1

　第一节　黄河流域自然与人文环境概述 ·· 1
　　一、自然环境 ·· 1
　　二、行政区划 ·· 4
　　三、人文环境 ·· 6
　　四、沿黄黄金旅游带的范围界定 ·· 7

　第二节　沿黄黄金旅游带构建的理论基础 ·· 10
　　一、中心地理论 ·· 10
　　二、增长极理论 ·· 11
　　三、点—轴系统理论 ·· 12

　第三节　构建沿黄黄金旅游带的作用与意义 ·· 12
　　一、传承黄河文明，提升沿黄旅游资源的利用价值 ······························ 13
　　二、激活沿黄城市旅游，促进区域旅游协同发展 ································· 13
　　三、促成我国旅游发展大格局 ·· 14
　　四、有利于"一带一路"倡议的顺利实施 ·· 14

　第四节　构建沿黄黄金旅游带的有利条件 ·· 15
　　一、信息技术所带来的便利 ·· 16
　　二、现代交通对构建沿黄金旅游带的支撑 ·· 17
　　三、沿黄各省（区）在旅游合作方面的愿望强烈 ································· 19

第二章　沿黄黄金旅游带旅游资源类型、特征及旅游开发价值 ················ 21

　第一节　沿黄黄金旅游带的旅游资源概况 ·· 21
　　一、黄河上游省（区）旅游资源概况 ·· 21

二、黄河中下游省（区）旅游资源概况 …………………………………………… 22
第二节　沿黄黄金旅游带旅游资源的类型、数量及评价 ……………………………… 22
　　一、旅游资源分类依据与方法 …………………………………………………… 22
　　二、沿黄城市旅游资源的类型划分 ……………………………………………… 24
　　三、沿黄城市旅游资源的分类评价 ……………………………………………… 25
　　四、沿黄城市旅游资源的品质评价 ……………………………………………… 29
　　五、沿黄城市旅游资源的空间分布 ……………………………………………… 30
第三节　沿黄黄金旅游带旅游资源的总体特征及评价 ………………………………… 30
　　一、旅游资源类型丰富 …………………………………………………………… 30
　　二、优质资源丰富 ………………………………………………………………… 33
　　三、旅游资源区域特色鲜明 ……………………………………………………… 33
　　四、区域内旅游资源分布差异较大 ……………………………………………… 34
　　五、旅游新业态发展迅速 ………………………………………………………… 35
第四节　沿黄黄金旅游带旅游资源聚合区综合评价 …………………………………… 35
　　一、沿黄主要旅游资源聚合区 …………………………………………………… 35
　　二、沿黄黄金旅游带4A级及5A级旅游景区 …………………………………… 37
第五节　沿黄黄金旅游带旅游资源的开发价值及评价 ………………………………… 40
　　一、旅游资源的开发价值 ………………………………………………………… 40
　　二、资源开发现状及评价 ………………………………………………………… 41

第三章　沿黄黄金旅游带的产业基础、特征及其空间结构 ……………… 44

第一节　黄河上游构建黄金旅游带的产业基础 ………………………………………… 45
　　一、构建依据 ……………………………………………………………………… 45
　　二、旅游产业基础 ………………………………………………………………… 45
第二节　黄河中下游构建黄金旅游带的产业基础 ……………………………………… 48
　　一、基础条件 ……………………………………………………………………… 48
　　二、旅游产业发展概况 …………………………………………………………… 48
　　三、旅游经济发展水平 …………………………………………………………… 51
第三节　沿黄黄金旅游带旅游产业发展特征 …………………………………………… 52
　　一、沿黄9个省（区）A级及以上旅游景区大多集中分布在中下游 ………… 52
　　二、沿黄黄金旅游带交通网络已有雏形 ………………………………………… 53
　　三、旅游业发展迅速，沿黄黄金旅游带拥有巨大发展潜力 …………………… 54
　　四、区域内经济发展水平整体呈现"东高西低"态势 ………………………… 54

第四节　沿黄黄金旅游带旅游产业的空间结构 …… 55
　　一、"中国优秀旅游城市"的空间分布特征 …… 55
　　二、5A级景区空间分布特征 …… 55
　　三、中心城市旅游收入的空间结构 …… 56
　　四、国内旅游收入的GDP贡献率空间分布结构 …… 59

第五节　沿黄黄金旅游带的质性特征 …… 59
　　一、旅游市场内存在以黄河文明为核心的多元竞争 …… 60
　　二、多个旅游城市的旅游产业呈主导产业态势，支配型旅游企业颇具竞争力 …… 60
　　三、黄河旅游及其相关旅游线路已发展成为国家旅游精品 …… 61
　　四、品牌战略与政府调控并行，信息-知识共享互动共促旅游供需均衡 …… 61
　　五、文化旅游和旅游电子商务均质分布 …… 62

第四章　沿黄黄金旅游带构建的路径、模式与机理 …… 63

第一节　沿黄黄金旅游带构建的制约因素 …… 63
　　一、沿黄黄金旅游带发展缺乏整体管理，缺乏区域联合与合作 …… 63
　　二、沿黄黄金旅游带规划不系统，开发各自为政，严重依赖资源 …… 64
　　三、沿黄黄金旅游带旅游投资分散，社会资金吸引力不强 …… 65
　　四、沿黄黄金旅游带旅游景区存在同质化、恶性竞争现象 …… 65
　　五、沿黄黄金旅游带城市化水平不高，旅游资源没有形成集聚效应 …… 66
　　六、沿黄黄金旅游带旅游市场主体地位不明晰，难以形成旅游经济合力 …… 67
　　七、沿黄黄金旅游带旅游业发展水平整体不高、旅游发展差距较大 …… 67
　　八、沿黄黄金旅游带生态基础脆弱、基础设施薄弱 …… 68

第二节　沿黄黄金旅游带构建的路径 …… 71
　　一、空间层面沿黄黄金旅游带构建的路径 …… 71
　　二、时间层面沿黄黄金旅游带构建的路径 …… 72
　　三、产业层面沿黄黄金旅游带构建的路径 …… 74

第三节　沿黄黄金旅游带旅游开发模式 …… 75
　　一、沿黄黄金旅游带旅游开发模式定义及特征 …… 75
　　二、沿黄黄金旅游带旅游模式类型 …… 76
　　三、沿黄黄金旅游带的开发模式 …… 77

第四节　沿黄黄金旅游带构建的机理 …… 79
　　一、共生与竞合机制 …… 79
　　二、空间集聚与空间扩散机制 …… 80

  三、政府行为机制 ·· 80
  四、区域旅游协作机理 ·· 81
  五、旅游业可持续发展机理 ·· 82
  六、机理要素与动力机制 ·· 82

第五章 沿黄黄金旅游带的构建 ·· 85

第一节 沿黄上游黄金旅游带的构建 ···································· 85
  一、沿黄上游黄金旅游带主要特征 ·································· 85
  二、"一带一路"背景下沿黄上游黄金旅游带构建 ···················· 85

第二节 沿黄中下游黄金旅游带的构建 ·································· 86
  一、建设晋陕黄河旅游区（圈） ···································· 86
  二、构建陇海黄河文明旅游隆起带 ·································· 91
  三、建设山东沿黄黄金旅游带 ······································ 95

第三节 开封城墙型"空中花园"及休闲旅游带建设 ······················ 98
  一、开封建设城墙型"空中花园"立体景观及休闲旅游带 ·············· 98
  二、开封市古城特色历史街区保护与旅游开发 ······················ 110

第六章 沿黄黄金旅游带的可持续发展 ·································· 122

第一节 沿黄黄金旅游带可持续发展概述 ······························ 122
  一、旅游可持续发展的定义 ······································ 122
  二、沿黄黄金旅游带可持续发展的内涵 ···························· 122
  三、沿黄黄金旅游带可持续发展的现实基础 ························ 123
  四、沿黄黄金旅游带可持续发展的主要意义 ························ 123

第二节 新时代沿黄金旅游带可持续发展的基本原则 ···················· 123
  一、"道法自然"：沿黄黄金旅游带可持续发展的基本指导思想 ······ 123
  二、"全域旅游"：沿黄黄金旅游带可持续发展的重要支撑 ·········· 125
  三、"改革创新"：沿黄黄金旅游带可持续发展的基本动力 ·········· 126
  四、"一带一路"：沿黄黄金旅游带可持续发展的合作空间 ·········· 129

第三节 沿黄黄金旅游带可持续发展的对策与建议 ······················ 130
  一、推动沿黄省（区）旅游产业转型升级 ·························· 130
  二、构建权益共享机制，建立跨区域长期合作机制 ·················· 131
  三、健全黄河流域旅游管理体制，编制全流域统一的旅游规划，
    对沿黄金旅游带资源进行空间整合 ···························· 134

四、整合打造沿黄黄金旅游带品牌，促进整体形象塑造与传播……………136
　　五、加强沿黄黄金旅游带的支撑体系建设……………………………………138
　第四节　大运河文化带建设与沿黄黄金旅游带……………………………………140
　　一、大运河文化带建设…………………………………………………………140
　　二、建设河南大运河精品旅游走廊……………………………………………141
　　三、探索大运河文化带保护利用的"河南模式"……………………………141
　　四、打造河南大运河旅游品牌…………………………………………………144
　第五节　"文旅融合"视角下的黄河旅游可持续发展：以黄河河南段为例……146
　　一、"文旅融合"视角下的沿黄黄金旅游带…………………………………146
　　二、"文旅融合"视角下的黄河河南段旅游可持续发展……………………147
　　三、黄河河南段文化遗产旅游保护与开发……………………………………155
　第六节　乡村振兴战略背景下的沿黄乡村旅游可持续发展………………………161
　　一、乡村振兴战略实施对沿黄黄金旅游带可持续发展的影响………………161
　　二、乡村文化振兴与沿黄乡村旅游可持续发展………………………………163
　　三、以创意农业发展促进沿黄乡村旅游可持续发展…………………………164
　　四、综合提升沿黄乡村旅游可持续发展的支撑因素…………………………168

参考文献……………………………………………………………………………………170

第一章 构建沿黄黄金旅游带的理论基础、作用意义与有利条件

黄河，中国第二大河，世界第五大河，其源头在青藏高原巴颜喀拉山的北麓之约古宗列盆地。自上而下，黄河流经9个省（区），即青海省、四川省、甘肃省、宁夏回族自治区、内蒙古自治区、山西省、陕西省、河南省、山东省等，最后在山东省东营市垦利区注入渤海。黄河干流全长约5464km，流域面积约75.24万 km^2。

黄河在中国历史、地理等领域享有崇高的地位，被誉为"百川之首"和"四渎之宗"。黄河流域是华夏文明的重要发祥地之一。作为中华民族的"母亲河"，黄河缔造了这个伟大族群坚韧不拔、百折不挠、自强不息的民族精神和民族秉性，是中华民族精神的象征，因此在炎黄子孙的心目中具有极其崇高而神圣的地位。它所孕育出的灿烂黄河文明，以其博大精深、源远流长的文化内涵，构筑了华夏文明的主体内容，成为中华民族优秀传统文化的重要组成部分和核心来源。

第一节 黄河流域自然与人文环境概述

一、自然环境

黄河流域自西而东整体地域辽阔，其地形地貌也差别极大，横跨了青藏高原、内蒙古高原、黄土高原、黄淮平原4类地貌单元，由此形成了流域内西高东低的地势形态。西部的黄河源地区的平均海拔在4000m之上，且多由高山组成，积雪常年不融，呈冰川地貌发育；中部为黄土地貌，其海拔在1000～2000m，是水土严重流失的地区；东部的主体是黄河冲积（扇）平原，而且河道超过两岸地面的高度，遂成"悬河"景观。

黄河流域受各种因素的影响与制约，流域内的降水、蒸发、气温、光热条件与无霜期等，存在明显的差异。流域范围内大致可分为半湿润、半干旱和干旱等气候，整体上表现出东部湿润、西部干旱的特征。流域内整体上属于水资源缺乏

地区，年均蒸发量为 700~1800mm，而长期年均降水量仅 466mm，蒸发量显著大于降水量，因此需要获得区域间的调水补给。流域内平均气温为上游 1~8℃，中游 8~14℃，下游 12~14℃。黄河的水文特征显著，具体为：上游降水通常强度小、历时长，所形成的洪水径流表现为量大、峰低；中游的降水相反，表现为强度大、历时短，所形成的洪水径流量小、峰高，陡落陡涨，多洪水暴雨。

依据黄河流域所形成与发育的地质、地理条件及水文等情况，黄河的干流河道可分为界点明确的上、中、下游。其中，自黄河发源地到内蒙古托克托县河口镇是上游，自河口镇到河南郑州的桃花峪是中游，自桃花峪到黄河入海口是下游。

黄河有以下主要支流。①白河、黑河，是位于黄河上游四川境内的两条较大的支流，在黄河流域的南部。②洮河，是位于黄河上游右岸的一条大支流，其源头在青海省的河南蒙古族自治县的西倾山东麓。洮河的水量丰沛，仅次于渭河，在黄河众多支流中居第二位。③湟水，是位于黄河上游左岸的一条较大支流。湟水流域约有 12%的面积属甘肃，另外部分即 88%的面积归属于青海。④大黑河，位于内蒙古自治区河套平原的东北隅，为黄河上游尾端的一条大型支流。大黑河自东北向南流淌，与内蒙古境内的呈自西而东流向的黄河干流形成对流，故为黄河的逆向支流。⑤汾河，黄河较大支流之一，亦是山西省境内规模最大的河流。⑥渭河，作为黄河最大支流，呈大"几"字形位于黄河的腹地的基底之部位，主要在陕西省的关中平原地区。

黄河除了有众多的支流，其流经之地还形成了大量的湖泊和湿地，如青海的扎陵湖、鄂陵湖、冬给措纳湖，宁夏银川的阅海湿地公园、沙湖，内蒙古的响沙湾等。其中，黄河流域最大的温泉湖泊型湿地——合阳洽川，因世界上罕见的瀵泉（从地层深处喷出的富含氮磷钾等矿物成分的水）奇观而享誉华夏。黄河流域的湿地总面积达 280 万 km^2，约占全国陆域范围内湿地总面积的 8%，且重要湿地呈现出集中分布的特征，即主要是黄河源区的高寒沼泽湿地、上游的河湖湿地、中下游的河道湿地，另外还有河口三角洲湿地。

黄河流域各地气候、地形、土壤均不相同，现存植物群落的组成和分布参差不齐。总体来说，黄河流域的植物覆被是稀少的。在黄河上游高原地区及阳坡，其往往以草原植物为主要类型；在黄河中游，植被主要有高山针叶林及针阔叶混交林；在黄河下游平原，森林甚少，常见树木有杨类和柳类。

黄河是一条特征鲜明的大河。从单项指标看，黄河的水量并不大，不仅不能与世界上降水集中地区的大河流相比，甚至在中国这个淡水资源较匮乏的国家也难排最前列，它只与中国东南地区一条较小规模的河流——钱塘江相差无几。与长江、珠江等相比较，黄河显得名声有余而"实力"不足。然而，流经地球上分布最集中且面积最大的黄土区——黄土高原的黄河，又是全球泥沙含量最高的河流。黄土高原形成于亿万年前，土层深厚，达数十米至一二百米。由于植被曾经遭受破坏等原因，黄河河流冲刷与水土流失严重，泥沙含量也达到了不可思议的程度。黄河在外观上遂成了一条名副其实的"金色大河"，与通常所说的河水碧绿或深蓝迥然不同。黄河富含的泥沙，一小部分经过黄河流水的搬运作用，进入河口的黄河三角洲，在那里沉淀成陆地，而河沙中的绝大多数却在郑州桃花峪以下的黄河下游地段沉积下来。在历史时期，黄河不定时地摆动，使得其主河道并不固定，具有流徙性。像尼罗河每年定期泛滥，育肥了古埃及的尼罗河下流地区的农业，从而推动了古埃及文明的形成与发展、成熟一样，黄河的不定时摇摆，也有力地推动了作为中国三大平原之一的华北平原的形成，以及早期中华文明的发展。

随着中国历史文明的进步，尤其是土地开发与生态治理能力的提高，人们不再容忍黄河的自由任性，开始了由顺从黄河转向管束黄河的长期实践。在中华文明形成与国家出现的早期，就有了大禹在黄河中下游治理洪水的故事，而最主要的对象就是河、济、淮、泗"四渎"，黄河赫然在其首。从战国时候开始，人们就已经着手在下游筑堤束河——这就是齐国与赵国、魏国等邻国远隔河道 50 里①的相向筑堤。

筑堤束河，目的是使黄河走向固定化，避免其对开始繁荣起来的开发地区产生危害和侵扰。在此之前，因土地广大、空旷和人口稀少，有限的人口可以选择居住在高处，也能够比较方便地迁徙，人地关系的矛盾不突出。从中国历史来看，愈是往后发展，空隙间地愈少，人口愈是稠密。由此，人地关系开始紧张起来，不能或无法再自由地迁移与选择居住区域。在这样一种趋势和要求下，历代王朝借助逐渐强大起来的社会动员能力与物质手段，加强了对黄河的治理，要"管束"黄河。

客观来讲，黄河泥沙是无法根治的，顶多只能借助生态治理与工程技术等方法进行一定程度的弱化、减量化。然而，没有黄河泥沙，就没有黄淮平原，也就没有由这条大河孕育出来的华夏文明。但自从筑堤束河之后，黄河在下游的流动格局也被打破：它的天然属性要服从于人们的需要。矛盾与冲突也便不断反复出现。以往，黄河河道经过一定时期的泥沙沉淀，河床逐渐增高。当河床逐渐高出两岸的时候，大河便溢出、冲决旧河道，选择新通道。如此循环往复，通过这种自然的动力机制解决流水与挟沙的关系。

在人们筑堤束河、"治河"等情况下，泥沙不得不在河道、河床内积累。不过，黄河泥沙的数量又是大得惊人。随着泥沙淤积，束河之堤也必须不断"长高"，否则便有黄河冲出围堤、洗荡富饶之地的危险。久而久之，黄河在下游形

---

① 1 里=500m。

成了"悬河",河床、河底高出大河堤防之外的平原,众多城市与村庄被黄河所俯瞰。

二、行政区划

黄河作为中国的"母亲河",流经之地孕育了风景独特的自然风光和灿烂辉煌的历史文化。倚靠黄河的城市也形成了各自独有的自然、社会、文化环境,承受着黄河、黄河文明所带来的持续影响,彰显了各不相同的发展特点。正因为如此,沿黄区域的发展成为经济、旅游、城市规划等社会各界的关注热点。但目前对沿黄区域缺乏明确的划分标准,大多数学者都是基于不同的研究内容及相应需要而对沿黄流域进行不同范围的区域划分的。

根据黄河水利委员会在1989年所划定的自然黄河流域范围,黄河流域共涉及青海省、四川省、甘肃省、宁夏回族自治区、内蒙古自治区、山西省、陕西省、河南省、山东省9个省(区),一共涵盖了西宁市、阿坝藏族羌族自治州、兰州市、银川市、呼和浩特市、太原市、西安市、郑州市、济南市等68个地市级或副省级行政区、城市(表1.1)。

表1.1 黄河流域行政区划

流域位置	省级行政区	地市(副省)级行政区	数量/个
上游	青海	西宁市	8
		海东市	
		海北藏族自治州	
		黄南藏族自治州	
		海南藏族自治州	
		果洛藏族自治州	
		玉树藏族自治州	
		海西蒙古族藏族自治州	
	四川	阿坝藏族羌族自治州	1
	甘肃	兰州市	10
		白银市	
		天水市	
		武威市	
		平凉市	
		庆阳市	
		定西市	
		陇南市	
		临夏回族自治州	
		甘南藏族自治州	

续表

流域位置	省级行政区	地市（副省）级行政区	数量/个
上游	宁夏	银川市 石嘴山市 吴忠市 固原市 中卫市	5
	内蒙古	呼和浩特市	
	内蒙古	包头市 乌兰察布市 鄂尔多斯市 巴彦淖尔市 乌海市 阿拉善盟	7
中游	山西	太原市 大同市 阳泉市 长治市 晋城市 朔州市 晋中市 运城市 忻州市 吕梁市	10
	陕西	西安市 铜川市 宝鸡市 咸阳市 渭南市 延安市 榆林市 商洛市	8
	河南	郑州市	
下游	河南	开封市 洛阳市 安阳市 鹤壁市 新乡市 焦作市 濮阳市 三门峡市 济源市	10

续表

流域位置	省级行政区	地市（副省）级行政区	数量/个
下游	山东	济南市 东营市 济宁市 泰安市 德州市 聊城市 滨州市 菏泽市 淄博市	9

三、人文环境

据黄河水利出版社2013年出版的由水利部黄河水利委员会编撰的《黄河流域综合规划（2012—2030年）》，黄河流域的人口在中华人民共和国成立之后获得较快增长，从1953年的4100万人上升到1980年的8100万人，年均增长率达到25.5‰。之后，流域内人口增速有所下降。

在空间上，黄河流域人口又主要沿流域内的若干交通主干线分布，即京广线、陇海线、京九线、胶济线、新石线等沿线是人口密集区。黄河上游，人口主要沿京包—包兰一线，呈点状分布；中游，人口主要分布在陇海线的轴带附近；下游，则以郑州—济南一线为主要的人口集聚区，同时也是整个黄河流域的人口核心分布区。

黄河流域内的人口增长和地区生产总值增长速度，整体上高于全国平均水平，但其内部的各地区之间区域经济的差异较大。总体上，黄河流域经济活动的空间分布具有偏重东南和沿河密集的特征。就20世纪与21世纪之交的十余年间的旅游业发展相关概况来看，该流域内的旅游经济发展相对繁荣的地区是山东、陕西、内蒙古等，而青海、山西、宁夏等则处于旅游经济相对落后的状态。随着旅游业的发展，部分省（区）在流域内乃至全国的行业地位处于波动状态，相对发展差距也在扩大。

黄河流域范围宽广、横贯东西，无论东西向还是南北向，跨度都非常大。这个流域的经济、社会、文化等活动的密集区，主要依托流域范围内的东西、南北交织编构起来的路网（包括铁路与公路等）而形成，具体来说就是：南北向西侧的包兰线与109国道，东侧的同蒲线、太焦线与205国道，东西向南侧的陇海—兰新线与310国道，北侧的京包线与110国道，共同构建了黄河流域内完整的交通体系框架，同时这个交通框架所覆盖的地方也是黄河流域内经济活动频繁、社会文化程度较高与发展较快的区域。

黄河孕育出黄河文明，并形成了具有代表性的次级文明区，如中原、甘青、海岱等文明，而时间更早些的考古学文化则有：仰韶文化、大汶口文化、中原龙山文化、山东龙山文化及马家窑文化等。先秦及秦汉之后的很长时期，不少朝代选择在黄河流域内建都、定都，这一时期大约有3000年的时间，占中国5000年文明史的绝大部分时间。而目前所公认的"八大古都"中，在该流域及近邻地区者则有洛阳、西安、开封、安阳、郑州等。中国历史上闻名遐迩的"四大发明"（造纸、火药、指南针、活字印刷术等），皆产生于黄河流域。中国历史上最早的诗歌总集《诗经》，以及大量的唐诗、宋词等不朽文学作品，也主要在这里孕育、形成。因此，虽然北宋之后国家的经济、文化重心逐渐向东南转移，但是在中国的经济、政治、社会、文化等各方面发展进程中，黄河流域及其中下游仍处于十分重要的地位。

黄河流域开发历史悠久，文化积淀深厚，所保存下来的各类遗产资源都十分珍贵，整个流域内自然也有数不尽的名胜古迹，是中华民族极为宝贵的财富。

四、沿黄黄金旅游带的范围界定

关于"旅游带"或类似旅游空间的研究，从目前来看，并不缺乏相关可资借鉴的成果，但就具体的地域、流域而言，研究却呈现出非均衡的发展特征。

具体来说，就是从沿交通干线与沿江河旅游带，沿边旅游带，环城、环湖旅游带研究，逐步推进到"生态旅游带"建设等研究，且能够秉持点—轴等理论与相关实践的密切结合。研究的内容也不断超越单纯旅游的视域，逐步涉及环境保护、生态文明建设，以及历史文化资源的深入挖掘与活化利用等。不过，就区域的研究而言，却有厚有薄、有深有浅。对发达地区、局部范围内的带线或环形旅游空间的研究，表现得比较集中，深度、广度都值得称道；相应地，对欠发达、落后地区的旅游带的构建的诸多迫切问题（无论是战略构想还是具体举措等）的研究则较少，表现出鲜明的"东重西轻""南重北轻"等特征。

划定沿黄黄金旅游带，与黄河本体密不可分。然而，沿黄黄金旅游带又不能仅限定在黄河本体旅游及沿岸旅游上。这些地方的旅游固然具有标志性意义和价值，各类景观资源也是非常稀缺的。譬如，大河峡谷、高原平川、文物古迹、民风民俗等，都具有显著的观赏性。不过，沿黄黄金旅游带是一个大概念，自然也要把毗邻黄河、与黄河关联、在黄河流域、与黄河文化或华夏传统文明相涉的所有景观空间都吸纳进来。这样，沿黄黄金旅游带就不再仅仅是黄河及沿岸的景观旅游的事情。

举凡沿黄 9 个省（区）内、在距离上又靠近黄河，或与黄河及其支流密切相关、与黄河山水景观和文化资源自然地联系成一体的地方，均在沿黄黄金旅游带的空间范围之内。

（一）范围界定的依据

流域范围的一致性。黄河流经我国 9 个省（区），水系发达，流域面积约 75.24 万 km^2。黄河是沿黄黄金旅游带存在的基础和载体，流域是确定沿黄黄金旅游经济区域边界的基本空间。因此，本书在界定沿黄黄金旅游带的空间范围时，依托黄河自然流域，选择其中旅游产业特征显著的流经城市，来确保与流域范围的一致性。

行政区界的完整性。由一定行政单元所组成的区域，决定了对该范围内的经济组织、政策制定与落实等都需要结合行政区界来考量。因此，在划定黄河流域的沿黄黄金旅游带的范围时，一定要注意行政区界的完整性，实现区域范围内的经济联系的便利化、一体化，把行政区与经济区统筹、协调起来，增加相关空间划定或确定的有效性、提高其实践价值。

旅游产业的优势性。黄河流域孕育了丰富多彩的自然和人文旅游资源。沿黄黄金旅游带组成城市的选取，要注重旅游景区的数量、品质、类型的多样性，尤其要突显旅游产业的优势发展地位。要严格以旅游经济发展指标为衡量标准，选取拥有旅游资源特色和开发价值的旅游城市。

区域发展的片状性。地域空间对相邻、相近区域的合作，以及相应的经济、社会与文化管理等都有着制约作用。因此，实现人的空间位移的旅游活动也不能离开特定的地域空间及彼此合作。这就应该在区域内推进交通、通信等基础设施的互联互通，为各类经济、文化、社会的交流与合作等创造便利条件。总之，要兼顾黄河主河道旅游经济区的空间完整性，区域的选择要考虑呈片状结构布局，使城市之间能够实现相互连通。

（二）范围界定

依据上述四个划分依据，本书所指沿黄黄金旅游带为经济区。在界定范围时，遵循五条原则：第一，以黄河流域所涉及的 9 个省（区）68 个城市和地区为基础；第二，尽可能保持地区级行政区划单元的完整性；第三，突出地区旅游资源特色与开发价值；第四，选择旅游产业的社会经济地位相对突出，或具有较大发展潜力的地区（有 5A 景区分布，或者 A 级及以上景区数量超过 20 个）；第五，兼顾黄河主河道旅游经济区的空间完整性。

经过黄河流域演变分析、黄河流域经济区中心城市界定、黄河流域旅游经济

第一章 构建沿黄黄金旅游带的理论基础、作用意义与有利条件

中心城市选择，并结合经济区的空间连续性，最终获得沿黄黄金旅游带的空间范围，共包含 9 个省（区）、58 个城市（表 1.2）。

沿黄 9 个省（区）、58 个城市及其主要旅游节点，构成了沿黄黄金旅游带的旅游节点体系，其中既包括面域的旅游中心城市、线型的主要旅游交通干线，也包括点状的旅游目的地、景区。

表 1.2　2015 年沿黄黄金旅游带中心城市及其产业特征

河段	省级行政区	地区级行政区	旅游产业产值占 GDP 比重/%	5A 级景区数量/个
上游	青海	西宁市	0.0805	1
		海东地区	0.0594	0
		海北藏族自治州	0.0524	0
		黄南藏族自治州	0.0883	0
		海南藏族自治州	0.0416	1
		果洛藏族自治州	0.0451	0
	四川	阿坝藏族羌族自治州	0.5914	3
	甘肃	兰州市	0.0532	0
		白银市	0.0284	0
		天水市	0.1140	1
		平凉市	0.0752	1
		临夏回族自治州	0.0738	0
		甘南藏族自治州	0.1231	0
	宁夏	银川市	0.0461	2
		石嘴山市	0.0233	1
		吴忠市	0.0312	0
		中卫市	0.0573	1
	内蒙古	呼和浩特市	0.0808	0
中游	内蒙古	包头市	0.0422	0
		鄂尔多斯市	0.0297	2
		巴彦淖尔市	0.0177	0
	山西	太原市	0.1177	0
		大同市	0.1395	1
		阳泉市	0.1296	0
		长治市	0.0954	0
		晋城市	0.1060	1
		朔州市	0.0505	0
		晋中市	0.1369	3
		运城市	0.1078	0
		忻州市	0.2197	1
		吕梁市	0.0607	0
	陕西	西安市	0.1162	3
		铜川市	0.0670	0

续表

河段	省级行政区	地区级行政区	旅游产业产值占 GDP 比重/%	5A 级景区数量/个
中游	陕西	宝鸡市	0.1159	1
		咸阳市	0.0787	0
		渭南市	0.0929	1
		延安市	0.0781	1
		榆林市	0.0165	0
		商洛市	0.1437	0
	河南	郑州市	0.1401	1
下游	河南	开封市	0.1747	1
		洛阳市	0.1484	4
		安阳市	0.0802	1
		鹤壁市	0.0556	0
		新乡市	0.0597	0
		焦作市	0.0969	3
		濮阳市	0.0652	0
		三门峡市	0.0947	0
		济源市	0.0517	0
	山东	济南市	0.0774	1
		东营市	0.0166	0
		济宁市	0.0831	1
		泰安市	0.1121	1
		德州市	0.0261	0
		聊城市	0.0320	0
		滨州市	0.0267	0
		菏泽市	0.0288	0
		淄博市	0.0659	0

第二节　沿黄黄金旅游带构建的理论基础

一、中心地理论

中心地理论由德国地理学家克里斯·特勒提出，又称中心地方论。该学说的主要思想是，在一定的区域范围内，如何建立空间结构具有合理性的城市体系。因此，中心地理论也成为城市地理学，乃至区域经济学、商业地理学等的学科基础知识。就区域空间的研究方法而言，中心地理论主要探讨中心地（城市）与其市场腹地的关系，它对区域结构的研究具有重要的意义。

单纯就中心地理论在区域旅游规划和建设、发展中的作用来看，其同样具有重要的指导价值。适度遵循中心地理论，在区域旅游规划与空间结构研究的过程中，能够比较方便地界定相关的旅游中心，从而把具有较明显的聚集功能、突出的聚散能力以及较强吸引力的城镇和景区界定和建设成为旅游中心地，也有助于带动整个区域旅游的发展。

　　黄河流域内——尤其是沿黄两岸，聚集着丰富的自然景观资源与人文景观资源，存在着如兰州、西安、银川、太原、洛阳、开封、郑州、安阳、济南等优秀的旅游城市，也有如华山、泰山、嵩山、渭河、沁河等著名的山川河流。这些城市或山水景观不仅是旅游经济学上的资源聚集区，也是沿黄黄金旅游线路上的旅游吸引物高度聚集的节点。借鉴或参照中心地理论，可以将黄河流域内的这些城市或特定的旅游资源富集之所在，作为区域经济发展中的某种中心地；依托它们，将会为沿黄黄金旅游带建设找到有力支撑。

二、增长极理论

　　20世纪50年代，法国经济学家弗朗索瓦·佩鲁提出增长极这一概念。佩鲁认为，经济方面的增长与发展并不是同步、同时发生或出现在所有地方，总有一个率先萌发于一些拥有特质条件的增长极或增长点上的客观情形，当率先增长与发展实现后，经济的力量就会沿着不同的媒介与渠道而外溢、扩散，从而对整个经济范围产生影响。后来，法国地理学家布德维尔进一步阐述，增长极就是在城市区域中配置的不断扩大化的那些工业综合体，这样的增长极引导着范围内的经济活动的发展，故而经济空间具有或形成了区域特征。总之，增长极促使资本、人口、技术、生产、贸易等要素或经济活动向内核空间高度聚集，从而成为城市化的动力机制，并切实推动"城市化趋势"以及"经济区域"的产生、形成。

　　增长极理论中的"扩散、极化"内核能够为旅游业的优先发展奠定较为坚实的理论依据，提供相关支撑。通常，依托增长极的启动、带领，区域经济能够实现较好的发展，比资源分散、同步发展的模式要更有效，发展的态势也会更快一些。作为区域经济、社会、文化重要组成部分的旅游，在其发展过程之中，也应当率先培育出一定的能够对整个区域旅游业发挥引导作用的增长极，并以之来影响、带动区域旅游整体的发展。从资源整合的需要分析，区域旅游的增长极当以那些区位条件好、社会文化发展水平高、旅游资源具有显著优势的地方为佳。向这样的地方倾斜与集中资源，使之成为区域旅游发展的增长极，能够对整个区域旅游的发展起到促进作用。

　　进一步具体分析，在类似沿黄黄金旅游带这样的区域旅游发展与空间规划中，运用增长极理论，可比较准确地在流域范围内选定对整体开发工作具有引导价值的若干增长极/点。先是侧重极化效应，整合资源，促进相应极/点的开发、发展；再以交通轴线的联动，发挥增长极/点的牵引与带动作用，释放扩散效应，从而实现整个沿黄流域旅游的发展。

三、点—轴系统理论

点—轴系统理论由我国著名学者陆大道先生提出。此理论不仅像中心地理论、增长极理论那样，指出了核心区位的重要作用，还在一个区域网络的框架下，对经济区域的重心与外围的互动发展关系进行剖析。

点—轴系统理论中所谓的"点"，即各级区域的中心地——如各层级的中心城镇，也是不同等级的区域的聚集点所在。点—轴系统理论中的"轴"，则是能够连接不同等级的中心城镇的地带或通道，在其上密集或凝聚了包括人口、产业等资源要素。因此，连接中心地的轴线是一个经济、社会密集束，它是由交通线、能源线、信息线、物流线、技术线、人员流动线等综合起来的"基础设施束"。其中，那些呈轴线布列、经济实力较强且颇具潜力者，又被称为"开发轴线"或"发展轴线"，主要是从其未来的成长性来说的。

点—轴系统理论是一种对客观的经济社会发展现象乃至规律的概括与总结。在区域开发与建设的过程中，有必要自觉应用该理论的指导和成果分析。

作为现代区域经济、社会与文化发展的重要组成部分的旅游业，应当坚持点、线、面的综合与协调发展的思路，即率先确定和发展若干点，重视中心地的作用，并坚持以点带线、以线带面，从而促进整个区域内的旅游业大发展的良好格局的出现与最终形成。这其实也是包括沿黄黄金旅游带等大空间范围内的旅游规划与设想的落脚点和目的。

第三节　构建沿黄黄金旅游带的作用与意义

黄河流域是华夏文明的重要发祥地。在这一大河流域范围内，以黄河、渭河、汾河、华山、嵩山等河流、山川为载体和依托的自然与人文、历史资源，品位高、关联度强、共性多。就整个区域旅游业的发展来看，其也具有突出优势，表现出基础好、起步早、潜力大等特征。因此，以黄河文明为核心来构建精品旅游带的时机已经成熟。

旅游资源是旅游开发的基础资源，不仅影响旅游产品的打造，还影响着区域旅游的开发建设方向和主题形象定位。沿黄省（区）作为华夏文明的重要发祥地和孕育黄河文明的祥和之地，所聚集的众多优质的人文资源和自然资源，为构建以黄河文明为核心的黄金旅游带奠定了良好的旅游资源基础。为了进一步明确沿黄旅游带的建设主题，打造重点项目，充分发挥以黄河文化、黄河生态为轴线的区域旅游的发展带动作用，对以黄河文明为核心的沿黄省（区）旅游资源进行全面的梳理，是本书的出发点和落脚点，同时也为将沿黄黄金旅游带建设成为荟萃华夏文明、凸显生态黄河的国际精品旅游带提供理论支撑和科学指导。

黄河流域共有9个省（区）。通过一条黄河，我国不同发展层级上的三大行政单元（组合）发生了横向的经济文化联系。它们虽然承担着不同的发展任务与使命，但彼此之间倘若能够相互协助、共享政策利好，无疑是一件积极而又有意义的事情。构建沿黄黄金旅游带在坚持和实施东部率先发展、中部崛起、西部大开发战略上的确能够起到很大作用。当这些处于不同发展层级上的区域都各自实现了相应的目标设定后，一个繁荣、富裕、和谐、可持续的沿黄流域也必将出现。诸项国家战略的实施，为构建沿黄黄金旅游带提供了政策利好、时代机遇，而构建沿黄黄金旅游带又能助推诸项战略的顺利、有效实施。

一、传承黄河文明，提升沿黄旅游资源的利用价值

黄河流域旅游资源丰富多彩，涵盖了我国旅游资源的8大主类、31亚类、155个基本类型，包括地文景观、水域风光、生物景观、天象与气候景观、遗址遗迹、建筑与设施、旅游商品、人文活动类旅游资源。黄河贯穿东西，留下了宝贵的自然和人文资源，区域特色鲜明，具有极大的开发利用价值。沿黄城市先后建设了一批以黄河为主题的旅游项目，如青海黄河民族文化风情区、四川黄河岛文化生态旅游区、甘肃黄河民族文化风情区、内蒙古黄河峡谷旅游景区等，但也存在项目定位雷同、旅游开发层次参差不齐、跨行政区分割管理等问题，资源得不到充分的开发和有效利用。黄河文明、黄河水系是构建沿黄黄金旅游带的载体。对黄河文化进行梳理和深度挖掘，不仅要在省域范围内整合资源，更要从区域化、整体化角度，以文化发展为脉络，以黄河河道为轴线，全面整合沿岸旅游资源。而构建沿黄黄金旅游带，对沿黄旅游资源的整合提升、品牌形象的树立有着积极的促进作用，且能进一步明确各主要沿黄城市的发展着力点，寻求沿黄旅游资源开发的最大化，从而提升沿黄旅游资源的利用价值。

二、激活沿黄城市旅游，促进区域旅游协同发展

加强区域之间的旅游资源整合和区际旅游产业合作，是旅游业的发展趋势，也是全国旅游发展的需要。黄河流域面积广阔，流经我国西部、中部、东部三大地区。沿岸城市受自然环境、社会环境、文化环境等因素影响，经济发展水平参差不齐，呈现出明显的经济梯度性差异。梳理黄河沿岸旅游资源，构建沿黄黄金旅游带，一方面确立沿黄旅游发展的增长极，优化产业空间结构，进而带动中西部沿黄城市的旅游业发展；另一方面确立区域化发展理念，促进城市与城市之间、

省（区）与省（区）之间的旅游合作，树立"大旅游""大区域"的旅游发展观念，发挥沿黄旅游资源优势，发掘具有特色性、差异性的旅游资源，开发沿黄精品旅游路线，串联沿黄城市，进一步提升黄河流域旅游的整体竞争力。构建沿黄黄金旅游带，有利于实现各城市间优势资源互补、市场共享、营销互动、合作双赢的目标，有利于促进黄河流域经济效益、社会效益、环境效益的三者良性互动，并且能够以黄金旅游带的建设带动沿岸9个省（区）旅游业的发展，进而以各省（区）旅游业的发展支撑黄河沿岸旅游带的整体发展，实现区域化旅游协同发展格局。

三、促成我国旅游发展大格局

沿黄城市依托黄河，拥有丰富的旅游资源，有着重要的旅游开发潜力，也形成了具有一定发展规模、增长迅速、极具特色的旅游城市或景区。黄河的自然连续性形成了线状延伸发展格局，使得沿黄城市有着良好的发展合作基础。2009年出台的《国务院关于加快发展旅游业的意见》，大力提倡区域旅游协同发展，有序推进丝绸之路、环渤海地区、东北老工业基地、长江中下游地区、青藏铁路沿线等区域旅游业的发展。而沿黄黄金旅游带的构建，创新了沿黄旅游发展的新格局，不仅能够优化当前沿黄旅游发展的空间格局，形成区域化旅游发展形象，同时也顺应了我国区域化旅游发展的潮流，符合国家旅游区域化发展的战略要求。

四、有利于"一带一路"倡议的顺利实施

构建沿黄黄金旅游带，不仅具有协同、配合国内诸项发展战略实施的价值与功能，还在很大程度上与国家提出的"一带一路"倡议相吻合，具有促进丝绸之路经济带落地实施的国际意义。

"一带一路"倡议的实施与实现，除基础设施方面的互联互通、商贸上的相互往来、共同分享区域经济一体化与全球化带来的利好等之外，可能更需要培育广泛分布于亚、非、欧各地的相关国家与地区间的人员与文化交流，从而为"一带一路"倡议奠定良好的互信的民意基础。而这份任务或许比基础设施建设显得更为重要，也更需要耐心与执着。在这方面，大力发展丝绸之路旅游并连接沿黄金旅游带，复活、继承并创新古丝绸之路上的美好故事，让复兴的黄河文明走向世界，培育合作的民心工程，对其具有极大意义。

2015年3月，国家发展和改革委员会、外交部、商务部联合发布了《推动共建丝绸之路经济带和21世纪海上丝绸之路的愿景与行动》（简称《愿景与行动》），阐述了中国关于"一带一路"倡议的设想。《愿景与行动》指出，"加强旅游合作，扩大旅游规模，互办旅游推广周、宣传月等活动，联合打造具有丝绸之路特色的

国际精品旅游线路和旅游产品,提高沿线各国游客签证便利化水平","支持沿线国家地方、民间挖掘'一带一路'历史文化遗产,联合举办专项投资、贸易、文化交流活动,办好丝绸之路(敦煌)国际文化博览会、丝绸之路国际电影节和图书展","发挥陕西、甘肃综合经济文化和宁夏、青海民族人文优势,打造西安内陆型改革开放新高地,加快兰州、西宁开发开放,推进宁夏内陆开放型经济试验区建设,形成面向中亚、南亚、西亚国家的通道、商贸物流枢纽、重要产业和人文交流基地","支持郑州、西安等内陆城市建设航空港、国际陆港,加强内陆口岸与沿海、沿边口岸通关合作,开展跨境贸易电子商务服务试点"。

《愿景与行动》非常明确地阐释了发展文化交流、旅游往来的重要性与必要性,同时也明确了涵盖在沿黄黄金旅游带之内的省(区)与节点城市所应当承担的相应职能或责任,因此也是构建、推进与丝绸之路旅游相衔接、部分路线有重叠的沿黄黄金旅游带的纲领性文件。继承并创新历史上沿丝绸之路各国友好合作交流的传统,继续发展旅游,让更多国家的人们能够沿着新的丝绸之路相互认识与了解,有利于让合作伙伴认识真实的中国,有利于增进他们对参与这一伟大进程的信心,有利于在文化共识和文明彼此尊重、目标相互接近等的基础上,加速推进"一带一路"建设。

道路、通信、港口、码头、货场、银行等基础设施的互联互通是助推"一带一路"建设的硬件培育,而推进丝绸之路旅游、打造沿黄黄金旅游带、积极欢迎海外游客进来,从而让他们认识真诚、开放、自信、公正的中国,同样是基础工程。

第四节 构建沿黄黄金旅游带的有利条件

目前,我国发展已经进入工业化中后期的阶段,国民消费能力也已迈上了一个新的台阶,消费由生存型向享受型、发展型等转变。与此同时,国家经济发展也进入了新常态,由高速增长转向中高速增长。在这种背景下,把长期以来忙碌于各种生产的人们解放出来,让他们有条件与可能去追求一种文明、舒适、有内涵的现代生活,既是他们勤奋工作、国家发展经济的目的,也是在传统海外市场销售不畅、国家经济进入新常态的时机,让更多的人凭借已经积累的财富去充实、提高自身的素质,等待全球宏观经济形势探底回升的需要。如此一来,旅游业发展既是让国民适当提前过上向往的小康生活的体现,也可能为未来参与全球的经济社会事业竞争打下较好的国民素养基础。简单来说,就是通过打造沿黄黄金旅游带等方式,既通过旅游增进国民的生活质量,又恰好利用了经济进入新常态的时机来提升国民素质,为后续经济、社会、文化事业的全面进步奠定基础。从现实条件与可能性来看，中国已经进入加快发展旅游业的上佳时机，各项基本条件已经具备。在这种情形下，沿黄黄金旅游带的构建自然是正当其时。

一、信息技术所带来的便利

信息化时代的到来，为人们在沿黄黄金旅游带旅游拓展了视窗。得益于信息技术（IT）和网络通信的发展，世界上不少国家都把信息社会建设提升到战略的高度来对待，分别制定了相应的国家方略。中国在发展信息技术与产业、推动社会信息化建设上也积极有为。横向比较，现今中国的信息化水平与程度超越 G20（二十国集团）平均水平，直追美国等发达国家和地区。信息化社会与时代的到来，带来的是社会整体面貌的变化，包括人们的思维方式、生活方式、个人的工作方式与日常交往交流方式等，甚至社会管理方式也因此而发生了显著的变化。有人又称当今时代为自媒体时代。

互联网的信息化时代，对旅游业或游客出行旅游具有重要意义，即化解了原来旅游信息不对称、相互搜寻成本较高等的缺陷。由于游客与旅游资源都是海量的，这就造成了旅游景区、旅游企业等旅游资源与服务的供应者在与信息获取能力与水平差异性很大的游客之间在建立及时、直接、便捷对接时，存在重大的阻隔。这就是市场搜寻成本与效率的问题。在旅游信息通过书籍、报纸、广播、杂志及口耳相传传播与获取的时代，很多人只能获悉集中度很高而数量非常少的那些景点、景观、景区的信息，而大量的、值得观赏与游玩的优质旅游资源可能因此而被漏选或忽略掉。所以，看一看历史上记载的那些游记，总是反复歌咏少数几个景观，除确实是因为其景色品位极高之外，也无不与当时的认知能力和信息推介水平有关。在过去，绝大部分人既少有行万里路的机会，又可能不会或无法阅读，也自然没有在他们的头脑中打开一个观察世界的精彩视窗，这就限制了旅游的发展。

自媒体时代的到来便于很多人掌握更远地方的信息，包括旅游信息。人们也由此构建起了自己头脑中的旅游世界，对旅游的认识与感觉不再是原来的状态。由于增加了选择面与选择机会，信息技术从客观上为旅游业的深化发展准备了可能性。与此同时，市场化、商业化的旅游产品与服务的供应者也通过各种渠道提供各种信息的推送，以便让自己赢得市场先机。这种历史性巨变，是过去把美酒深藏在巷子里面的做法所不可比拟的。现在，越来越多的人倾向自助游。于是，自驾游成为汽车时代一道靓丽的风景。这些都在很大程度上与信息时代的到来有关。

在这个背景下，沿黄黄金旅游带的建设也必将受益。那些深藏在沿黄地带的优质旅游资源必将被开发出来，逐渐形成服务、满足广大游客的热点景区。宁夏旅游与河南云台山景区就是其中典型的成功案例。通过更加便捷的旅游信息的宣传与推介，原来长期"养在深闺人未识"的景点、景区被愈来愈多的人所认识，逐渐形成了超越传统景区的吸引力而成为旅游领域的新景象。

二、现代交通对构建沿黄黄金旅游带的支撑

从根本上来说，适度提前发展的交通基础设施及其良好的布局是与地区资源与人口、产业发展和城市化进程等分别相适应的。其中，高速公路网、快速铁路网、民用航空网络对现代旅游业的发展具有明显的先导作用。

便捷、低廉的交通是发展旅游业的基本保障。交通设施的便利化也确实为构建沿黄黄金旅游带准备了条件。尽管目前沿黄地区的现代综合交通体系整体良好，已经能够比较有力地支持黄金旅游带的构建与实施，但从进一步推动和促使沿黄黄金旅游带建设的需要来看，仍然需要继续完善和优化流域内现代综合交通体系，为一体化、便利化的沿黄黄金旅游带的打造奠定坚实基础。

我国幅员辽阔，而且经济社会发展长期不平衡，劳动力、资本等要素高度聚集于南部与东部。然而，很多资源的富藏地却在中西部地区，尤其是我国广大西部地区，人口稀少而资源丰富。为适应这种资源要素与生产出来的商品配置、调动的需要，中国必须大力发展长距离运输事业。尽管现在也出现了长三角、珠三角、京津冀等城市群，并且这些城市群在生产活动的价值链上相互衔接，呈现集群化、规模化等特征，市场与人口等也有进一步凝缩的趋势，但这并没有从根本上改变中国经济社会的持续发展需要获得长距离、大运能的运输体系支持的现状。这是中国之所以要继续发展现代化的综合运输事业的根本原因。

沿黄地区或黄河流域，自古以来是交通便捷之区，也是现代交通体系最早形成的区域之一。从先秦起，在关中、豫西沿黄河一线，就有一条东西向的通道，而潼关、函谷关、虎牢关等则是其中的咽喉锁钥。在南北向上，有一条通道从晋中南沿着汾河自北而下，经沁水出太行，穿过豫西的洛阳盆地，经方城、叶县、南阳等，直达荆楚大地。它是沟通南北的大动脉，也是早期中原文化扩散、不同地方的考古文化相互借鉴的途径与桥梁。

秦始皇兼并华山之东的山东六国后，强大而完整的帝国版图与格局出现。为了强化控制，秦始皇修筑了以咸阳为核心的呈放射状辐射的驰道，以及穿过秦岭通往巴蜀等地的五尺道。后代王朝延续和继承了其中的一些道路系统，譬如汉武帝的时候，以五尺道为基础，修建了西南夷道。

在陆路交通之外，沿黄地区还开凿运河来沟通自然或人工水系、水面。例如，

战国时期，魏国从今河南荥阳北的阪渚引黄河之水，自西流经今郑州东的圃田泽，又绕过开封，折向东南，这就是兼有灌溉与水运之利的鸿沟。这条人工运河沟通了济水、黄河、淮河等。那个时候，黄河通航。秦国与晋国之间运输粮食等大宗物资的时候，就依赖河运。《左传》等记载的晋国遭遇灾荒，秦国给予支援，就有"泛舟之役"。由此可见，当时通过渭河、黄河、汾河等的运输规模已经很大。

近代以来，沿黄地区的现代交通体系逐渐建立并完善。陇海铁路是20世纪初我国在艰难走向现代化的过程中修筑的一条铁路大动脉，与南北向的京广铁路一起，成为中国铁路发展的标志。两条铁路干线交汇于河南郑州，使郑州的地位陡然上升。郑州也由此成为名副其实的"火车拉来的城市"之一。渭南、西安、兰州、济南、开封等城市也实现了交通铁路化。河南信阳以其处在京广线上的有利地位，让鸡公山的风光进一步名扬天下。

中华人民共和国成立后，沿黄地区的各项建设事业获得了快速发展。沿黄地区是我国重要的资源、能源产地，又是"一五"期间国家若干重大项目的所在地，加上特定时期西方国家对我国沿海地区的封锁和包围，以及后来的三线建设，包括交通设施等在内的各项基础设施均获得了较好的投入与发展。公路、铁路、管道、航空、水运等竞相发展或先后起步。目前，高等级公路特别是高速公路已经成为沿黄区域内的重要陆上交通方式；不同走向的铁路交织成网，专供高铁行驶的客运专线的建设在不断增加。国家在做民用航空规划时，提出要优先和着重发展中西部地区的支线航线，进一步优化和扩建机场，方便人员交流与物品的进出，民用航空事业迎来新的发展机遇，而沿黄黄金旅游带在很大程度上正落入这个规划之内。当下，沿黄9个省（区）的省会城市及其他重要城市都有了机场，空中联系比较方便。

最近10余年，黄河流域内或覆盖、辐射该流域的国家层面的交通规划，也给沿黄旅游业的大发展提供了契机，创造了极其有利的条件。譬如，《中华人民共和国国民经济和社会发展第十二个五年规划纲要》在交通建设领域，与沿黄相关的部分就占了极高的比重。"十二五"期间的交通战略规划主要体现为"五纵五横"，即适度加快基础设施建设，在全国范围内形成"五纵五横"的交通网络。"五纵"分别是黑龙江省黑河至海南省三亚、北京至上海、内蒙古自治区满洲里至港澳台、包头至广州、内蒙古自治区临河至广西壮族自治区防城港等五条南北向综合运输通道。"五横"分别是天津至喀什、青岛至拉萨、连云港至阿拉山口、上海至成都、上海至瑞丽5条东西向综合运输通道。在"五纵五横"格局的大交通中，有"五纵"与"三横"都经过、覆盖了沿黄地区。

三、沿黄各省（区）在旅游合作方面的愿望强烈

目前，沿黄各省（区）都已认识到发展旅游业所具有的社会、经济、民生等方面的意义，并在区域发展战略谋划、具体措施制定、资源及项目的投向与安排等方面，给予旅游业突出的照顾和倾斜。把这些信息与情况横向联系起来，我们能够发现这是非常有利于打造一体化、具有大流域鲜明特征的整体旅游的。这可以从河南与甘肃、宁夏与山东、山西与陕西的对比分析中得到具有说服力的结论。这些省（区）倘若能够迅速达成共识，建立恰当的体制机制，在推进沿黄旅游上相向而行，非常有希望把沿黄黄金旅游带做成、做好。

2014年3月，国务院批准的《晋陕豫黄河金三角区域合作规划》[①]就专门提到旅游合作事宜，目标是"围绕'史圣司马'、'黄河文化'合作发展文化旅游业"，鼓励"旅游业的跨地区合作"，通过"充分发挥黄河金三角区位、资源和人文优势，推进旅游、文化、现代物流、金融和信息服务业的深度合作"，"共同打造旅游品牌。共同建设旅游基础设施，合力开拓旅游市场，联手整治旅游市场秩序，建设国内外重要旅游目的地。积极开展与国内重要旅游城市、著名旅游目的地和国际口岸城市的旅游合作，建立客源共享机制"。

2014年11月，"中国黄河旅游市场推广联盟"成立。该联盟由山西倡议，参加者有四川、河南、青海、宁夏、甘肃、陕西、山东、内蒙古旅游管理部门等。国家旅游局[②]对沿黄9个省（区）共同推动的"中国黄河旅游市场推广联盟"也给予了积极支持。当然，这个联盟还仅仅是市场推广与开发意义上的多省（区）合作，更需要在大区域旅游市场的共同建设等各个方面上进行深度合作，以把类似于《晋陕豫黄河金三角区域合作规划》中所提出的旅游合作那样的设想在更大空间范围内实现。

纵观近年来沿黄各省（区）在保护生态环境、传承创新优秀传统文化、积极发展文化旅游、推动高质量发展等方面的规划及其实施，无不彰显该区域充分发挥比较优势，在谋求合作共赢中弘扬黄河文化的强烈愿望与诉求。总之，在构建沿黄黄金旅游带上，沿黄各省（区）均有着清醒认识和强烈愿望，希望借助新时期开放、开发的有利时机，充分挖掘、利用黄河文明资源，建成具有深远国内外影响力的一体化旅游格局，从而实现黄河流域内的旅游业的互利共赢。这种愿景也确实具备可行性。

《推动共建丝绸之路经济带和21世纪海上丝绸之路的愿景与行动》所圈定的

---

① 渭南市发改委. 晋陕豫黄河金三角区域合作规划（全文）. http://top.weinan.gov.cn/jsj2014/zcjd/388777.htm [2014-05-27].

② 2018年更名为文化和旅游部。考虑到本书研究的时间跨度，仍使用原机构名称。

18个重点省（区、市）中，包括西北6个省（区），即新疆、陕西、甘肃、宁夏、青海、内蒙古；而节点城市中则有西安、兰州、西宁、郑州等。这些省（区）与节点城市绝大部分在沿黄黄金旅游带之内，将会助推沿黄黄金旅游带的建设与实施。处在古丝绸之路上的甘肃重视旅游业的发展，制定了《"丝绸之路经济带"甘肃段建设总体方案》。作为丝绸之路上重要节点城市的西安更是《陕西丝绸之路经济带旅游行动纲要》的重要参与者和主要支撑。区域内的酒店等旅游服务与支撑系统也正在进一步完善中，而其他服务业种类的发展与提高，同样为沿黄黄金旅游带的构建提供了帮助。

第二章 沿黄黄金旅游带旅游资源类型、特征及旅游开发价值

第一节 沿黄黄金旅游带的旅游资源概况

一、黄河上游省（区）旅游资源概况

黄河流域上游旅游资源类型多样化，既有风光旖旎的自然旅游资源，也有丰厚的文化遗存和多彩民族风情等人文旅游资源。

别具特色的自然和人文旅游资源沿黄河两岸叠加，形成了从青海延伸至内蒙古，与黄河上游城市经济带基本吻合的旅游资源分布带，如表2.1所示。依托该旅游资源，可以大力开展内容丰富、形式多样的特色旅游，打造以知名景区为龙头，以历史文化为主线，以地文景观为核心，推出观光游、娱乐游、红色游、探险游、产业游等产品系列，积极建设面向国际市场的特色国际旅游目的地，形成国家旅游战略层面上的黄河上游特色旅游产业带，真正促进沿黄黄金旅游带旅游业的迅速发展。

表2.1 沿黄上游黄金旅游带主要旅游资源分布状况

地区	民族风情	宗教文化	红色旅游	文物古迹	自然风光
青海	后藏藏族、裕固族、撒拉族风情	塔尔寺	西宁市西路军纪念馆	西宁古城	青海湖、河源区
四川	藏族、羌族风情	观音桥	两河口会议会址	甘堡藏寨、桃坪羌寨、大禹祭坛、羌乡古寨	九寨沟、黄龙、汶川特别旅游区、毕棚沟原生态风景区、四姑娘山、达古冰川
甘肃	甘南藏族、裕固族、东乡族风情	拉卜楞寺、郎木寺、崆峒山道教文化	腊子口、红军会师纪念地、八路军办事处	炳灵寺石窟、麦积山石窟、莫高窟	甘南草原、黄河石林、六盘山
宁夏	回族风情	同心清真大寺、纳家户清真寺	六盘山、红军长征景区	须弥山石窟、西夏王陵	沙湖、沙坡头、贺兰山、六盘山
内蒙古	蒙古族风情	金刚座舍利宝塔、大昭寺	乌兰夫故居、乌兰夫纪念馆、大青山抗日根据地旧址	昭君墓、汉代墓室壁画	辉腾锡勒草原

资料来源：笔者根据相关文献资料整理

二、黄河中下游省（区）旅游资源概况

黄河中下游旅游区分布于我国中部和北部，东部濒临渤海与黄海，拥有山地、平原、高原、丘陵和盆地等各种地形，跨我国地势的第二、三级阶梯，地貌类型齐全，自然景观多样，包括内蒙古高原、黄土高原、华北平原、太行山地、冀北山地和山东半岛低山丘陵等6个基本地理单元。

黄河中下游旅游区大致上以长城为界，南部为暖温带半湿润区，北部为中温带半干旱区，向西北过渡到干旱区。除内蒙古的北部和西部外，均为温带大陆性季风气候。其特点是夏季炎热多雨，冬季寒冷干燥，春秋短促。

黄河中下游旅游区的河流，分属于黄河、海河、淮河和长江四大水系，而以黄河水系为主。区域内湖泊较少，分布较散。该区域河流水量不稳定，季节变化大，含沙量高，冬季大部分河流有一定的封冻期，不利于航运，但局部河段设有水利设施且形成了特殊景观，形成旅游热点，如表2.2所示。

表2.2 黄河流域主要城市及水利设施

项目	上游	中游	下游
主要城市	西宁、兰州、银川、呼和浩特	包头、太原、西安、郑州	济南
主要水利设施	龙羊峡、李家峡、刘家峡、青铜峡	三门峡、小浪底	

资料来源：笔者根据相关文献资料整理

黄河中下游区域资源特色突出，历史文化深厚，且呈现"一轴四带"的分布。一轴就是以黄河为主轴线，从南到北、从西到东，连接着一系列享誉中外的景点；四带是三晋文化旅游带、三秦文化旅游带、中原文化旅游带、齐鲁文化旅游带等特色文化旅游带。

第二节 沿黄黄金旅游带旅游资源的类型、数量及评价

一、旅游资源分类依据与方法

按照《旅游资源分类、调查与评价》（GB/T 18972—2003）的要求进行类型划分，旅游资源被分为主类、亚类和基本类型3个层次，其中主类8种、亚类31种、基本类型155种。具体如表2.3所示。

表 2.3　旅游资源分类表

主类	亚类	基本类型
A 地文景观	AA 综合自然旅游地	AAA 山丘型旅游地、AAB 谷地型旅游地、AAC 沙砾石地型旅游地、AAD 滩地型旅游地、AAE 奇异自然现象、AAF 自然标志地、AAG 垂直自然地带
	AB 沉积与构造	ABA 断层景观、ABB 褶曲景观、ABC 节理景观、ABD 地层剖面、ABE 钙华与泉华、ABF 矿点矿脉与矿石积聚地、ABG 生物化石点
	AC 地质地貌过程形迹	ACA 凸峰、ACB 独峰、ACC 峰丛、ACD 石(土)林、ACE 奇特与象形山石、ACF 岩壁与岩缝、ACG 峡谷段落、ACH 沟壑地、ACI 丹霞、ACJ 雅丹、ACK 堆石洞、ACL 岩石洞与岩穴、ACM 沙丘地、ACN 岸滩
	AD 自然变动遗迹	ADA 重力堆积体、ADB 泥石流堆积、ADC 地震遗迹、ADD 陷落地、ADE 火山与熔岩、ADF 冰川堆积体、ADG 冰川侵蚀遗迹
	AE 岛礁	AEA 岛区、AEB 岩礁
B 水域风光	BA 河段	BAA 观光游憩河段、BAB 暗河河段、BAC 古河道段落
	BB 天然湖泊与池沼	BBA 观光游憩湖区、BBB 沼泽与湿地、BBC 潭池
	BC 瀑布	BCA 悬瀑、BCB 跌水
	BD 泉	BDA 冷泉、BDB 地热与温泉
	BE 河口与海面	BEA 观光游憩海域、BEB 涌潮现象、BEC 击浪现象
	BF 冰雪地	BFA 冰川观光地、BFB 常年积雪地
C 生物景观	CA 树木	CAA 林地、CAB 丛树、CAC 独树
	CB 草原与草地	CBA 草地、CBB 疏林草地
	CC 花卉地	CCA 草场花卉地、CCB 林间花卉地
	CD 野生动物栖息地	CDA 水生动物栖息地、CDB 陆地动物栖息地、CDC 鸟类栖息地、CDE 蝶类栖息地
D 天象与气候景观	DA 光现象	DAA 日月星辰观察地、DAB 光环现象观察地、DAC 海市蜃楼现象多发地
	DB 天气与气候现象	DBA 云雾多发区、DBB 避暑气候地、DBC 避寒气候地、DBD 极端与特殊气候显示地、DBE 物候景观
E 遗址遗迹	EA 史前人类活动场所	EAA 人类活动遗址、EAB 文化层、EAC 文物散落地、EAD 原始聚落
	EB 社会经济文化活动遗址遗迹	EBA 历史事件发生地、EBB 军事遗址与古战场、EBC 废弃寺庙、EBD 废弃生产地、EBE 交通遗迹、EBF 废城与聚落遗迹、EBG 长城遗迹、EBH 烽燧
F 建筑与设施	FA 综合人文旅游地	FAA 教学科研实验所、FAB 康体游乐休闲度假地、FAC 宗教与祭祀活动场所、FAD 园林游憩区域、FAE 文化活动场所、FAF 建设工程与生产地、FAG 社会与商贸活动场所、FAH 动物与植物展示地、FAI 军事观光地、FAJ 边境口岸、FAK 景物观赏点
	FB 单体活动场馆	FBA 聚会接待厅堂(室)、FBB 祭拜场馆、FBC 展示演示场馆、FBD 体育健身馆场、FBE 歌舞游乐场馆
	FC 景观建筑与附属型建筑	FCA 佛塔、FCB 塔形建筑物、FCC 楼阁、FCD 石窟、FCE 长城段落、FCF 城(堡)、FCG 摩崖字画、FCH 碑碣(林)、FCI 广场、FCJ 人工洞穴、FCK 建筑小品
	FD 居住地与社区	FDA 传统与乡土建筑、FDB 特色街巷、FDC 特色社区、FDD 名人故居与历史纪念建筑、FDE 书院、FDF 会馆、FDG 特色店铺、FDH 特色市场
	FE 归葬地	FEA 陵区陵园、FEB 墓(群)、FEC 悬棺

续表

主类	亚类	基本类型
F 建筑与设施	FF 交通建筑	FFA 桥、FFB 车站、FFC 港口渡口与码头、FFD 航空港、FFE 栈道
	FG 水工建筑	FGA 水库观光游憩区段、FGB 水井、FGC 运河与渠道段落、FGD 堤坝段落、FGE 灌区、FGF 提水设施
G 旅游商品	GA 地方旅游商品	GAA 菜品饮食、GAB 农林畜产品与制品、GAC 水产品与制品、GAD 中草药材及制品、GAE 传统手工产品与工艺品、GAF 日用工业品、GAG 其他物品
H 人文活动	HA 人事记录	HAA 人物、HAB 事件
	HB 艺术	HBA 文艺团体、HBB 文学艺术作品
	HC 民间习俗	HCA 地方风俗与民间礼仪、HCB 民间节庆、HCC 民间演艺、HCD 民间健身活动与赛事、HCE 宗教活动、HCF 庙会与民间集会、HCG 饮食习俗、HGH 特色服饰
	HD 现代节庆	HDA 旅游节、HDB 文化节、HDC 商贸农事节、HDD 体育节

二、沿黄城市旅游资源的类型划分

黄河流域随着时间的积淀，蕴藏着丰富的自然资源和人文资源。为了展现沿黄城市有代表性、特色性的旅游资源，本书选择了沿黄 58 个市（区、州）的 A 级及以上景区，并进行了类型划分，如表 2.4 所示。

表 2.4 沿黄 58 个城市的旅游资源类型

主类	亚类	旅游资源	数量/个
A 地文景观	AA 综合自然旅游地	祁连山、泰山风景名胜区、华山风景区、嵩山、平凉崆峒山、翠枫山、洛阳白云山等	186
	AB 沉积与构造	日月山、太行山等	
	AC 地质地貌过程形迹	青铜峡、黄河大峡谷、沙坡头、响沙湾、通天峡、金龙峡、榆林红石峡、豫西大峡谷、翠华山等	
B 水域风光	BA 河段	黄河三峡等	97
	BB 天然湖泊与池沼	青海湖、玛多星星海、孟达天池、冬格措纳湖、茶卡盐湖、托素湖、天鹅湖、东平湖、鸣翠湖、宁夏沙湖、察尔湖、大明湖等	
	BC 瀑布	黄河壶口瀑布、九如山瀑布群风景区等	
	BD 泉	趵突泉、黑虎泉、五龙潭、百脉泉等	
	BE 河口与海面	黄河口生态旅游区等	
	BF 冰雪地	达古冰山等	
C 生物景观	CA 树木	阿拉善盟胡杨林等	79
	CB 草原与草地	合作当周草原旅游风景区、敕勒川草原文化旅游区、格根塔拉草原旅游中心等	
	CC 花卉地	门源百里油菜花海景区等	
	CD 野生动物栖息地	西安秦岭野生动物园、神州荒漠野生动物园等	

续表

主类	亚类	旅游资源	数量/个
E 遗址遗迹	EA 史前人类活动场所	水洞沟旅游区等	11
	EB 社会经济文化活动遗址遗迹	湟源丹噶尔古城、阳泉市平定县固关长城景区等	
F 建筑与设施	FA 综合人文旅游地	镇北堡西部影城、成吉思汗陵旅游区、西安大唐芙蓉园、清明上河园、殷墟博物苑、宁夏科学技术馆等	882
	FB 单体活动场馆	关帝庙、青海省博物馆、陕西历史博物馆等	
	FC 景观建筑与附属型建筑	塔尔寺、云冈石窟、龙门石窟、铁塔、海宝塔寺等	
	FD 居住地与社区	皇城相府、乔家大院、茂县羌乡古寨旅游景区等	
	FE 归葬地	秦始皇帝陵博物院、黄帝陵景区、西夏王陵等	
	FF 交通建筑	蔡楼渡口、黄河古渡等	
	FG 水工建筑	水车博览园、红旗渠等	

三、沿黄城市旅游资源的分类评价

（一）地文景观类旅游资源

地文景观作为旅游资源类型的重要组成部分，以其千差万别、丰富多彩的地表形态，对区域旅游活动的开展产生重要的影响。

黄河流经9个省（区），流域面积广阔，从第三阶梯到第一阶梯，自然环境尤以地文环境的变化最为显著。9个省（区）的地文景观各有特色，且分布数量不均。

从数量上看，山西省由于太行山横亘于此，拥有数量相对较多的地文景观类景区，如恒山风景区、翠枫山自然风景区、太行山大峡谷、王莽岭、乌金山、五老峰景区等，河南次之。四川阿坝藏族羌族自治州拥有最少的地文景观类旅游资源，但景区级别较高，如九寨沟旅游景区（5A）、黄龙风景名胜区（5A）、四姑娘山风景区（4A）、达古冰川景区（4A）等，其优质资源的集聚也将为沿黄城市的旅游发展提供较大的客源和市场影响力。考虑到所选取城市的面积不一，进一步利用丰度指标对旅游景区的密集度进行了分析。四川和青海虽拥有的地文景观类景区较少，但在一定面积内拥有较多的资源数量；山东位于黄河入海口处，地形地貌复杂多变，类型丰富，资源密集。从整体来看，黄河中下游地区内蒙古、陕西、山西、河南拥有较多的地文景观类资源，但从分布密度来看，则形成了大分散、小集聚的空间分布格局。青海、四川、山东资源相对集中，而中游地区的四省（区）旅游资源数量多，但从空间分布来看，相对分散。

（二）水域风光类旅游资源

地球上各种形态的水域风光类旅游资源具有美学观赏价值和疗养功能，适宜开展观光旅游和康体休闲旅游。黄河沿岸城市有不同类型的水体资源，如观光游憩湖区、沼泽和湿地、潭池、瀑布、温泉、常年积雪地、冰川观光地等，为黄河水域风光旅游开发提供了宝贵的前提。

山东、内蒙古、青海拥有较多的水域风光类景区。山东是黄河入海口，在黄河流经山东的过程中，形成了诸如九如山瀑布群风景区、黄河口生态旅游区、莲花湖湿地、东平湖、东昌湖、鸣翠湖国家湿地公园、千乘湖等众多的湖泊、湿地、瀑布等水体资源；而青海作为黄河源头的发源地，也形成了大量品质优越的水体景观，如5A级旅游景区青海湖，4A级旅游景区孟达天池、龙羊峡、茶卡盐湖、金银滩，3A级旅游景区麒麟湾公园、玛多星星海、金子海等。其中，内蒙古、青海、山东等省（区）具有较高的资源密集度，水体景观分布相对集中，而四川、甘肃、宁夏、陕西、河南等省（区）则水体景观分布较少。

（三）生物景观类旅游资源

生物景观类旅游资源是专题旅游、生态旅游的主要对象。生物景观类旅游资源具有在空间分布上的广泛性和多样性，具有指示性、季节性、再生性、脆弱性等特点。生物景观不仅具有审美功能，还具有医疗健身、科普教育与文化旅游功能。黄河跨越9个省（区），各地气候、地形、土壤各不相同，留下了不同类型的生物景观资源，如广阔无垠的草原、针阔叶林、四季花卉、淡水鱼等。

黄河沿岸各省（区）拥有的生物景观类景区数量存在较大差异。青海生物景观类景区数量最多，陕西、甘肃、山东、内蒙古数量较多，四川阿坝藏族羌族自治州数量相对较少。

（四）建筑与设施类旅游资源

建筑与设施类旅游资源包括具有历史文化价值和观赏艺术价值的古建筑和现代标志性建筑、艺术性建筑。山东、陕西拥有较多的建筑与设施类景区。山东是黄河的入海口，黄河岸边和滩区居民建造了台房、岗子房、依堤房等特色民居，拥有雪野现代农业科技示范园、德州经济开发区、泉城海洋极地世界、淄博国井酒文化生态博览园、中国陶瓷馆等综合人文旅游地。其中，青海、四川具有较高的资源密集度，建筑与设施相对集中，而陕西、山西、河南资源则分布相对分散。

（五）人文活动类旅游资源

人文活动类旅游资源主要包括人事记录（人物、事件）、艺术（文艺团体、文学艺术作品）、民间习俗（地方风俗与民间礼仪、民间节庆、民间演艺、民间健身活动与赛事、宗教活动、庙会与民间集会、饮食习俗、特色服饰）、现代节庆（旅游节、文化节、商贸农事节、体育节）4个亚类、16个基本类型。旅游是满足旅游者求新求异过程的一个旅游活动，对异域风情、民俗的体验是现代旅游者关注的热点。

本书选取了9个省（区）58个城市中具有代表性的、举办届数较多的旅游节庆活动和商贸会展活动作为研究对象（表2.5）。其中，沿黄城市中青海24个、四川10个、甘肃27个、宁夏17个、内蒙古17个、山西7个、陕西23个、河南33个、山东26个。这些节事活动中包括了旅游节、文化节、商贸农事节、体育节，种类多样，其中不乏国际级的大型赛事活动。环青海湖国际公路自行车赛是亚洲顶级自行车公路多日赛，每年的6~8月在青海的环青海湖地区和邻近的甘肃省及宁夏回族自治区举行，自2002年开始举办，是世界海拔最高的国际性公路自行车赛，线路设计以青海湖为中心向周边地区的青海东部农业区、青南高原高寒草甸草原区、青海西部牧业与荒漠区、甘肃省河西走廊、宁夏回族自治区黄河金岸等地区延伸。赛事活动的举办对当地旅游业的发展起到了提升与促进作用。多数景区也依靠旅游节的举办拉动了景区的消费热潮，形成了景区内部的"旅游小高峰"。节庆活动的举办要充分结合当地特色，挖掘特色文化，以已有的旅游资源为依托，塑造品牌节庆活动。黄河文明作为沿黄旅游带的核心，始终影响着旅游资源的开发和建设，而节庆活动的举办也要紧抓黄河文明的精髓，如陕西清明节黄帝陵祭祖、安塞黄土风情文化艺术节，河南炎黄文化旅游节、新郑黄帝故里拜祖大典、三门峡国际黄河旅游节、老子文化节、中华龙艺术节等，山东东营孙子国际文化节、东营黄河口文化旅游节、中华母亲文化节、中国（曲阜）国际孔子文化节、梁山水浒文化节、中国国际孙子文化旅游节等。民族风情也是现代节庆活动的一个重要内容，如在少数民族聚居区的青海有中国土族旅游文化节、柴达木民族文化艺术节、青稞酒节、德令哈市牧民文化艺术节、王洛宾音乐艺术旅游节、同仁"六月会"、黄南藏乡六月法会，四川有牦牛文化节、祥隆节、藏巴拉节、扎崇节、祭山节、雪梨节、黄龙庙会，甘肃有中国兰州国际民间艺术节、靖远县民俗文化节、白银四龙剪金山民俗文化旅游节、甘南香巴拉旅游文化节、郎木寺正月展佛节、中国民歌艺术节、西和中国乞巧文化旅游节等。这些节庆活动区域特色鲜明，丰富了沿黄黄金旅游带人文活动的内容。

表2.5 沿黄城市主要旅游节庆活动

省（区）	节庆名称	数量/个
青海	中国青海结构调整暨投资贸易洽谈会、青海国际唐卡艺术与文化遗产博览会、中国青海郁金香节、三江源国际摄影节、中国夏都（西宁）旅游博览会、国际强渡黄河极限挑战赛、中国土族旅游文化节、中国·海东旅游文化节、民和县桃花旅游节、杜鹃花文化旅游节、花儿会、柴达木民族文化艺术节、青稞酒节、德令哈市牧民文化艺术节、王洛宾音乐艺术旅游节、青海湖观鱼放生节、门源县油菜花文化旅游节、同仁"六月会"、黄南藏乡六月法会、环青海湖国际公路自行车赛、青海湖国际诗歌节、玉树结古镇赛马会、官仓峡文化旅游节、甘川赛马会	24
四川	国际熊猫节、摩郎节、看花节、牦牛文化节、祥隆节、藏巴拉节、扎崇节、祭山节、雪梨节、黄龙庙会	10
甘肃	中国兰州国际民间艺术节、中国·兰州黄河文化旅游节（兰州什川之春旅游节、中国兰州桃花旅游节、永登苦水玫瑰旅游文化节、兰州百合文化旅游节）、中国·兰州牛肉拉面节、中国·兰州旅游博览会、中国西部陶瓷峰会暨平川陶瓷文化节、甘肃会宁旅游文化节、景泰黄河风情文化旅游节、靖远县民俗文化节、白银四龙剪金山民俗文化旅游节、甘南香巴拉旅游文化节、郎木寺正月展佛节、中国玛曲格萨尔赛马大会、甘南博峪采花节、天水伏羲文化旅游节、中国庆阳农耕文化节、中国民歌艺术节、西和中国乞巧文化旅游节、康县阳坝采茶旅游节、松鸣岩、莲花山花儿会、崆峒山四月八庙会、泾川西王母庙会、庄浪正月十二文化艺术节、龙泉寺四月初二庙会、灵台过乡会、平凉崆峒武术文化旅游节	27
宁夏	吴忠清真美食节、青铜峡黄河文化旅游节、青铜峡黄河祭祀大典、青铜峡牛首山文化庙会、银川黄河金岸马拉松赛、中国宁夏国际自驾车旅游节、西夏文化艺术节、中阿博览会、世界穆斯林旅行商大会、北武当登高旅游文化节、沙湖冬季文化旅游节、石嘴山奇石展览文化节、国际沙雕艺术节、中国宁夏大漠黄河国际旅游节、六盘山山花旅游文化节、沙坡头国际旅游节、浴佛节	17
内蒙古	中国包头冰雪文化旅游节、呼伦贝尔中国开雪节、呼伦贝尔杜鹃节、鄂尔多斯响沙湾旅游节、那达慕草原旅游节、草原文化节、阿拉善自驾车旅游节、包头黄河湿地风情节、毛乌素沙漠赛车节、中国·萨拉乌苏第三届民间艺术节、霍林郭勒蒙古族原生态艺术节、金秋国际胡杨生态旅游节、林西野果采摘节、蒙古族服装服饰艺术节、昭君文化节、阿尔山圣水节、河套文化节	17
山西	平遥古城文化国际旅游节、晋商社火节、五台山六月庙会、五台山国际旅游月、五台山国际佛教文化节、山西太原国际民间艺术节、山西面食节	7
陕西	西安古文化艺术节、中国华山国际攀岩比赛、长安国际书法年会、清明节黄帝陵祭祖、药王山庙会、香山佛教文化旅游节、孙思邈中医药文化节、法门寺国际文化旅游节、太白山旅游登山节、龙门洞古庙会文化旅游节、慈善寺民俗文化旅游节、凤州生态民俗文化旅游节、凤县花椒采摘旅游节、凤州金秋红叶观赏节、咸阳乡村民俗文化旅游节、华山论剑高峰论坛、国际皮影文化节、万花山牡丹节、延安民间艺术节、安塞黄土风情文化艺术节、老君山旅游登山节、丹凤旅游文化节、镇安木王杜鹃花节	23
河南	炎黄文化旅游节、中国郑州国际少林武术节、中国郑州商品交易会、新郑黄帝故里拜祖大典、中牟西瓜节、商都民俗庙会、登封中岳庙庙会、洛阳牡丹花会、黄河小浪底观瀑节、河洛文化节、伏牛山滑雪节、洛阳牡丹灯会、汝阳杜鹃花节、禹王台樱花节、铁塔公园荷花节、开封菊花花会、万岁山新春民俗文化休闲节、清明上河园民俗文化节、济源黄河三峡景区桃花节、中国王屋山国际旅游登山节、孔子文化月、三门峡国际黄河旅游节、老子文化节、亚武旅游节、休闲避暑亲水文化节、蜡梅文化旅游节、颛顼帝喾陵祭祖节、古灵山梨花节、叉梦山草原踏青节、中国鬼谷子文化节、中华龙艺术节、焦作云台山国际旅游节、焦作太极拳交流大赛	33
山东	济南千佛山"九月九"重阳节山会、济南章丘白云湖荷花艺术节、济南市滑雪文化节、中国（周村）旱码头旅游文化节、淄博聊斋文化旅游节、淄博马踏湖春季文化旅游节、淄博马踏湖民俗风情旅游节、东营孙子国际文化节、东营黄河口文化旅游节、中华母亲文化节、中国（曲阜）国际孔子文化节、梁山水浒文化节、微山湖荷花节、泰山国际登山节、中国国际航空体育节、德州夏津梨花节、中国庆云小商品博览会、中国庆元宝艺服装节、德州黄河涯万亩桃园赏花节、中国国际孙子文化旅游节、山东滨州沾化冬枣节、菏泽国际牡丹花会、聊城文化旅游节、聊城冠县梨园文化观光节、江北水城樱花节、聊城荷花艺术节	26

四、沿黄城市旅游资源的品质评价

为加强景区管理，提升服务质量，促进旅游资源开发、利用和环境保护，国家旅游局出台了《旅游景区质量等级的划分与评定》（GB/T 17775—2003），从旅游资源吸引力、景区经营管理、旅游资源与环境保护、旅游交通、游览、旅游购物、旅游安全、环境卫生、邮电服务、市场吸引力等 10 个角度对旅游景区进行评价，将旅游景区从高到低划分为 5A、4A、3A、2A、A 这 5 个级别。旅游景区级别越高，旅游资源品质就越高。

由表 2.6 可知，沿黄城市旅游景区数量多、规模大，2015 年 A 级及以上景区数量总计达 1274 个。其中，5A 级景区数量占 2.98%，4A 级景区数量占 30.38%，3A 级景区数量占 40.82%，2A 级景区数量占 25.12%，A 级景区数量占 0.70%。由此可见，3A 级景区所占比重最大，A 级景区所占比重最小。高品质的 5A 级旅游景区中包括了风景名胜区、森林公园、博物院、石窟等多种自然和人文景观。九寨沟旅游景区是国家 5A 级风景区和国家级风景名胜区，是中国第一个以保护自然风景为主要目的的自然保护区，拥有"绿色环球 21"证书，动植物资源丰富，栖息着大熊猫等珍稀野生动物。这里地处青藏高原向四川盆地的过渡地带，特殊的地质基础发育了大规模喀斯特作用的钙华沉积，以植物喀斯特钙华沉积为主，形成了九寨沟色彩绚丽的湖泊，有着清澈见底的溪流、疑似白练的瀑布、古穆幽深的林莽、连绵起伏的雪峰，被誉为"美丽的童话故事"。被联合国教科文组织（UNESCO）列入世界遗产名录的云冈石窟和龙门石窟是我国的"石雕艺术宝库"。其中，云冈石窟存有主要洞窟 45 个、大小窟龛 252 个、石雕造像 51 000余个，记录了印度及中亚佛教艺术向中国传播发展的历史轨迹，反映出中国佛教造像逐渐世俗化、民族化的历史过程，是石窟艺术"中国化"的开始；龙门石窟是佛教文化的艺术表现，是北魏、唐代皇家贵族发愿造像最为集中的地方，体现了皇家的意志和行为，具有浓厚的国家宗教色彩。沿黄城市丰富的旅游景区数量、高品质的自然资源和人文资源，展现了优美的黄河沿岸风光和灿烂的黄河文明，具有源源不断的吸引力。其良好的资源禀赋为沿黄黄金旅游带开发奠定了基础。

表 2.6 2015 年沿黄城市 A 级及以上旅游景区数量

项目	5A	4A	3A	2A	A
数量/个	38	387	520	320	9

五、沿黄城市旅游资源的空间分布

（一）旅游资源数量的空间分布

黄河流域范围大，历史文化悠久，自然地理风光独特，旅游资源种类繁多，独具地方特色。由前述关于地文景观、水域风光、生物景观、遗址遗迹、建筑与设施、人文活动等的空间分布及其丰度资料，对比沿黄省（区）旅游资源类型数量可知，除四川阿坝藏族羌族自治州的建筑与设施与水域风光类旅游景区数量持平外，其他沿黄省（区）建筑与设施类旅游景区数量均高于遗址遗迹、水域风光、地文景观、生物景观类旅游资源。

（二）旅游资源品质的空间分布

由于沿黄城市的地理位置、区位环境等因素不同，各省（区）所拥有的旅游资源和开发景区也不尽相同。

山东沿黄城市地处黄河入海口，优越的地理环境和厚重的历史文化使得这里的自然和人文资源较为丰富，拥有的旅游景区数量最多；其次是黄河中下游地区的陕西、河南和山西的部分市县。甘肃和内蒙古也拥有较为丰富的A级及以上景区；因黄河只流经四川省域西南边境的部分区域，A级及以上景区数量相对较少，但是景区品质较高。

从景区的等级分布上来看，山东A级及以上景区基数大，其中2A级景区数量最多。各省市的3A、4A级景区数量占据了A级及以上景区总量的较大比例，但是5A级景区较少，整体缺乏对精品旅游景区的打造，在以后的区域旅游开发中，要不断提升对旅游景区的精品化打造，培育优质的旅游景区，进而带动周边旅游资源的整合和开发。

第三节 沿黄黄金旅游带旅游资源的总体特征及评价

一、旅游资源类型丰富

黄河流域是华夏文明的重要发祥地，沿黄省（区）是我国自然与人文旅游资源富集的地区（表2.7），旅游资源类型多样，地文景观、水域风光、生物景观、建筑与设施、人文活动类旅游资源数量多、种类丰富。

表 2.7　沿黄省（区）58 个城市的主要旅游资源

省（区）	自然旅游资源	人文旅游资源	资源特色
青海	老爷山、西宁野生动物园、南山、日月山、麒麟湾公园、娘娘山、察汗河国家森林公园、孟达天池、康滩自然风景区、松山原始森林、金银滩、祁连山、青海湖、龙羊峡、玛多黄河源、阿尼玛卿雪山、官仓峡、冬格措纳湖、玛多星星海、达纳河谷、尕尔寺大峡谷、托素湖、金子海	塔尔寺、马步芳公馆景区、湟源丹噶尔古城、西宁东关清真大寺、国际藏毯展览中心、青海藏文化馆、土楼观、互助土族故土园、湟源丹噶尔古城、拉加寺、龙恩寺、狮龙宫殿、文成公主庙、当卡寺、七里寺、赛宗寺、同德石藏文化旅游区	高原风光、宗教文化、民族风情
四川	九寨沟、黄龙、四姑娘山、达古冰川、毕棚沟、叠溪松坪沟	汶川特别旅游区、羌乡古寨、汶川大禹文化、观音桥、桃坪羌寨	山水风光、特色村寨
甘肃	崆峒山、麦积山、五泉山、兴隆山、黄河石林、大象山、秦安凤山、武威沙漠公园、万象洞、莲花山、冶力关、吐鲁沟森林公园、荆什森林公园、官鹅沟、西和湖、卓尼大峪沟、兰山、卧牛山、首阳山、大墩峡、兰州植物园	水车博览园、青城古镇、红军会师旧址、伏羲庙、南郭寺、玉泉观、武威文庙、龙泉寺、云崖寺、周祖陵、法泉寺、清水温泉度假村、白塔寺、古浪战役纪念馆、宣化岗拱北、黄羊河休闲农业旅游区、静宁成纪文化城、通渭温泉度假村、安宁滑雪场	山水风光、宗教文化、休闲农业
宁夏	沙坡头、沙湖、火石寨地质公园、黄沙古渡、苏峪口、鸣翠湖、腾格里沙漠湿地、青铜峡黄河大峡谷、小渠子沟、归德沟、寺口子风景名胜区、阅海湿地公园、哈巴湖、六盘山、兵沟	镇北堡影视城、西夏王陵、中华回乡文化园、贺兰山岩画、宁夏科学技术馆、黄ская横城、水洞沟、玉泉营葡萄庄园、中国枸杞馆、森淼生态旅游区、巴格斯酒庄、玉皇阁、须弥山景区、高庙	沙-湖-湿地、生态农庄、遗址遗迹
内蒙古	响沙湾、苏木山、苏泊罕草原、金沙湾、巴丹吉林沙漠、月亮湖沙漠、高山牧场、石门、黄花沟、火山草原、南海湿地、察尔湖、岱海、云海秋林、天籁湖、通湖草原	成吉思汗旅游区、蒙牛工业旅游景区、伊利乳都科技示范园、集宁国际皮革城、河套酒业工业旅游区、银海旅游度假村、镜海旅游度假村、锦世温泉度假村	沙漠-草原、生态旅游、工业旅游、休闲度假
陕西	华山、骊山国家森林管理处、陕西翠华山国家地质公园、王顺山景区、药王山景区、少华山森林公园、佳县白云山、金丝峡景区、柞水溶洞景区、灵山风景区、吴山风景区、石门山国家森林公园、榆林红石峡、榆林红石峡生态公园、凤冠山景区、九天山风景区、老君山景区、山阳县、月亮洞景区牛背梁景区、天竺山景区、汉湖、西安黑河旅游景区、浐灞国家湿地公园景区、洽川风景名胜区、黄河壶口瀑布景区、神木红碱淖风景区	西安城墙景区、西安碑林博物馆、陕西历史博物馆、曲江海洋极地公园、西安大唐西市文化景区、西安关中民俗艺术博物院、西安半坡博物馆、小雁塔西安博物院、大明宫国家遗址公园、西安世博园、延安革命纪念馆、延安枣园革命旧址、汤峪温泉、大兴汤院遗址公园、杨虎城将军陵园、西安高陵奇石博物馆、世界八大奇迹馆、户县钟馗故里、青龙寺遗址景区、大秦温泉、大汉上林苑生态景区、蔡文姬纪念馆	山水风光、历史文化、遗址遗迹、红色旅游
山西	翠枫山自然风景区、藏山旅游风景名胜区、太行山大峡谷景区、太行水乡风景区、天脊山风景区、太行龙洞、通天峡风景区、仙堂山景区、王莽岭、沁水历山、怀仁金沙滩、介休绵山、榆次乌金山、垣曲历山、运城盐湖、五老峰景区、万年冰洞、芦芽山、定襄凤凰山景区、卦山风景区、孝濡湿地公园、云丘山风景区孤峰山景区、大禹渡景区、禹王洞景区、忻州市原平市天牙山景区、柳林黄河三峡母亲峰	云冈石窟、皇城相府、乔家大院碑林公园、太原市晋农之窗文化主题博览园景区、大同煤矿"万人坑"纪念馆、玉泉山关王庙、银圆山庄、海会寺、龙兴寺景区、绛守居园池景区、万固寺景区、铁牛景区、紫云寺景区石评梅旧居景区、华北奕丰生态园、孙文龙纪念馆、湘峪三都古城旅游区、榆次明乐庄园、和顺合山懿济圣母文化旅游风景区、寿阳县祁寯藻故居景区、晋中祁县红海玻璃艺术园景区	山水风光、历史文化

续表

省（区）	自然旅游资源	人文旅游资源	资源特色
河南	嵩县白云山国家森林公园、洛阳栾川老君山-鸡冠洞、云台山、神农山、青天河、黄河风景名胜区、天鹅湖国家城市湿地、三门峡市双龙湾、济源黄河三峡景区、小浪底、栾川龙峪湾国家森林公园、嵩县天池山国家森林公园、洛宁县神灵寨风景区、太行大峡谷、云梦山、大伾山、鹤壁市淇县古灵山景区、新乡辉县万仙山风景区、八里沟、九莲山景区、回龙天界山、卢氏县豫西大峡谷、黄河丹峡、灵宝汉山、王屋山、小沟背·银河峡、万泉湖	清明上河园、龙门石窟、殷墟博物苑、包公祠、大相国寺、龙亭公园、开封府、铁塔公园、开封中国翰园碑林、兰考焦裕禄纪念园、白马寺、关林、洛阳市栾川养子沟旅游休闲度假区、洛阳伏牛山滑雪度假乐园隋、唐城遗址植物园景区、中国国花园景区、西泰山风景区、栾川抱犊寨、红旗渠、羑里城、岳飞庙、马氏庄园、洹水湾旅游区、新乡京华园景区、比干庙景区、潞王陵景区	山水风光、历史文化、休闲农业
山东	水帘峡风景区、新泰市莲花山风景区、沂源鲁山溶洞群风景区、源泉开元洞旅游区、济南市朱家峪景区、千佛山风景名胜区、济宁曲阜石门山风景区、济宁九仙山风景区、济宁邹城凤凰山旅游景区、新泰市朝阳洞旅游区、莱芜市龙山景区、淄川云明山风景区、五峰山旅游区、平阴县圣母山景区、济宁嘉祥青山景区、济宁邹城五宝庵山风景区、肥城市刘台桃花源景区、肥城市云蒙山景区、昆仑山景区、莱芜莲花山风景区、泗水县凤仙山景区、莱芜市笔架山景区、凤凰山旅游区、济宁泗水龙门山	济宁曲阜明故城（三孔）景区、灵泉寺旅游区、红叶谷生态文化旅游区、济南植物园、济南国际园博园、金象山乐园、九顶塔中华民俗欢乐园、孙子文化旅游区、广饶县红色刘集旅游景区、天宁寺文化旅游区、济宁邹城市孟庙、孟府旅游区、曲阜孔子六艺城、济宁微山湖旅游区、济宁汶上宝相景区、济宁曲阜尼山孔庙及书院景区、济宁市万紫千红生态养生旅游区、济宁市羊山古镇国际军事旅游区、泰安区泰山方特欢乐世界景区、泰安区泰山花样年华景区、泰山森林温泉旅游区	山水风光、历史文化、休闲农业

沿黄城市地文景观类型丰富，资源品质高，如五岳中的泰山、华山、嵩山等综合自然旅游地，云台山世界地质公园钙华瀑、钙华滩、嶂石岩地貌景观，老君山黎明高山丹霞片区，沙坡头腾格里沙漠景观等。

沿黄城市水域风光包括天然湖泊与池沼、瀑布、泉等旅游资源亚类，拥有中国最大的内陆湖泊和咸水湖——青海湖、千湖之县玛多的星星海、中国世界纪录协会认证的中国最宽的瀑布——瀑宽320m的诺日朗瀑布、落差314m的云台天瀑、奔腾汹涌的壶口瀑布、天下第一泉趵突泉等。

沿黄城市生物景观包括树木、草原与草地、花卉地、野生动物栖息地等资源亚类，有广阔无垠的敕勒川草原、阿拉善盟胡杨林、青海门源百里油菜花海、西安秦岭野生动物园等。沿黄城市遗址遗迹包括史前人类活动场所和社会经济文化活动遗址遗迹，其中蓝田猿人遗址、被誉为"海藏咽喉""茶马商都"的湟源丹噶尔古城等旅游资源具有重要的历史文化价值。

沿黄城市建筑与设施类旅游景区数量极多，有"世界第八大奇迹"的秦始皇兵马俑博物馆，麦积山、龙门石窟、云冈石窟等石窟艺术宝库，晋商文化的代表乔家大院，人工天河红旗渠等。

沿黄城市人文活动旅游资源包含人事记录、艺术、民间习俗、现代节庆4个亚类，选取9个省（区）、58个城市有代表性、举办届数较多的旅游节庆活动和商贸会展活动总计达184个，涵盖了旅游节、文化节、体育节、商贸农事等多种类型。其中，极具代表性的节庆活动有中国·兰州黄河文化旅游节、平遥古城文化国际旅游节、中国宁夏大漠黄河国际旅游节、柴达木民族文化艺术节、中国包头冰雪文化旅游节、安塞黄土风情文化艺术节、中国（曲阜）国际孔子文化节、陕西清明节黄帝陵祭祖、新郑黄帝故里拜祖大典、环青海湖国际公路自行车赛、国际熊猫节、官仓峡文化旅游节、甘川赛马会、中国·兰州牛肉拉面节、世界穆斯林旅行商大会、呼伦贝尔中国开雪节、中国郑州国际少林武术节、洛阳牡丹花会等。

二、优质资源丰富

旅游资源是发展旅游业的基础条件，优质的旅游资源是旅游开发的重点。沿黄城市旅游资源禀赋良好，旅游资源品质高，数量多，种类丰富，开发价值大。2015年，沿黄城市A级及以上景区数量为1274处，其中5A级旅游景区有38处：青海2处、四川3处、甘肃2处、宁夏4处、内蒙古2处、陕西6处、山西6处、河南10处、山东3处。

沿黄旅游资源的品质较高，有九寨沟旅游景区、黄龙风景名胜区、秦始皇陵及兵马俑坑、平遥古城、云冈石窟、龙门石窟、登封"天地之中"历史建筑群、济宁曲阜明故城三孔旅游区等大批优质资源。河南郑州市、洛阳市、开封市、安阳市、濮阳市，陕西西安市、延安市、榆林市、咸阳市，山东济南市、聊城市、淄博市、泰安市等都是国家历史文化名城，拥有麦积国家森林公园、天台山国家森林公园、骊山国家森林公园、牛背梁国家森林公园、嵩山国家森林公园、黄河口国家森林公园、额济纳胡杨国家森林公园、五台山国家森林公园、五老峰国家森林公园等众多国家森林公园，以及拥有山东黄河三角洲、河南黄河湿地、伏牛山、九寨沟、孟达天池、青海湖、陕西牛背梁等国家级自然保护区。

三、旅游资源区域特色鲜明

黄河流经我国9个省（区），流域范围较广，沿黄城市的旅游资源具有鲜明的区域特色。青海旅游资源以高原风光、宗教文化和民族风情为主要特色；四川阿坝藏族羌族自治州将其山水风光和特色村寨有机结合；甘肃突出山水风光、宗教文化、休闲农业；宁夏集沙-湖-湿地、生态农庄、遗址遗迹为一体；内蒙古沙漠-草原、生态旅游、工业旅游、休闲度假多样发展，陕西历史文化、遗址遗迹、红色旅游突出；山西、河南、山东旅游资源综合多样，以山水风光、历史文化为主。

青海地处世界屋脊，位于我国地形三大阶梯的第一阶梯之上，海拔较高，昆仑山、祁连山、阿尔金山、唐古拉山等山脉绵亘，青海湖、鄂陵湖、扎陵湖、星宿海、日格湖等湖泊星罗棋布，日月山、阿尼玛卿雪山、孟达天池、察汗河国家森林公园等景观展现了青海雄奇壮丽的高原风光。青海的塔尔寺、拉加寺、龙恩寺、赛宗寺等是藏传佛教建筑，规模宏大，信徒众多。青海世代生息繁衍着汉、藏、回、土、撒拉、蒙古等20多个民族，形成并保持了独特的、丰富多彩的风情和习俗。

四川阿坝藏族羌族自治州素来以山水风光、特色村寨而名闻国内外，优美自然风光和特色民族文化有机结合成了该州独具特色的旅游资源。其有着世界自然遗产九寨沟、黄龙寺风景名胜区，国家级风景名胜区四姑娘山，现代山地冰川达古冰川等，飞水、渊潭与雪山映衬，是生态旅游的好去处。古朴的羌乡古寨、桃坪羌寨鳞次栉比地镶嵌在山腰之间，形成了阿坝州旅游的一张亮丽名片。

甘肃旅游的三张名片分别是山水风光、宗教文化和休闲农业。甘肃东接陕西，南控四川青海，西倚新疆，北扼内蒙古、宁夏，是古丝绸之路的锁匙之地和黄金路段。甘肃是一个多民族的省份，宗教文化源远流长，至今仍有伊斯兰教、佛教、天主教、基督教、道教等五种宗教。天水麦积山石窟堪称"东方雕塑博物馆""陈列塑像的大展览馆"；夏河拉卜楞寺是全国藏传佛教格鲁派六大宗主寺之一，被誉为"世界藏学府"；崆峒山相传为广成子修炼得道之处，号称"道教第一山"；闻名遐迩的道教名山兴隆山等，凡此种种，不一而足。甘肃境内气候差异较大，农耕文化悠久，农产品特色鲜明，休闲农业资源类型多、分布广。甘肃正在打造建设的一批休闲农业品牌，如黄羊河休闲农业旅游区现已建成中心服务区、现代农业展示区、葡萄长廊观光区、餐饮娱乐区、时令果蔬采摘区等7个功能区，并于2011年被评为国家3A级旅游景区。

宁夏旅游资源特色是沙-湖-湿地、生态农庄和遗址遗迹。沙坡头、黄沙古渡、鸣翠湖、哈巴湖、腾格里沙漠湿地集大漠、绿洲、湿地为一体的自然景观特色，玉泉营葡萄庄园、中国枸杞馆、巴格斯酒庄等农业资源及展现宁夏作为河套地区与丝绸之路文化交汇地所传承的丰富的历史文化内涵古长城、古陵墓、古遗址等，一同塑造了"塞上江南·神奇宁夏"的旅游形象。

四、区域内旅游资源分布差异较大

考虑到各省（区）面积和城市数量选取的差别，在此引入丰度（处/万 km^2）的概念，即每万平方千米所拥有的景区数量，用此概念表示各省（区）之间旅游资源在密度上的差异。这种差异的存在严重阻碍了区域旅游业的发展，因此在进一步开发区域旅游资源的时候，应该加强区域合作，形成区域旅游的竞争优势。

沿黄省（区）旅游资源数量和丰度分布不均，呈现大分散、小聚集的空间分布格局。山东、陕西A级及以上旅游景区数量相对较多，其资源相对分散，四川、青海A级及以上旅游景区数量相对较少，但其资源密集度高。陕西省旅游资源数量居9个省（区）中第二位，丰度居第八位。四川阿坝藏族羌族自治州旅游资源丰度居第二位，总体呈现小聚集的特点。

五、旅游新业态发展迅速

旅游业发展迅速，逐渐"白热化"的竞争给地区旅游经济、旅游企业的可持续发展带来威胁，进一步刺激了旅游业态向多元化发展。随着沿黄城市旅游的发展和市场需求的不断更新，新业态形式层出不穷，这一现象也成为沿黄旅游城市发展的一大特点，如表2.8所示。

表2.8 沿黄城市旅游带新业态类型

类型	具体内容
乡村旅游业	葡萄庄园、沙漠农庄、乡村酒店、农事体验、农业科普、特色民居、采摘果园、枸杞庄园
旅游购物业	旅游购物品设计公司、旅游购物品网络销售公司、野营用品专卖店、休闲用品专卖店、古董店
旅游运输业	旅游汽车公司、特色旅游交通公司
乡土餐饮业	羊肉、沙湖鱼宴、黄河鱼宴
旅游代理业	自助旅游代理公司、互助旅游代理公司、会议服务公司
旅游休闲业	各种休闲娱乐公司
接待住宿业	主题酒店、黄河人家、国际青年旅舍、度假村、宿营地、野营地、自驾营地
旅游服务业	户外运动俱乐部、攀岩俱乐部、探险俱乐部、拓展训练公司、驴友俱乐部等
旅游租赁业	自行车租赁、汽车租赁、民居租赁、蔬菜园认领、果园认领
旅游景观房产业	山地景观房产、滨水景观房产、休闲山房等

第四节 沿黄黄金旅游带旅游资源聚合区综合评价

一、沿黄主要旅游资源聚合区

（一）青海"西宁—青海湖—海东"旅游聚合区

黄河发源于青海，在青海境内自上而下流经曲麻莱、玛多、甘德、达日、久治、玛沁、河南蒙旗、同德、贵南、兴海、共和、贵德、尖扎、化隆、循化、民和 16 县，流程约 1455 km，旅游资源呈现区域性集中、线性集中、节点集中的趋势。尤以西宁、青海湖、海东等地区旅游资源最为密集，这些地区不仅有着独特的自然景观，也因其较好的经济基础，交通、通信、基础条件优越，人文景观丰富多彩，形成了以城市为依托的旅游资源聚合区。西宁市有 1 个 5A 级景区（位于湟中县的塔尔寺）、7 个 4A 级景区（青海藏文化馆等），A 级及以上景区总计 10 余处，以宗教文化、生态旅游为主，以景区的发展带动了周边乡村休闲观光旅游的发展。青海湖景区与塔尔寺同是青海 5A 级景区，以高原湖泊为主，兼有草原、雪山、沙漠等景观，主要景点有海心山和鸟岛，围绕青海湖景区的景点主要有日月山、湖东牧场、龙羊峡水电站、羊曲遗址等，而大通北川河源自然保护区、东互助土族之乡、循化孟达天池自然保护区等也极具观赏价值，该集聚区旅游资源丰富、知名度高，是青海主要旅游资源的所在地，应成为青海省旅游开发的重要区域。

（二）宁夏"黄河金岸"旅游聚合区

从自然资源条件来看，黄河在宁夏境内更是一道美丽的风景。黄河从宁夏中部的中卫市入境，穿过 13 个县市。

在宁夏境内，黄河流经的 5 个旅游区分别是：沙湖旅游区，主要旅游资源有星海湖、黄河红柳公园、石嘴子等；大银川旅游区，主要旅游资源有鸣翠湖国家湿地公园、黄沙古渡旅游区、黄河横城旅游区、黄河外滩公园、黄河书院等；青铜峡旅游区，主要旅游资源有黄河大峡谷景区、中华黄河坛景区、黄河楼、黄河文化园、黄河生态园等；中宁旅游区，主要旅游资源有枸杞博物馆、万亩枸杞园等；沙坡头旅游区，其开发度相对成熟，主要由腾格里沙漠湿地旅游区、九龙湾风景区、南长滩、北长滩等构成。由于黄河在宁夏境内流动相对平缓，较适合开发漂流，其已开发的黄河漂流旅游项目十分受国内外游客欢迎而成为世界性旅游目的地。这一黄河漂流优势及"塞上江南"自然景观构成了宁夏黄河旅游资源的相对高丰度和高密度。

（三）甘肃兰州沿黄聚合区

黄河在甘肃省境内流经甘南藏族自治州、临夏回族自治州、兰州市、白银市等 4 个城市，全长约 1000km，沿途文化旅游资源丰富。甘肃省省会兰州市旅游资源多样化，尤其是兴隆山—官滩沟、兰山—五泉山、什川梨园、安宁桃园等城郊休闲度假资源开发潜力大；吐鲁沟、徐家山、石佛沟等国家森林公园空间布局合理，资源优势显著，适合构建点一轴、一带多极、广辐射的兰州都市休闲度假旅游圈。将丰富的丝绸之路文化、黄河文化、民族文化及现代文化进行科学有效分类和聚合，系统规划，合理布局，全面提升甘肃旅游的文化品质、文化档次与文化含量，打造甘肃优质旅游资源集聚区。

（四）河南"郑汴洛"旅游聚合区

"郑州—开封—洛阳"沿黄旅游带简称"郑汴洛"沿黄旅游带，属于河南省重点开发的旅游区域。该区域集中了大量的世界遗产、国家级风景名胜区，如国家5A级旅游景区嵩山少林风景区，世界文化遗产、国家5A级旅游景区龙门石窟，多处国家4A级景区也在此密集分布，此外该区域还分布有全国重点文物保护单位73处、国家级非物质文化遗产6处、国家级森林公园10处、国家级自然保护区2处、国家级重点风景名胜区2处等。郑州、开封、洛阳、登封和新郑还被评为"中国优秀旅游城市"。由此可知，"郑汴洛"旅游聚合区内旅游资源具有数量规模大、类型多样化、开发历史悠久、资源品质较高、密度大、空间组合合理等优势，使得"郑汴洛"旅游聚合区在河南省乃至全国均有显著的开发优势和潜力。

（五）山西沿黄旅游聚合区

黄河从山西的西、南两侧流经忻州、吕梁、临汾、运城等市县。该区域沿线长、资源富集，具有特色鲜明的旅游优势。其中，老牛湾至河曲西口古渡（包括偏关古城、万家寨水库、娘娘滩、太子滩、罗圈堡、河保段黄河清流）旅游景观多样而丰富，着力发展黄河清流边塞长城风光；碛口古镇（包括西湾、李家山、中共中央后方工作委员会旧址），着力发展黄河风情黄土风光；黄河壶口瀑布风景名胜区（包括乾坤湾、人祖山、管头山、高祖山、黄河三门大峡谷等），以黄河壶口瀑布为发展龙头，发展黄河文化、华夏文化、自然山水的旅游产业集群；河津龙门黄河湿地滩涂区是省级湿地鸟类自然保护区，可与周边后土祠和黄鹤楼、铁牛馆、普救寺共同开发集寻根祭祖、爱情圣地、康体疗养、黄河民俗风情于一体的旅游休闲度假区；运城盐湖、垣曲黄河小浪底和历山自然保护区可利用其优美的自然风光，建设大型休闲旅游度假区。

二、沿黄黄金旅游带4A级及5A级旅游景区

（一）4A级旅游景区

2015年，沿黄自然流域9个省（区）、58个中心城市的4A级景区共387个，在9个省（区）均有分布，其中甘肃、内蒙古、陕西、山西、河南、山东等省（区）分布相对集中：甘肃44个，占所有4A级景区数量的11.37%；内蒙古37个，占所

有 4A 级景区数量的 9.56%；陕西 51 个，占所有 4A 级景区数量的 13.18%；山西 80 个，占所有 4A 级景区数量的 20.67%；河南 63 个，占所有 4A 级景区数量的 16.28%；山东 72 个，占所有 4A 级景区数量的 18.60%。具体名录，如表 2.9 所示。

表 2.9 沿黄黄金旅游带 4A 级旅游景区

省（区）	旅游景区名称	数量/个
青海	大通老爷山风景名胜区、祁连风光旅游景区、久治年宝玉则景区、青海湖博物馆、青海藏医药文化博物馆、马步芳公馆景区、西宁野生动物园、玉树称多拉布民俗村景区、格尔木昆仑文化旅游区、彩虹部落土族园、互助土族故土园旅游区、循化撒拉族绿色家园、热贡国家级历史文化名城旅游区、坎布拉国家公园、贵德高原养生休闲度假区、乡趣农耕文化生态园、门源百里油菜花海景区、孟达天池、青海金银滩景区、湟源丹噶尔古城	20
四川	四姑娘山风景区、茂县羌乡古寨旅游景区、达古冰山景区、汶川大禹文化旅游区、金川观音桥风景区、理县桃坪羌寨-甘堡藏寨旅游景区、理县毕棚沟景区、茂县叠溪松坪沟旅游景区	8
甘肃	五泉山公园、榆中兴隆山自然护区、景泰黄河石林国家地质公园、武山水帘洞景区、甘谷大象山景区、天水市秦安凤山景区、武威沙漠公园、漳县贵清山/遮阳山旅游风景区、万象洞风景名胜区、阳坝自然风光景区、康乐莲花山、冶力关风景区、碌曲则岔石林旅游景区、水车博览园、兰州市皋兰什川古梨园景区、青城古镇、红军会宁会师旧址景区、天水伏羲庙、天水南郭寺景区、天水玉泉观景区、天水市张家川回乡风情园、武威雷台旅游区、武威文庙、大云寺王母宫景区、龙泉寺风景名胜区、云崖寺景区、平凉市华亭莲花台公园、周祖陵景区、成县西狭颂景区、陇南市秦文化博物馆景区、陇南市金徽酒文化生态旅游景区、松鸣岩风景名胜区、和政古动物化石博物馆、夏河拉卜楞寺、永登吐鲁沟森林公园、神州荒漠野生动物园、古灵台荆山森林公园、合作当周草原旅游风景区、田家沟水土保持生态旅游区、官鹅沟风景区、陇南市西和晚霞湖景区、永靖黄河三峡风景名胜区、卓尼大峪沟景区、拉尕山景区	44
宁夏	火石寨国家地质公园、西夏王陵、中华回乡文化园、贺兰山岩画、黄沙古渡原生态旅游区、宁夏科学技术馆、黄河横城国际休闲度假旅游区、六盘山旅游区、固原博物馆、苏峪口国家森林公园、鸣翠湖国家湿地公园、腾格里沙漠湿地·金沙岛旅游区	12
内蒙古	神泉生态旅游景区、苏木山森林公园、鄂尔多斯文化旅游村、苏泊罕草原旅游景区、银肯塔拉沙漠绿洲自然生态旅游区、金沙湾景区、阿拉善盟巴丹吉林沙漠旅游区、腾格里达来·月亮湖沙漠生态探险度假营、昭君博物院、呼和浩特市蒙牛工业旅游区、大青山太伟运动休闲度假村、伊利乳都科技示范园、北方兵器城、五当召、美岱召旅游区、青岛生态养生庄园、集宁国际皮革城、七星湖旅游区、成吉思汗察罕苏力德游牧生态旅游区、九城宫生态旅游区、秦直道景区、释尼召沙漠绿海乐园、康巴什旅游区、碧海阳光温泉度假旅游区、大沙头生态文化旅游区、布龙湖温泉度假区、河套酒业工业旅游区、维信国际高尔夫度假村、纳林湖景区、贺兰山南寺生态旅游区、敕勒川草原文化旅游区（哈素海）、格根塔拉草原旅游中心、阿拉善盟胡杨林旅游区、南海湿地景区、岱海旅游区、尔湖旅游区、恩格贝旅游区	37
陕西	骊山国家森林管理处、陕西翠华山国家地质公园、王顺山景区、药王山景区、少华山森林公园、佳县白云山、金丝峡景区、柞水溶洞景区、西安城墙景区、西安碑林博物馆、陕西历史博物馆、曲江海洋极地公园、西安大唐西市文化景区、西安关中民俗艺术博物院、西安半坡博物馆、小雁塔西安博物院、大明宫国家遗址公园、西安世博园、西安曲江楼观道文化展示区、西安汤峪旅游度假区、玉华宫景区、照金-香山景区、周公庙风景名胜区、中华礼乐城、凤县凤凰湖、中华石鼓园景区、茂陵博物馆、乾陵博物馆、汉阳陵博物苑、马栏革命旧址景区、礼泉县袁家村关中印象体验地景区、陕西张裕瑞那城堡酒庄景区、陶艺村生态文化旅游区、汉太史司马迁祠景区、韩城市博物馆区、宝塔山景区、延安革命纪念馆、延安枣园革命旧址、神木二郎山旅游景区、陕西太平国家森林公园、西安秦岭野生动物园、太白山国家森林公园、通天河国家森林公园、牛脊梁景区、天竺山景区、汉城湖、西安黑河旅游景区、浐灞国家湿地公园景区、洽川风景名胜区、黄河壶口瀑布景区、神木红碱淖旅游景区	51

续表

省（区）	旅游景区名称	数量/个
山西	恒山风景区、翠枫山自然风景区、藏山旅游风景名胜区、太行山大峡谷景区、太行水乡风景区、天脊山风景区、太行龙洞、通天峡风景区、仙堂山景区、王莽岭、沁水历山、怀仁金沙滩景区、榆次区乌金山景区、垣曲历山、运城盐湖、五老峰景区、雁门关风景区、万年冰洞、芦芽山、定襄凤凰山景区、卦山风景区、孝河湿地公园、云丘山风景区、晋祠博物馆、太原动物园、中国煤炭博物馆、东湖醋园、九龙国际文化生态园区、蒙山大佛景区、宝源老醋坊、晋华宫矿工业旅游景区、华严寺景区、大汖温泉景区、武乡八路军太行纪念馆、八路军文化园、珏山·青莲寺、柳氏民居、丹朱岭旅游区、阳城天官王府景区、右玉县、崇福寺景区、常家庄园、王家大院、平遥县衙博物馆、平遥日昇昌票号、平遥协同庆博物馆、平遥双林寺彩塑艺术馆、平遥镇国寺、平遥城隍庙财神庙、昔阳县大寨景区、左权县麻田、八路军总部纪念馆、舜帝陵庙、关帝庙、永祚寺、普救寺、李家大院、鹳雀楼景区、河边民俗博物馆、杏花村汾酒工业公园、玄中寺景区、三皇庙、汾阳市贾家庄文化生态旅游区、交城县果老峰水上乐园、尧庙华门旅游区、古县牡丹文化旅游区、隰县小西天、中国梨博园景区、汾河公园景区、东岳庙景区、桃林沟景区、太原市森林公园、孝义市胜溪湖森林公园、汾河景区、蟒河、汾河源头、黄河壶口瀑布旅游区、黄崖洞革命纪念地、应县木塔景区、洪洞大槐树寻根祭祖园旅游景区	80
河南	黄河风景名胜区、天鹅湖国家城市湿地公园、三门峡市双龙湾景区、济源黄河三峡景区、小浪底风景区、栾川龙峪湾国家森林公园、嵩县天池山国家森林公园、甘山国家森林公园、嵩阳书院、中岳庙、巩义康百万庄园、郑州世纪欢乐园、新郑黄帝故里、郑州市丰乐农庄·黄河谷马拉湾海浪浴场景区、包公祠、大相国寺、龙亭公园、开封府、铁塔公园、开封中国翰园碑林、兰考焦裕禄纪念园、白马寺、关林、洛阳市栾川养子沟旅游休闲度假区、洛阳伏牛山滑雪度假乐园、黄河小浪底、隋唐城遗址植物园景区、中国国花园景区、西泰山风景区、栾川抱犊寨、红旗渠、羑里城、岳飞庙、马氏庄园、洹水湾旅游区、新乡凤华园景区、比干庙景区、潞王陵景区、焦作圆融寺景区、武陟嘉应观景区、陈家沟景区、焦作影视城、濮阳戚城文物景区、中原绿色庄园、虢国博物馆、三门峡市灵宝函谷关历史文化旅游区、五龙口风景名胜区、栾川重渡沟风景名胜区、嵩县木札岭景区、洛宁县神灵寨景区、太行大峡谷、云梦山风景名胜区、大伾山风景名胜区、鹤壁市淇县古灵山景区、新乡辉县万仙山风景区、八里沟景区、九莲山景区、回龙天界山景区、卢氏县豫西大峡谷风景区、黄河丹峡景区、灵宝汉山、王屋山风景名胜区、小沟背·银河峡景区	63
山东	水帘峡风景区、新泰市莲花山风景区、沂源鲁山溶洞群风景区、源泉开元溶洞旅游区、济南市朱家峪景区、灵泉寺旅游区、跑马岭野生动物世界、红叶谷生态文化旅游区、千佛山风景名胜区、济南植物园、济南国际博园、金象山乐园、九顶塔中华民俗欢乐园、孙子文化旅游区、广饶县红色刘集旅游景区、天宁寺文化旅游区、济宁邹城市孟庙、孟府旅游区、邹城市峄山风景名胜区、曲阜孔子六艺城、济宁梁山县梁山风景区、济宁微山湖旅游区、济宁汶上宝相寺景区、济宁曲阜尼山孔庙及书院景区、济宁市万紫千红生态养生旅游区、济宁太白湖景区、济宁市羊山古镇国际军事旅游区、泰安区泰山方特欢乐世界景区、泰山泰山花样年华景区、泰山森林温泉旅游区、天乐城旅游休闲区、东平白佛山景区、太阳部落、宝泰隆旅游、岳海新天街旅游文化区、莱芜房干生态景区、莱芜战役纪念馆、山东雪野现代农业科技示范园、庆云海岛金山寺、德州经济开发区中国太阳谷、董子园、泉城海洋极地世界景区、中国阿胶博物馆、东阿阿胶养生文化苑景区、聊城天沐江北水城温泉度假村、景阳冈·狮子楼旅游区、滨州杜受田故居、滨州黄河三角洲湿地生态文化旅游岛、滨州秦皇河公园、杜受田故居、惠民孙武古城旅游区、菏泽曹州牡丹园、菏泽郓城水浒好汉城、菏泽孙膑旅游城·亿城寺景区、淄博福星红木博物馆、淄博周村古商城景区、淄博临淄中国古车博物馆、淄博国井酒文化生态博览园、淄博沂源牛郎织女景区、聊斋城、中国陶瓷馆、桓台新城古镇—王渔洋故居、德州夏津黄河故道森林公园、陵926千年枣林景区、滨州鹤伴山国家森林公园、滨州沾化冬枣生态旅游区、淄博原山国家森林公园、淄博潭溪山旅游区、济南章丘百脉泉景区、九如山瀑布群风景区、黄河口生态旅游区、济宁汶上莲花湖湿地景区、东平县东平湖风景区、东昌湖旅游区	72

（二）5A 级旅游景区

2015 年沿黄城市 5A 级景区名录，如表 2.10 所示。

表 2.10　沿黄城市 5A 级景区

省（区）	旅游景区名称	数量/个
青海	塔尔寺景区、青海湖景区	2
四川	九寨沟旅游景区、黄龙风景名胜区、汶川特别旅游区	3
甘肃	平凉崆峒山风景名胜区、麦积山景区	2
宁夏	沙坡头旅游区、镇北堡西部影城、沙湖旅游区、水洞沟旅游区	4
内蒙古	响沙湾旅游景区、成吉思汗陵旅游区	2
陕西	华清池、华山风景名胜区、秦始皇帝陵博物院、西安大唐芙蓉园、法门寺佛文化景区、黄帝陵景区	6
山西	五台山风景名胜区、云冈石窟、皇城相府、乔家大院、介休绵山、平遥古城	6
河南	嵩山少林风景区、清明上河园、龙门石窟、殷墟博物苑、嵩县白云山国家森林公园、洛阳栾川老君山-鸡冠洞旅游区、云台山、神农山、青天河、洛阳龙潭大峡谷	10
山东	泰山风景名胜区、济宁曲阜明故城（三孔）景区、天下第一泉风景区	3

第五节　沿黄黄金旅游带旅游资源的开发价值及评价

一、旅游资源的开发价值

旅游目的地之间的竞争日益激烈，旅游核心竞争力的打造与提升已成为旅游目的地在区域旅游竞争中生存与发展的关键要素。当前沿黄旅游带的建设基本上还是以资源比较优势作为发展理念，未来须树立"打造目的地竞争力""区域旅游竞争力"的旅游发展观，在充分发挥资源比较优势的基础上，将比较优势转化为竞争优势，积极培育、提升沿黄旅游带作为旅游目的地的整体竞争力。

（一）资源禀赋开发价值

旅游资源禀赋是指旅游资源的类型、数量、质量、分布等方面的总体情况。

沿黄旅游资源的数量丰富、类型齐全。根据统计，2015 年沿黄 9 个省（区）的 58 个城市中，A 级及以上旅游资源景点共 1274 处。其中，地文景观类 198 处，占 15.54%；水域风光类 118 处，占 9.26%；生物景观类 63 处，占 4.95%；遗址遗迹类 7 处，占 0.55%；建筑与设施类 888 处，占 69.70%。

沿黄旅游资源的品质较高。统计的旅游资源中有世界文化和自然遗产 8 处、国家级风景名胜区 25 个、国家级历史文化名城 19 座、国家级森林公园 64 个、国家级自然保护区18个。

总体而言，沿黄旅游资源禀赋状况良好，资源丰富，类型齐全，具有较高的价值和品位，极具开发价值和潜力。

（二）空间结构开发价值

据统计，沿黄9个省（区）中，每个省（区）平均拥有A级及以上旅游资源景区约141个。在黄河流经的上游省（区）中，青海省、甘肃省和宁夏回族自治区各拥有A级及以上旅游景区82个、155个和43个，四川省拥有A级以上旅游景区11个；在黄河流经的中游省（区）中，内蒙古自治区、山西省和陕西省各拥有A级及以上旅游景区150个、142个和225个；下游的河南省和山东省也是旅游资源大省，分别拥有164个和302个A级及以上旅游景区。

然而，在区域旅游资源系统中，旅游资源应以个体的集合群的形式——旅游资源群而存在。沿黄旅游资源群按区域大致划分为三大板块，即上游区域、中游区域和下游区域。分区的目的在于认识沿黄旅游资源的区域特征，为沿黄旅游资源的整合和综合利用开发服务。打造沿黄旅游带需要区域旅游资源的整合和协调，个体的旅游资源单位连成旅游线，旅游线与旅游线再结合成区域旅游网络系统，继而形成独具特色的以黄河文化为核心的沿黄旅游带。

（三）特色资源开发价值

从沿黄旅游资源的结构上看，人文旅游资源占绝对优势。应对沿黄旅游带区域内的旅游资源特色进行科学分析和适当的评价，明确其地位和价值，预测其市场吸引力、市场需求，充分挖掘和利用其独特性，塑造旅游产品的个性与特色。

二、资源开发现状及评价

（一）沿黄各省（区）政府重视旅游资源的开发利用

改革开放以来，黄河及其沿线旅游资源开发一直是沿黄各省（区）旅游发展建设的重点。其中，青海省正在全面推动以三江源生态旅游线为核心的黄河黄金旅游带的开发建设，着力完善沿黄地区基础设施建设，带动沿线旅游资源开发；宁夏回族自治区高度重视以沙坡头旅游区、青铜峡大峡谷等为龙头的黄河休闲旅游产业带的建设，而近年来，银川以滨河新区城市旅游集散中心为龙头，黄河外滩景区为纽带，开发建设沿黄旅游景区，并将滨河新区建成"宁夏沿黄旅游的第一品牌"；陕西省于2010年正式启动沿黄河旅游发展规划的编制工作，在《陕西省旅游业"十三五"发展规划》中提出，将重点建设六大特色旅游体验区，即陕北北部大漠风情旅游体验区、铜（川）延（安）黄土风情旅游体验区、关中东部山河风情旅游体验区、关中西部文化宗教旅游体验区、巴山汉水生态休闲旅游体验区和陕南东部人文生态旅游体验区；山西省则将黄河旅游经济带和黄河文明旅游精品线路纳入全省旅游发展的总体布局，确立了"黄河文明旅游板块"为《山西省旅游业"十二五"发展规划》的六大板块之一，筹划建设了5条沿黄旅游精品线路；河南省一直在打造"郑汴洛"旅游隆起带，三门峡则利用得天独厚的地理位置优势，大力推进以自然景观为要素的黄河生态旅游线建设，建设了集旅游观光、休闲旅游、文化展示为一体的黄河公园景观节点；山东省则以济南、淄博、滨州等沿黄"绿色长廊"和东营黄河口生态旅游区为依托，力争把黄河旅游培育成为山东旅游的精品线路；甘肃省选择了具有较高知名度、良好发展基础和较大开发潜力的20个重点景区，通过增添旅游项目、提升接待能力、完善功能配套、顺畅管理体制等措施，将这20个景区建设成为丝绸之路文化旅游增长点和重要支撑，与此同时通过节庆活动的举办，以敦煌为核心，进一步打响敦煌品牌，提升丝绸之路的国际旅游形象，打造国际化特色旅游城市和国际一流旅游目的地，带动丝绸之路全线旅游大发展。四川省、甘肃省、内蒙古自治区也根据自身的旅游资源特色，加快了沿黄旅游的景区（点）开发建设。

总之，纵观沿黄9个省（区）的旅游发展，以黄河文明为核心的黄金旅游带已初现端倪。

（二）沿黄各省（区）旅游经济联系密切

以黄河为纽带的山东、河南、陕西、山西、内蒙古、宁夏、甘肃、四川和青海等地缘相邻、历史同根、文化同源，经济发展各具特色，旅游资源和旅游线路互补性强，具有良好的合作基础和广阔的发展前景。黄河文明作为这些省（区）旅游资源的核心构成部分，是其旅游经济发展和综合竞争力提升的重要载体，是实现旅游产业健康快速持续发展的关键支撑平台。缺乏战略层面的宏观政策指导和统筹开发利用是沿黄各省（区）旅游业持续发展的最大瓶颈，因此互利合作、利益共赢成为各省（区）旅游业的发展方向。2009年11月28日，在"第二届黄河文化旅游博览会"上，9个省（区）的旅游局、38个城市代表团签署了沿黄城市旅游合作协议书，并成立了"沿黄城市旅游促进会"，共同保护和开发黄河流域旅游资源；2009年12月19日制定了中国第一条以黄河流域文化为主题的黄河文化旅游线，自西向东连接青海、甘肃、四川、宁夏、陕西、内蒙古、山西、河南、山东9个省（区），以黄河文明为纽带，被列入首批备选国家旅游线路；2011年5月，"沿黄九省（区）黄河之旅旅游联盟"成立，旨在弘扬黄河文化和展示黄河文明，构建以政府为主导、以企业为主体、产品主打、品牌主推、合作互赢的旅游联盟新机制,推动黄河流域旅游的互动发展,打造"黄河之旅"国际品牌。

构建沿黄黄金旅游带不仅可以对沿黄各省(区)的旅游资源进行有效整合和提升,联合打造精品黄河文明旅游线路,形成高规格、具有国际水平的旅游产品,而且利于沿黄各省(区)旅游业的联合促销、沿黄地区的生态环境保护以及沿黄省(区)旅游产业的可持续发展、高质量发展,对中部崛起、西部大开发等国家发展战略也将起到很好的支撑作用。

第三章 沿黄黄金旅游带的产业基础、特征及其空间结构

随着国民经济的发展和人们生活质量的提高及旅游的发展，旅游业逐渐成为促进国家经济发展以及各个城市发展的重要产业。2009年，国务院出台了《国务院关于加快发展旅游业的意见》，要把旅游业培育成国民经济的战略性支柱产业和人民群众更加满意的现代服务业，为不断增进在旅游休闲方面的国民福利、促进我国旅游业新一轮腾飞确定了方向，特别指出了在旅游开发过程中要不断丰富旅游文化内涵，促进区域旅游协调发展。

黄河流域作为华夏文明的重要发祥地之一，孕育出了灿烂的黄河文明，并以其博大精深、源远流长的文化内涵，构筑了华夏文明的主体内容，成为中华民族优秀传统文化重要的组成部分；黄河蜿蜒曲折，流经我国9个省（区），经历了从第一阶梯到第三阶梯的过渡，随着地形地势的变化起伏，也形成了多种多样的自然风光。黄河流域与长江流域、环渤海地区等相比有着共同的区域旅游开发优势。促进沿黄旅游的开发对我国旅游资源的挖掘和区域旅游的发展建设同样有着较为深远的影响和重要的意义。黄河沿线丰富的自然旅游资源和人文旅游资源不仅丰富了黄河流域构成要素，同时也为沿黄城市的旅游发展奠定了基础，促进了部分城市的快速发展，形成了区域旅游发展增长极。发展黄河旅游，塑造黄河文明旅游线路的品牌形象，构建沿黄黄金旅游带，是传承黄河文明和促进沿黄省（区）旅游业发展的重要内容。作为开发主体的9个省（区）（青海、四川、甘肃、宁夏、内蒙古、陕西、山西、河南、山东），其自2009年开始便成立了"沿黄城市旅游促进会"，制定了中国第一条以黄河流域文化为主题的黄河文化旅游线，于2011年5月成立了"沿黄九省（区）黄河之旅旅游联盟"，旨在对沿黄9个省（区）的旅游资源进行有效的整合和提升，联合打造精品黄河文明旅游线路，形成高规格、具有国际水平的旅游产品，为沿黄黄金旅游带的构建和区域旅游发展打下坚实的基础。

第一节　黄河上游构建黄金旅游带的产业基础[①]

一、构建依据

1998 年，费孝通和钱伟长向中共中央和国务院提出建立"黄河上游多民族经济开发区"，得到了相关部门的高度重视及青海、甘肃、宁夏、内蒙古等省（区）的积极响应。相关领域的学者张复明、仪庆林等提出"黄河经济协作区"，以黄河和陇海铁路线为纽带，通过联合协作，有效增强山东、河南、山西、陕西、内蒙古、宁夏、甘肃、青海、新疆、新疆生产建设兵团、黄河水利委员会等沿黄 9 个省（区）11 方区域经济实力。

"黄河上游多民族经济开发区""黄河经济协作区"等概念的提出，以及国外经济发达国家的江河流域经济带的发展，为沿黄上游黄金旅游带的构建提供了思路。

二、旅游产业基础

沿黄上游区域城市优势互补性极强，特色旅游资源优势明显，有沙湖旅游区、沙坡头旅游区、镇北堡西部影视城、青海湖景区、平凉崆峒山风景名胜区、麦积山景区等多处国家 5A 级旅游景区。同时，各具特色的宗教文化、民族风情、文化旅游资源相对集中，为区域旅游业的发展奠定了良好基础。

由表 3.1 可知，2014 年，甘肃的旅游业从业人数为 4 个省（区）之最，甘肃在星级饭店的旅游业从业人数在 4 个省（区）中人数最多，宁夏在 4 个省（区）中的旅游从业人数最少。

表 3.1　黄河上游 4 个省（区）2014 年旅游业从业人数　　（单位：人）

地区	合计	星级饭店	旅行社	旅游景区
青海	13 425	7 846	1 808	3 771
甘肃	41 358	23 714	2 771	14 873
宁夏	12 322	7 358	1 474	3 490
内蒙古	38 943	23 195	5 142	10 606

由表 3.2 可知，在 4 个省（区）的国际旅游外汇收入中，2010~2011 年，内蒙古处于领先水平，青海位居次席，再次为甘肃和宁夏。

---

① 因四川仅阿坝州在黄河流域内，区间相对较小，不同于其他省份，故本节数据分析中未涉及。

表 3.2　黄河上游 4 个省（区）2010～2011 年国际旅游外汇收入　（单位：万美元）

地区	2011 年	2010 年	2011 年比 2010 年增长/%
青海	2 659	2 045	30.0
甘肃	1 740	1 481	17.5
宁夏	620	599	3.5
内蒙古	67 097	60 190	11.5

资料来源：《中国旅游统计年鉴 2012》

由表 3.3 可知，2014 年内蒙古接待入境过夜游客人次最多，超过百万人次；青海位居第二；宁夏处于最末。在平均停留天数方面，除甘肃外，青海、宁夏、内蒙古均超过 2 天。相比 2013 年，2014 年入境过夜游客人数增幅最快的是宁夏。

表 3.3　黄河上游 4 个省（区）2013～2014 年接待入境过夜游客情况

地区	2014 年总计			2013 年总计			2014 年比 2013 年增加		
	人数/人次	人天数/人天	平均停留天数/天	人数/人次	人天数/人天	平均停留天数/天	人数/%	人天数/%	平均停留天数/天
青海	51 535	162 844	3.16	46 548	122 257	2.63	10.71	33.20	0.53
甘肃	48 750	64 006	1.31	97 761	126 039	1.29	-50.13	-49.22	0.02
宁夏	33 657	100 971	3.00	25 357	76 071	3.00	32.73	32.73	0.00
内蒙古	1 673 122	4 981 154	2.98	1 616 136	4 908 565	3.04	3.53	1.48	-0.06

资料来源：《中国旅游统计年鉴 2015》

由表 3.4 可知，2014 年，4 个省（区）的入境游客构成之中，内蒙古接待的外国人、香港同胞、澳门同胞、台湾同胞最多。外国人在青海省停留的时间最长，香港同胞、澳门同胞、台湾同胞在内蒙古停留的时间最长。

表 3.4　黄河上游 4 个省（区）2014 年接待入境过夜游客构成

地区	外国人			香港同胞			澳门同胞			台湾同胞		
	人数/人次	人天数/人天	平均停留天数/天	人数/人次	人天数/人天	平均停留天数/天	人数/人次	人天数/人天	平均停留天数/天	人数/人次	人天数/人天	平均停留天数/天
青海	40 648	130 074	3.20	4 271	11 958	2.80	1 519	5 012	3.30	5 097	15 800	3.10
甘肃	28 857	39 651	1.37	4 330	6 185	1.43	902	1 337	1.48	14 661	16 793	1.15
宁夏	15 091	45 273	3.00	7 825	23 475	3.00	355	1 065	3.00	10 386	31 158	3.00
内蒙古	1 602 248	4 712 147	2.94	33 140	125 660	3.79	11 283	39 691	3.52	26 451	103 656	3.92

资料来源：《中国旅游统计年鉴 2015》

由表 3.5 可知，2014 年，内蒙古在旅行社的营业收入上处于领先状态。甘肃位列 4 个省（区）中第二，但收入水平与内蒙古差距较大。青海与宁夏二者之间则收入差距较小。

表 3.5 黄河上游 4 个省（区）2014 年旅行社主要经济指标统计 （单位：千元）

地区	营业收入	营业税金及附加	固定资产原价
青海	691 384.07	3 269.62	343 775.57
甘肃	1 115 554.42	6 642.59	529 842.22
宁夏	956 758.47	2 532.57	141 106.90
内蒙古	1 635 899.76	15 141.27	892 327.94

资料来源：《中国旅游统计年鉴 2015》

由表 3.6 可知，2014 年，在旅游景区总数方面，内蒙古旅游景区总数为 4 个省（区）最多，达到 265 家；旅游景区总数最少的是宁夏，其接待总人数在 4 个省（区）内也最低。

表 3.6 黄河上游 4 个省（区）2014 年旅游景区基本情况

地区	旅游景区总数/家	接待总人数/亿人次
青海	70	0.40
甘肃	197	0.47
宁夏	36	0.12
内蒙古	265	0.28

由表 3.7 可知，2014 年，甘肃与内蒙古在星级饭店数、客房数、床位数、客房出租率、营业收入方面上差距较小，且大幅度领先于青海与宁夏。宁夏星级饭店在营业收入、营业税金、固定资产原价方面均为 4 个省（区）最低，其饭店业发展有待提升。

表 3.7 黄河上游 4 个省（区）2014 年星级饭店基本情况

地区	饭店数/家	客房数/间或套	床位数/张	客房出租率/%	营业收入/千元	营业税金/千元	固定资产原价/千元
青海	144	13 271	25 704	39.57	875 124.18	45 705.09	2 174 067.47
甘肃	313	32 448	59 974	48.27	2 313 748.82	121 493.21	6 324 421.65
宁夏	90	9 621	16 326	42.03	788 179.10	42 132.68	2 109 090.92
内蒙古	272	28 389	50 105	46.09	2 616 096.84	133 796.79	8 817 757.09

资料来源：《中国旅游统计年鉴 2015》

由表 3.8 可知，2014 年，内蒙古与甘肃的旅游院校开设最多，其中内蒙古是青海和宁夏开设数量的 4 倍以上；在旅游院校学生数方面，内蒙古最多，远高于其他 3 个省（区）。

表 3.8 黄河上游 4 个省（区）2014 年旅游院校情况统计

地区	旅游院校数/所			旅游院校学生数/人		
	总计	高等院校	中等职业学校	总计	高等院校	中等职业学校
青海	7	5	2	2621	2208	413
甘肃	19	10	9	6577	4676	1901
宁夏	5	4	1	4114	2388	1726
内蒙古	33	27	6	9340	8266	1074

资料来源：《中国旅游统计年鉴 2015》

第二节 黄河中下游构建黄金旅游带的产业基础

一、基础条件

沿黄中下游的经济、文化较上游地区相对发达，交通亦更为便利。以沿黄河核心城市为轴，将区域内历史文化名城、特色自然、人文资源景观为点，通过高铁等先进的交通方式形成以点带线、以线沟通 4 个省域间的面，最终构成不同区域、不同风格的沿黄中下游黄金旅游带（圈）。如果联动中原经济区、环渤海经济区、蓝色半岛经济区等国家级战略区，承东启西，沟通南北，由此形成的晋陕豫鲁黄金旅游带通过强化建设，此区域可辐射黄河流域更多省市地区旅游发展，加大旅游产业融合创新空间，提升省域旅游产业影响力。

二、旅游产业发展概况

吃、住、行、游、购、娱六要素是旅游产业发展状况的真实反映。以下通过相关数据反映沿黄中下游黄金旅游带旅游产业状况。

由表 3.9 可知，2014 年，山东在星级饭店、旅行社和旅游景区的从业人数均为 4 个省之最。

表 3.9 黄河中下游 4 个省 2014 年旅游业从业人数　　　　（单位：人）

地区	合计	星级饭店	旅行社	旅游景区
陕西	78 217	36 877	7 701	33 639
山西	54 497	33 096	7 589	13 812
河南	68 149	31 736	6 973	29 440
山东	227 297	114 676	19 306	93 315

资料来源：《中国旅游统计年鉴 2015》

由表 3.10 可知，在 4 个省的国际旅游外汇收入中，2010～2011 年，山东处于领先水平；陕西位居次席，但收入仅约为山东的二分之一；河南与山西二者收入相当，但大幅落后于山东与陕西。

表 3.10　黄河中下游 4 个省 2010~2011 年国际旅游外汇收入（单位：万美元）

地区	2011 年	2010 年	2011 年比 2010 年增长（%）
陕西	129 505	101 596	27.5
山西	56 719	46 460	22.1
河南	54 903	49 877	10.1
山东	255 076	215 504	18.4

资料来源：《中国旅游统计年鉴 2012》

由表 3.11 可知，2014 年，山东接待入境过夜游客人数最多，达 3 001 853 人次，且平均停留天数为 3.42 天。陕西虽不及山东，但在人数与平均停留天数上均大幅超过山西与河南。与此同时，相比 2013 年，2014 年入境过夜游客人数增幅最快的是陕西。

表 3.11　黄河中下游 4 个省 2014 年接待入境过夜游客情况

地区	2014 年总计			2013 年总计			2014 年比 2013 年增加		
	人数/人次	人天数/人天	平均停留/天	人数/人次	人天数/人天	平均停留/天	人数/%	人天数/%	平均停留/天
陕西	2 663 015	7 783 541	2.92	2 534 741	7 224 636	2.85	5.06	7.74	0.07
山西	565 588	1 427 107	2.52	538 400	1 130 600	2.10	5.05	26.23	0.42
河南	1 247 595	3 024 571	2.42	1 273 797	3 026 217	2.38	−2.06	−0.05	0.04
山东	3 001 853	10 263 262	3.42	2 859 828	9 792 465	3.42	4.97	4.81	0.00

由表 3.12 可知，2014 年，4 个省的入境游客构成之中，接待澳门同胞最多的是陕西，接待外国人与香港、台湾同胞最多的均是山东。而外国人在山西停留的时间最短，香港、澳门和台湾同胞在河南停留的时间最短。

表 3.12　黄河中下游 4 个省 2014 年接待入境过夜游客构成

地区	外国人			香港同胞			澳门同胞			台湾同胞		
	人数/人次	人天数/人天	平均停留/天	人数/人次	人天数/人天	平均停留/天	人数/人次	人天数/人天	平均停留/天	人数/人次	人天数/人天	平均停留/天
陕西	1 858 346	5 760 873	3.10	293 016	820 445	2.80	171 628	386 163	2.25	340 025	816 060	2.40
山西	361 272	908 268	2.51	87 442	201 983	2.31	34 616	92 401	2.67	82 258	224 455	2.73
河南	718 162	1 843 179	2.57	193 486	445 158	2.30	83 838	172 285	2.05	252 109	563 949	2.24
山东	2 180 765	7 764 261	3.56	367 263	1 139 384	3.10	86 868	236 302	2.72	366 957	1 123 315	3.06

资料来源：《中国旅游统计年鉴 2015》

由表 3.13 可知，基于旅行社数量的优势，2014 年，山东在旅行社营业收入上处于领先状态。陕西位列4个省中第二,但收入水平与山东差距较大。而山西与河南二者则收入差距较小。

表 3.13 黄河中下游 4 个省 2014 年旅行社主要经济指标统计(单位:千元)

地区	营业收入	营业税金及附加	固定资产原价
陕西	4 531 188.85	17 581.84	632 185.93
山西	3 684 835.89	13 343.45	1 027 570.08
河南	3 050 863.79	15 872.97	1 249 475.88
山东	14 477 718.70	76 374.38	5 834 254.85

资料来源:《中国旅游统计年鉴2015》

由表 3.14 可知,2014 年,山东旅游景区为 4 个省最多,达到 651 家,营业收入最高。旅游景区数量最少的是山西,但其营业收入反而比数倍于其景区数量的陕西、河南高。另外可以发现,陕西的营业收入中,门票收入比重达到了 45.89%,而其他省相对较低。山西门票收入占营业收入比重在 4 个省最低,为 10.96%。

表 3.14 黄河中下游 4 个省 2014 年旅游景区基本情况

地区	旅游景区总数/家	接待总人数/亿人次	营业收入/亿元	门票收入/亿元
陕西	257	1.13	62	28.45
山西	108	0.40	105	11.51
河南	243	1.28	98	34.39
山东	651	2.58	255	61.90

资料来源:《中国旅游统计年鉴2015》

由表 3.15 可知,2014 年山东在饭店数、客房数、床位数、营业收入上均大幅度领先于其他 3 个省。山西的饭店数最少,但平均每家饭店的营业收入与陕西相近,高于河南。河南固定资产大幅度少于其他 3 个省,说明其在饭店投资数量上,仍有待提高。

表 3.15 黄河中下游 4 个省 2014 年旅游饭店基本情况

地区	饭店数/家	客房数/间或套	床位数/张	客房出租率/%	营业收入/千元	营业税金/千元	固定资产原价/千元
陕西	325	42 641	77 848	53.18	4 380 290.97	24 477 527	11 885 135.88
山西	251	30 475	53 446	51.78	3 373 386.32	170 771.14	9 255 315.43
河南	303	36 243	64 178	52.31	3 505 581.55	193 316.46	7 699 268.44
山东	724	91 089	156 454	55.88	12 415 452.12	706 061.97	30 562 711.19

资料来源:《中国旅游统计年鉴2015》

由表 3.16 可知,河南与山东的旅游院校开设最多,是陕西和山西开设数量的 3 倍左右。但陕西的旅游院校学生数最少,仅 14 885 人,而山东却达到 42 878 人,多于河南的旅游院校学生数。另外可以发现,陕西在旅游院校学生数中,高等院校与中等职业学校人数差距较小，而差距最大的是山东。

表 3.16 黄河中下游 4 个省 2014 年旅游院校情况统计

地区	旅游院校数/所			旅游院校学生数/人		
	总计	高等院校	中等职业学校	总计	高等院校	中等职业学校
陕西	29	22	7	14 885	8 783	6 102
山西	35	18	17	16 221	11 210	5 011
河南	100	68	32	36 710	27 006	9 704
山东	88	56	32	42 878	32 705	10 173

资料来源：《中国旅游统计年鉴 2015》

三、旅游经济发展水平

（一）陕西

陕西地处中国腹地。据《中国旅游统计年鉴 2016》，2015 年，陕西全年接待游客总量为 3.86 亿人次，比上年增长 16.1%；旅游总收入 3005.80 亿元，比上年增长 19.2%。其中，接待入境游客 293.03 万人次，增长 10.0%；旅游外汇收入 16.00 亿美元，增长 13.0%；接待国内游客 3.83 亿人次，增长 16.20%；国内旅游收入 2903.90 亿元，增长 19.3%。

（1）作为西北地区最大的中心城市，西安旅游经济实力持续稳居陕西第一位。

（2）延安、汉中、咸阳、渭南为传统旅游强市，依托传统型历史文化与民俗旅游资源，形成了强大的旅游经济增长趋势。

（二）山西

据《中国旅游统计年鉴 2016》，2015 年，山西商业住宿设施接待入境过夜游客 59.4 万人次，接待境内旅游者 3.6 亿人次，分别增长 5.1%和 20.2%；旅游外汇收入 3.0 亿美元，增长 5.8%；境内旅游收入 3428.9 亿元，增长 21.2%；旅游总收入 3447.5 亿元，增长 21.1%。

自 1996 年以来，大同、太原、运城、忻州旅游经济相对发达，位居全省前列；其次，涌现出了晋中、长治、临汾等新的旅游经济增长点。由于市场的需求，山西开始致力于旅游产品结构的调整，如晋东南形成了比较有名的王莽岭、北武当山景区、娘子关瀑布、水上人家等休闲度假产品。

（三）河南

据《中国旅游统计年鉴 2016》，2015 年，河南接待海内外旅游者 5.19 亿人次，接待入境旅游者 268.29 万人次，相比 2014 年，分别增长 13.1%和 18.1%，旅游总收入达 5035.29 亿元，增长 15.3%。

（1）旅游发达地区。以郑州为首，开封、洛阳、焦作为河南旅游资源的重要集聚区。"郑汴洛"作为河南旅游的主打线路，该线是中原文化的代表之地。

（2）旅游较发达地区。新乡、安阳、南阳、许昌等 4 个城市的旅游经济发展的基础较好，交通便利。

（3）一般发达地区。例如，周口、三门峡、平顶山、商丘、驻马店，主要为农业大市，人口多，工业基础较为薄弱，旅游资源亦较为分散。

（4）欠发达地区。例如，鹤壁、济源、漯河、濮阳，城市经济总量偏小，城市面积较小，人口相对较少，自然资源缺乏，基础服务配套设施薄弱，限制了这些城市的发展。

（四）山东

据《中国旅游统计年鉴 2016》，2015 年，旅游消费总额 7062.5 亿元，比上年增长 14.0%。其中，入境游客消费 28.9 亿美元，国内游客消费 6505.1 亿元。

（1）旅游经济高度发达地区。青岛市旅游资源丰富，基础设施完备，距离客源市场近，经济联系密切。

（2）旅游经济发达地区。该地区包括济南、烟台和威海等 3 个城市，共同特质是区位条件好，交通便利，社会经济较为发达。

（3）旅游经济较发达地区。该地区包括泰安、潍坊、临沂、淄博、日照等 5 个地区，其经济实力与前两类地区相比相对较弱。但是其旅游资源也都各具特色。

第三节 沿黄黄金旅游带旅游产业发展特征

本书所提及的沿黄黄金旅游带的构建和发展是基于沿黄城市带完成的。以兰州和西宁为核心的兰西格城市带、以银川和吴忠为核心的宁夏沿黄城市带、以呼和浩特和鄂尔多斯等为核心的呼包银榆城市带、以郑州和开封为核心的中原城市带、以济南为核心的山东半岛城市带等 5 个城市聚集区，是沿黄黄金旅游资源的聚集区。沿黄黄金旅游带在沿黄城市带的基础上构建，对旅游中的"游"和"行"极富便利性。

一、沿黄 9 个省（区）A 级及以上旅游景区大多集中分布在中下游

黄河沿岸旅游资源丰富，类型多样，我国的 155 个旅游资源基本类型在沿黄旅游带中都有呈现，而且各区段资源类型丰度高、密度大、组合优良，为黄河沿岸旅游带的发展提供了丰厚的资源基础。

在兰州—西宁地区，以西宁、青海湖、海东和兰州地区的旅游资源最为密集，以宗教文化资源、自然生态资源为主。该区域的黄河文化、民族文化资源和自然资源独特且知名度高，极富开发价值。

黄河宁夏段流动平缓，其世界级的黄河漂流优势及"塞上江南"反映了宁夏黄河旅游资源属于顶级的旅游资源。

在山西地区，以盐湖湿地作为集散，形成了碛口古镇、黄河乾坤湾与壶口瀑布、河津龙门经后土祠至鹳雀楼、垣曲黄河小浪底库区和历山、中国死海养生城五大重点旅游板块，旅游资源具有鲜明的优势。

在中原河南地区，集中了大量国家级的风景名胜区，如国家 5A 级旅游景区嵩山少林风景区、龙门石窟洛阳栾川老君山-鸡冠洞旅游区，文化底蕴深厚，展示了河南突出的文化资源优势；国家 4A 级景区如郑州黄河风景名胜区、嵩阳书院、郑州世纪欢乐园、黄帝故里、包公祠、龙亭公园、大相国寺、白马寺、关林、栾川龙峪湾国家森林公园等，自然和人文旅游资源数量多、类型全、历史久、品质高、密度大、组合佳。

据统计，至 2015 年 6 月底，沿黄黄金旅游带内共有 A 级及以上旅游景区 1274 个，其中 5A 级旅游景区 38 个，4A 级旅游景区 387 个，3A 级旅游景区 520 个，2A 级和 A 级旅游景区 329 个。这 1274 个旅游景区在沿黄 9 个省（区）的数量分布如图 3.1 所示。

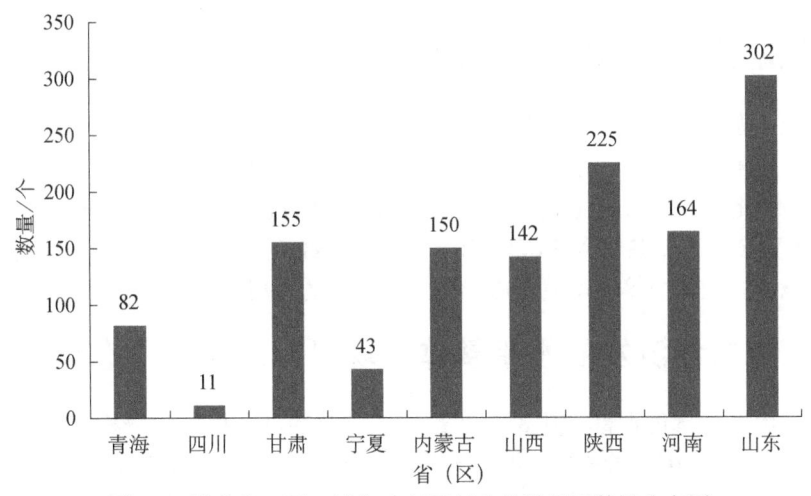

图 3.1 沿黄省（区）城市 A 级及以上旅游景区数量分布图

二、沿黄黄金旅游带交通网络已有雏形

沿黄黄金旅游带交通网络的形成和构建是基于沿黄城市带完成的。在《中华人

民共和国国民经济和社会发展第十二个五年规划纲要》提出的"两横三纵"城市化格局中，陆桥通道的大部分和包昆通道的北段都属于沿黄城市带的重要组成部分。

因此，在铁路网络方面，在兰州—西宁地区和宁夏沿黄地区，有陇海兰新铁路、包兰铁路、兰青铁路、青藏铁路；在呼包鄂榆地区和太原城市带，有京包铁路、包兰铁路、兰新铁路、包昆通道及京哈京广通道；在中原地区，该地区位于陇海铁路横轴和京哈京广铁路纵轴的交汇处；在山东地区，有京九铁路、京沪铁路和陇海铁路等。

在公路网络方面，在兰州—西宁地区和宁夏沿黄地区，有京藏高速、青兰高速、连霍高速等主要公路交通通道与外界交汇；在呼包鄂榆地区和太原城市带，有京藏高速、京新高速、包茂高速、京昆高速、青银高速和二广高速等多条高速公路；在中原地区，有京港澳高速、连霍高速、宁洛高速、大广高速等多条高速公路；在山东地区，有济广高速、大广高速、荣乌高速、京沪高速、京台高速等多条高速公路。

在航空网络方面，以兰州、西安、太原、郑州、济南等沿黄省会城市为中心的航空网络已经形成并成熟，航空交通往来便捷。

虽然沿黄各区域的经济水平差异较大导致交通发展不均衡，沿黄中、东部地区交通优势大，西部地区（如青海）的可进入性相对较差，但总体来说，在沿黄黄金旅游带的交通网络中，铁路、公路和航空都已成熟，可进入性强，十分有利于旅游业的发展。

三、旅游业发展迅速，沿黄黄金旅游带拥有巨大发展潜力

黄金旅游带沿线城市依托黄河这一流域主线，形成了大量丰富的自然和人文旅游资源，且在不同的区域分段形成了特色差异显著的景观特色，为黄金旅游带的差异化、特色化发展提供了前提，形成了独有的文化特色——黄河文明的旅游发展区域。沿黄黄金旅游带共包含58个城市，其良好的经济基础、社会环境、交通环境、政策环境、区位环境等使得黄金旅游带拥有巨大的发展潜力。

四、区域内经济发展水平整体呈现"东高西低"态势

黄河流经我国的西部、中部、东部地区。从经济发展情况分析，由于受地理位置、区位环境等因素的影响，沿黄黄金旅游带58个城市的经济发展状况呈现"东高西低"的不均衡态势。构建黄金旅游带能够充分利用现有的资源，进行区域资源整合，进一步加强各个城市之间的第一、第二、第三产业之间的合作交流。而黄河作为贯穿黄金旅游带的自然轴线，尤以要突出第三产业的发展优势，打破行政区划的影响，大力突出旅游业的优势地位，提升景区的数量和质量，打破黄金

旅游带目前不均衡的发展态势。

第四节 沿黄黄金旅游带旅游产业的空间结构

一、"中国优秀旅游城市"的空间分布特征

按前文界定标准，沿黄黄金旅游带共涉及58个城市，其中涉及"中国优秀旅游城市"共计45个（表3.17）。

表3.17 沿黄黄金旅游带涉及的"中国优秀旅游城市"

省（区）	"中国优秀旅游城市"	数量/个
青海省	西宁市	1
四川省	—	0
甘肃省	兰州市、天水市、平凉市、合作市	4
宁夏回族自治区	银川市	1
内蒙古自治区	呼和浩特市、包头市、鄂尔多斯市	3
山西省	太原市、大同市、晋城市、长治市	4
陕西省	西安市、咸阳市、宝鸡市、延安市	4
河南省	郑州市、开封市、濮阳市、济源市、登封市、洛阳市、三门峡市、安阳市、焦作市、鹤壁市、灵宝市、新郑市、新乡市、沁阳市、巩义市	15
山东省	济南市、泰安市、曲阜市、淄博市、聊城市、济宁市、邹城市、章丘市、德州市、新泰市、菏泽市、滨州市、东营市	13

二、5A级景区空间分布特征

据统计，2015年沿黄黄金旅游带9个省（区）共有A级及以上旅游景区1274个，其中5A级旅游景区有38个，其名录如表3.18所示。在这38个5A级景区中，2007年获批16个，2011年获批11个，2012年获批3个，2013年获批4个，2014年和2015年各获批2个。

表3.18所示的5A级景区的空间分布特征表明，5A级景区分布相对分散，而相对比较集中的省（区）有四川省、山西省、陕西省和河南省。

表3.18 沿黄黄金旅游带涉及的5A级景区

省（区）	5A级景区名称	评定年份
青海省	青海省青海湖景区 西宁市湟中县塔尔寺景区	2011 2012
四川省	阿坝藏族羌族自治州九寨沟旅游景区 阿坝藏族羌族自治州松潘县黄龙风景名胜区 阿坝藏族羌族自治州汶川特别旅游区（震中映秀镇－水磨古镇－三江生态旅游区）	2007 2012 2013

续表

省（区）	5A级景区名称	评定年份
甘肃省	平凉崆峒山风景名胜区	2007
	天水麦积山景区	2011
宁夏回族自治区	石嘴山平罗县沙湖旅游景区	2007
	中卫沙坡头旅游景区	2007
	银川镇北堡西部影视城	2011
	宁夏银川市灵武水洞沟旅游区	2015
内蒙古自治区	鄂尔多斯达拉特旗响沙湾旅游景区	2011
	鄂尔多斯伊金霍洛旗成吉思汗陵旅游区	2011
山西省	大同云冈石窟	2007
	忻州五台山风景名胜区	2007
	晋城阳城县皇城相府生态文化旅游区	2011
	晋中市介休市绵山风景名胜区	2013
	晋中市乔家大院文化园区	2014
	山西省晋中市平遥古城景区	2015
陕西省	西安秦始皇兵马俑博物馆	2007
	西安华清池景区	2007
	延安黄陵县黄帝陵景区	2007
	西安大雁塔－大唐芙蓉园景区	2011
	渭南华阴市华山景区	2011
	宝鸡扶风县法门寺佛文化景区	2014
河南省	郑州登封嵩山少林风景区	2007
	洛阳龙门石窟景区	2007
	焦作云台山风景区	2007
	焦作神农山风景区	2007
	焦作青天河风景区	2007
	安阳殷墟景区	2011
	洛阳嵩县白云山景区	2011
	开封清明上河园景区	2011
	洛阳栾川县老君山－鸡冠洞旅游区	2012
	洛阳新安县龙潭大峡谷景区	2013
山东省	泰安泰山景区	2007
	济宁曲阜明故城（三孔）旅游区	2007
	济南天下第一泉景区（趵突泉－大明湖－五龙潭－环城公园－黑虎泉）	2013

三、中心城市旅游收入的空间结构

由表3.19可知，2004~2012年沿黄58个城市的国际旅游收入差异显著。由于黄河中下游沿线城市区位较好，经济发展水平较高，且旅游资源丰富，国际旅游收入普遍较高，其中西安市、泰安市、郑州市、太原市、洛阳市、济宁市6个城市的国际旅游外汇收入达到10 000万美元以上，占58个城市数量的10.34%；21个城市的国际旅游外汇收入在10 000万美元以下、1000万美元以上，占36.2%；19个城市的国际旅游外汇收入在1000万美元以下、100万美元以上，占32.76%；

11个城市的国际旅游外汇收入在100万美元以下。

表3.19 2004~2012年各地级单位旅游业情况统计表

区域	省级行政区	地级行政区	接待入境旅游者人数/万人次	国际旅游外汇收入/万美元	国内旅游人数/万人次	国内旅游收入/亿元	地区生产总值/亿元
上游	青海	西宁市	3.09	1 313.48	713.80	43.09	535.25
		海东地区	0.75	52.58	317.15	5.58	94.01
		海北藏族自治州	0.14	36.50	219.50	3.13	59.74
		黄南藏族自治州	0.60	250.65	220.55	4.70	53.26
		海南藏族自治州				2.28	54.86
		果洛藏族自治州	0.08	33.05	18.95	0.79	17.42
	四川	阿坝藏族羌族自治州	25.54	6 579.48	791.46	62.96	106.47
	甘肃	兰州市	3.27	803.52	716.30	48.71	915.50
		白银市	0.02	3.56	146.70	7.38	259.86
		天水市	0.80	151.00	495.30	27.77	243.50
		平凉市	0.08	14.85	280.41	13.64	181.42
		临夏回族自治州	0.30	44.99	182.06	6.64	90.00
		甘南藏族自治州	3.58	765.64	151.34	6.29	51.12
	宁夏	银川市	1.14	364.35	373.68	34.67	752.38
		石嘴山市	0.06	17.15	156.68	6.80	292.15
		吴忠市	0.26	83.40	603.40	28.07	898.48
		中卫市	0.20	44.12	168.37	9.54	166.51
	内蒙古	呼和浩特市	7.61	5 011.97	727.22	123.33	1 525.87
中游	内蒙古	包头市	1.72	815.83	494.37	76.23	1 805.80
		鄂尔多斯市	1.81	942.67	417.10	53.44	1 796.35
		巴彦淖尔市	2.82	1 396.57	115.20	8.51	481.53
	山西	太原市	21.40	11 370.14	1 864.32	169.92	1 443.10
		大同市	15.79	5 493.69	1 122.48	80.72	578.74
		阳泉市	1.37	427.97	643.30	44.45	342.92
		长治市	6.22	1 267.27	864.84	70.50	739.23
		晋城市	4.07	1 462.16	876.70	60.24	568.54
		朔州市	3.26	954.04	339.69	24.75	489.71
		晋中市	15.84	4 399.53	1 145.94	80.41	587.34
		运城市	8.76	2 011.32	1 254.97	75.75	703.02
		忻州市	10.97	3 730.81	901.67	73.87	336.29

续表

区域	省级行政区	地级行政区	接待入境旅游者人数/万人次	国际旅游外汇收入/万美元	国内旅游人数/万人次	国内旅游收入/亿元	地区生产总值/亿元
中游	山西	吕梁市	2.51	817.71	560.00	39.47	650.05
	陕西	西安市	90.32	50 104.38	4 333.00	302.98	2 608.54
		铜川市	1.99	311.38	481.38	12.05	179.92
		宝鸡市	12.15	3 828.30	1 413.86	91.78	792.24
		咸阳市	12.94	2 250.99	1 594.18	70.60	896.97
		渭南市	10.03	2 056.95	1 242.00	60.68	653.23
		延安市	5.92	464.95	1 142.99	60.03	768.14
		榆林市	0.54	43.63	950.30	41.82	2 531.51
		商洛市	0.87	56.49	862.30	32.71	227.58
	河南	郑州市	29.38	11 783.09	5 087.71	442.55	3 157.97
下游	河南	开封市	15.81	3 765.09	1 633.29	125.39	717.68
		洛阳市	33.20	10 960.63	2 957.39	278.19	1 874.65
		安阳市	3.83	1 003.78	1 079.89	80.21	1 000.54
		鹤壁市	0.48	143.97	310.86	18.64	335.56
		新乡市	1.58	413.32	967.97	57.51	962.89
		焦作市	15.60	5 924.94	1 450.69	96.26	993.08
		濮阳市	1.34	466.33	610.01	41.02	629.45
		三门峡市	3.21	703.24	1 070.58	62.37	658.84
		济源市	0.96	218.05	362.83	18.55	358.80
	山东	济南市	20.13	9 480.24	2 777.16	252.50	3 262.92
		淄博市	12.48	5 948.05	2 020.45	160.51	2 435.93
		东营市	2.39	2 130.48	507.54	34.06	2 053.72
		济宁市	22.82	10 306.25	2 470.33	181.20	2 180.94
		泰安市	23.18	13 229.36	2 367.10	185.40	1 654.00
		德州市	3.99	1 153.99	819.68	38.20	1 466.38
		聊城市	2.76	1 219.29	770.89	43.48	1 359.92
		滨州市	2.16	637.70	535.63	34.94	1 309.99
		菏泽市	0.71	170.03	533.15	28.94	1 003.31

资料来源：历年《中国旅游统计年鉴》《中国统计年鉴》，由于未收集到海南藏族自治州的所有数据，表中该地区的个别数据缺失

由于其地理位置、旅游资源禀赋、社会文化、经济发展水平等不均衡，沿黄58个城市旅游经济呈现不同的发展态势。沿黄黄金旅游带中心城市的旅游收入空间差异化显著，黄河上游城市的旅游收入偏低，尤以青海省最为显著，平均旅游收入在0.282 800亿～9.540 700亿元，旅游经济水平较低；而黄河中游地区旅游收入较高；下游地区河南、山东部分城市旅游收入较高，且呈明显的集聚现象。整体来看，沿黄城市旅游收入的空间结构呈梯度性过渡变化。

四、国内旅游收入的 GDP 贡献率空间分布结构

在沿黄黄金旅游带的 58 个城市中，有 45 个已获批"中国优秀旅游城市"称号，它们对城市旅游产业的发展十分重视，并将旅游产业作为重要产业或主导产业进行培育。对沿黄黄金旅游带 2004~2012 年的平均国内旅游收入的 GDP 贡献率分析显示，58 个城市中已有 45 个的 GDP 贡献率超过 5%；在其余 13 个城市中，有 4 个城市 GDP 贡献率超过 4%。在旅游经济发达的中心城市中，阿坝藏族羌族自治州国内旅游收入占地区生产总值的比重高达 59.13%，忻州市占比达 21.97%，开封市占比达 17.47%，洛阳市占比达 14.84%，另有 13 个城市的国内旅游收入的占比在 10%~14.37%。

基于上述学者的观点，结合沿黄黄金旅游带的 A 级及以上景区空间分布、中心城市旅游收入及其对 GDP 的贡献率的空间分布特征，本书认为，沿黄黄金旅游带的空间结构宜采取"点—核心—片区—带"的发展模式：发挥旅游业的关联效应和相关产业部门的空间集聚作用，以 38 个国家 5A 级景区作为沿黄黄金旅游带的增长极，以 58 个城市、45 个"中国优秀旅游城市"作为沿黄黄金旅游带的核心，打造以丝绸之路、黄河风情游、奇山异水游、宗教文化游、中原民俗游、西北少数民族风情游等为主题的精品旅游线路，选取旅游资源禀赋区作为沿黄黄金旅游带前沿区域，发挥西宁、兰州、银川、西安、太原、郑州、济南作为省会城市的旅游集散中心作用，形成地区旅游综合体，进一步形成沿黄黄金旅游带以点带动核心，以核心带动片区，进而带动整个沿黄黄金旅游带的发展。

第五节　沿黄黄金旅游带的质性特征[①]

沿黄黄金旅游带的首要属性应为经济属性，即沿黄黄金旅游带属于以旅游产业为核心的旅游经济区，既有一般经济区的内涵属性及特征，也有显著的旅游经济发达区域属性。如果从旅游科学、区域科学、区域经济学、经济地理学及历史学等不同学科理论来思考沿黄黄金旅游带，则可实现多元化质性分析；而区域科学和旅游科学的双重理论视角则能透视黄金旅游的质性特征和理性存在。因此，可借鉴区域科学理论要素及其逻辑思维，尝试梳理经典经济区位理论的构建思路，以演绎构建黄金旅游带理论假设的思路框架，并以黄河流域为研究区域，识别其

---

① 原文刊发于：陈玉英，程遂营. 2017. 沿黄黄金旅游带质性特征及其理性存在. 河南大学学报（社会科学版），57（5）：24-33.

黄金旅游带的客观存在，解析黄河流域的黄金旅游带质性特征及其理性存在。从黄金旅游带理论假设思路框架分析，黄河流域存在显著的黄金旅游带质性特征。

一、旅游市场内存在以黄河文明为核心的多元竞争

在自然黄河流域范围内，以黄河文明为核心的旅游线路有黄河之旅、丝绸之路旅游线路、三国旅游线路、儒道文化之旅等不同视角的旅游产品。这些产品共享黄河文明客源市场，呈现出文化旅游产品多元竞争状态。2012 年，沿黄 9 个省（区）共同推出大黄河旅游线路，包括黄河文明之旅、古都之旅、寻祖之旅、红色之旅、美食之旅、名胜之旅、峡谷之旅等 10 条旅游精品线路，展开了省（区）旅游的合作。在旅游景区开发建设层面，沿黄所开发的"黄河游览区"上中下游各具特色，主题目标相似或相同，分享着相同的黄河文明客源市场，呈现出传播黄河文明的多元竞争态势。

二、多个旅游城市的旅游产业呈主导产业态势，支配型旅游企业颇具竞争力

黄河流域内带状分布 68 座城市，均发展有旅游产业，其中"中国优秀旅游城市"共 45 座。据国家旅游局统计，2004~2012 年的国际旅游收入平均值中，西安市、泰安市、郑州市、太原市、洛阳市、济宁市 6 个城市的国际旅游收入达到 10 000 万美元以上，并有 27 个城市的国际旅游收入在 1000 万美元以上，足见黄河流域存在多个中心旅游城市。

至 2015 年 6 月，黄河流域通过国家评定的 5A 级景区有 38 个；至 2016 年 7 月，中国共有世界文化与自然遗产 50 处，其中的曲阜明故城（三孔）旅游区、泰山、登封天地之中历史古迹、安阳殷墟、洛阳龙门石窟、平遥古城、云冈石窟、五台山、青城山—都江堰、峨眉山—乐山大佛、黄龙风景名胜区、九寨沟旅游景区、四川大熊猫基地、华山、秦始皇兵马俑、敦煌莫高窟、元上都遗址、丝绸之路：长安—天山廊道的路网等 19 处分布在黄河流域 9 个省（区）的范围内，占全国总量的 38%，另有长城的一大部分分布在黄河流域和大运河的一部分分布在山东和河南两省。自 2015 年国家旅游局开展中国旅游产业杰出贡献奖（"飞马奖"）评选以来，至 2017 年 5 月，共经历三届，有 30 家企业获奖，其中山东龙冈旅游集团、陕西汉中文化旅游投资集团有限公司、山东省坤河旅游开发有限公司、河南天瑞集团旅游发展股份有限公司、山东蓝海股份有限公司、成都建川实业集团有限公司和华夏文化旅游集团股份有限公司等 7 家位于黄河流域，占全国数量的 23.3%。这些旅游城市和旅游企业是维持黄河流域旅游经济健康持续运行的区域旅游经济的支配型企业，能够推动黄河流域旅游产业发展并实现旅游经济的多维发

展。另，据国家旅游局统计数据，2015年山东省旅行社国内旅游组织人次居全国第4位，占全国总量的8%，至2015年底旅行社总数为2109家，其数量规模仅次于江苏，排全国第2位，全年全省旅行社营业收入158.56亿元，居全国第5位；2015年全国星级饭店主要经济指标显示，陕西省星级饭店客房平均出租率为56.75%，居全国第8位；山东省每间客房平摊营业收入为13.38万元，居全国第10位；甘肃省实现人均利润710元，居全国第7位。这些数据同样显示了黄河流域旅游经济发展的全国垄断性竞争实力。

三、黄河旅游及其相关旅游线路已发展成为国家旅游精品

黄河流域内旅游业的发展早期主要表现在9个省（区）世界遗产级别的景区的入境旅游上，同时黄河旅游也成为国家旅游局重点推出的旅游项目之一。早在"七五"期间，黄河流域的重点旅游城市西安就被列入国家重点建设的7个旅游城市之中。"九五"期间，旅游经济区域发展和规划被列为重点建设领域，黄河流域的旅游经济区建设也因此受到重视。2016年，黄河华夏文明旅游带被列入《"十三五"旅游业发展规划》的国家精品旅游带，同样位于黄河流域的丝绸之路旅游带和中原文化旅游区分别作为国家精品旅游带和新型旅游功能区列入《"十三五"旅游业发展规划》。

四、品牌战略与政府调控并行，信息-知识共享互动共促旅游供需均衡

黄河流域的旅游发展伴随中国旅游事业、旅游经济、人民满意的战略性支柱产业转型升级，但黄河旅游却一直是其各个旅游城市、旅游企业或知名旅游目的地的旅游品牌，不同旅游城市和旅游企业一直以黄河文明为核心来实施旅游品牌战略。不论是下游的孔子文化旅游，中游的黄帝文化旅游，还是上游的丝绸之路文化旅游，都是黄河文明不可分割的部分。国家旅游局和各地市旅游局也因此不断加强对黄河文明的旅游开发和相应的政策支持，共同促进黄河文明的旅游发展。自旅游业发展"七五"计划以来，国家旅游产业发展的每个五年计划，从重点建设旅游城市、科学编制旅游经济区发展规划及打造国家旅游精品带等不同角度对黄河流域的旅游业发展给予政策支持。目前，黄河流域的旅游发展已成为国家《"十三五"旅游业发展规划》的蓝图之一。下游蓝色经济带、中游中原经济区及上游西部地区将实现华夏文明传承创新作为其共同使命。

品牌战略与政府调控并行在很大程度上促进了黄河流域的旅游繁荣与发展，但是黄河流域的旅游经济存在显著的空间差异，需要以点带线和点轴带面的区域

合作，特别是借助互联网技术，在黄河文明旅游资源共享的基础上实施信息-知识共享互动，能够更好地完善其市场运行机制，通过信息-知识共享互动提供更流畅的旅游供需交流，减缓旅游供需矛盾以推动旅游供需均衡。

五、文化旅游和旅游电子商务均质分布

根据 H. P. Paelinck 和 P. Nijkamp 的均质区域概念分析，黄河流域的上中下游旅游产品形象高度一致，文化旅游开发均处于初级开发阶段，旅游线路共享度高。这些特征均可表明，黄河流域内有高度一致或相似的文化旅游经济要素，即呈现一定的均质文化旅游区域特征（Paelinck and Nijkamp, 1975）。而且，国家关于黄河流域旅游发展的政策和各类旅游企业所经营的品牌旅游产品均聚焦于黄河文明之旅，这表明黄河流域内的此类黄河文明支撑的文化旅游要素已成为其旅游发展的核心竞争力。

旅游电子商务是信息时代的重要旅游经营方式，是实现资源-信息-知识共享的有效平台。目前，黄河流域的支配型旅游企业和 45 个"中国优秀旅游城市"均高效地运营着旅游电子商务，其旅游电子商务成熟度很高，而旅游电子商务成熟度是影响在线旅游业务的重要因素，会在游客服务理念、网络交易机制、旅游服务反馈响应及旅游信息质量等方面对游客信任和参与态度产生显著影响（江金波和梁方方，2014）。旅游电子商务的高度发达，有效促成了旅游经营者与游客价值、旅游产品要素供应商的在线连接，同时也促使中小型旅游企业在线业务的有效连接，形成在线旅游业务价值链。

第四章 沿黄黄金旅游带构建的路径、模式与机理

第一节 沿黄黄金旅游带构建的制约因素

在沿黄黄金旅游带的各个基本要素运行过程中，某些制约因素影响着各个因素的彼此联系、彼此作用和彼此制约，从而产生错位、混乱的状况，制约着沿黄黄金旅游带的运行。

一、沿黄黄金旅游带发展缺乏整体管理，缺乏区域联合与合作

旅游业是综合性极强的产业，要求景区、旅游企业、管理部门协调合作，共同为旅游者提供服务。然而封闭、狭隘的管理与经营则会阻碍旅游业乃至整个地区的经济发展。沿黄黄金旅游带的旅游资源管理涉及旅游、园林、环保、农业、林业、建设等多个主管部门，造成了旅游资源产权模糊、管理分散、职责不清、权责不明、多头管理的问题。这些问题极易导致景区在制定、执行旅游门票价格时的不标准与服务不周、服务缺失等问题。同时，旅游六要素的食、住、行、游、购、娱等涉及的各个产业也牵连到不同的政府主管部门。但旅游主管部门仅能起到协调作用，从而出现部门复杂、管理不力的问题。以上状况，在旅游发展遇到问题时，不可避免地会导致相互推诿、难以协调。对于旅游景区而言，其会存在多家管理、多次规划的问题。因此，只要体制障碍仍存在，部门的关系仍混乱，就无法实现沿黄黄金旅游带的构建目标。

以区域一体化的性质为基础，以促进上档次、高品质、大尺度的旅游产业发展为主要手段和有效途径，形成"畅通无阻"的旅游区域。就当前旅游产业的发展状况来看，沿黄地区较为突出的问题是因行政区划而产生的政策不统一、信息缺乏沟通、管理分散化及服务不到位等，尤其是旅游市场与旅游信息化体系处于一种半封闭状态，且沿黄各地区的旅游政策与法规也不一致。这一系列的问题折射出沿黄地区在资源开发、产品设计、市场营销、信息交流与共享上还存在阻碍旅游带一体化建设与开发的客观障碍。从现实旅游政策的着力点来看，沿黄地区

的旅游政策存在目光不够长远、执行力度不够强劲等问题，主要反映在两个方面：一是没有建立旅游休闲产业健康发展的政策保障体系，无法适应当前的市场现状和自助游游客的旅游需求，如目前自助游经济花费高、游客的合法权益保障不到位等问题都是阻碍沿黄黄金旅游带自助游发展的客观存在；二是各省（区）之间旅游政策及法规互相不统一，对当前旅游休闲产业的发育与成长不能提供有效的支持与保障，造成了区域协作机制不健全的状况。

二、沿黄黄金旅游带规划不系统，开发各自为政，严重依赖资源

黄河跨省（区）的现实状况使得沿黄黄金旅游带的开发存在旅游发展规划不统一、旅游资源开发各有想法、各省（区）以自我为中心进行规划、与其他专业规划之间缺乏必要的衔接和充分的整合、无序开发与相似景区的雷同开发现象不同程度地存在等现象。

沿黄黄金旅游带发展的主要制约因素是开发观念落后、政府主导力度不够。黄河上游区域的省（区）尚未全面地意识到发展旅游业的重要性，思想观念不够先进。部分区域由于社会经济发展水平不高和政府的财政收入相对较少，对旅游业发展的资金投入很拮据，往往将发展的希望和不发展的理由归结于国家是否给予财政支持。正是由于这种思想的存在，致使拥有得天独厚旅游资源的部分省（区）没有进行有效的开发和利用。从整体上来说，旅游带内各省（区）的旅游发展水平远远落后于东部沿海地区，没有通盘考虑沿黄黄金旅游带内各省（区）的资源、产品和基础设施，造成开发雷同、特色化和互补性不够、资源开发利用率不高、经济效益与规模效益不明显等问题，带动该地区地区生产总值增长的经济效应也就无从谈起。黄河中下游的省（区）中，陕西、河南、山东等省同样也在不同程度上存在着管理头目过多、区域合作观念不够等问题。例如，河南省管理名胜古迹和旅游景点的单位就有文物古迹管理委员会、园林局、民族事务委员会、水利局、林业局等 5 家之多。同时，行政区划地域的限制也导致了体制不一、管理不便等现象的发生。

从沿黄地区旅游的资源类型来看，这些地区都靠近黄河，因此在生活习俗、饮食习惯、风气地貌、文化地理等方面都具有相似性。但是由于地域距离的相隔，还是会存在一些差异，这也是在一定区域范围内旅游资源存在相似性及互补性的原因所在。这一特征不仅能促进各城市、各地区的共同发展，提升区域整体旅游竞争力，更能推动沿黄黄金旅游带的成功建设与良好发展。从目前沿黄黄金旅游带各地区旅游发展模式来看，各城市、各部门及区域间的旅游发展合作机制还没

有建立，合作的组织机构、共同的目标机制、相应的法制基础都还处于"盲点"阶段。

三、沿黄黄金旅游带旅游投资分散，社会资金吸引力不强

近几年，黄河沿线城市每年几千万的旅游结构调整资金的分配，更多的是考虑各省（区）的利益平衡，没有真正起到应有的作用，没有形成吸引社会资本参与旅游开发的良好引导机制。沿黄黄金旅游带的建设需要巨大的资金投入作为支撑，但是目前存在沿黄地区项目融资难度增加、资金短缺的问题，严重影响旅游带的基础设施建设，因此如何得到充足的资金保障是当前旅游带开发面临的最大难题。尤其是在目前的经济形势下，企业和政府的投融资力度不似以往，项目开发风险逐步加大，这更增加了旅游带建设的资金投入难度，从而导致目前旅游带建设进展缓慢。建议制定统一的旅游投资规划，成立旅游项目资金库，确立优先发展项目，保证重点项目的优先开发；建立适应市场经济特点的投资引导机制，引导社会资金流向合理区域。从政府加大对沿黄黄金旅游带旅游开发的财政投入、划分各部门管理职责、整合旅游资源的规划方案、明晰旅游开发的主题形象等方面着手，坚持实施旅游产业"规模化、品牌化"的发展战略，让旅游业真真正正成为我国沿黄地区国民经济发展的战略性支柱产业，并发挥旅游产业的积极带动作用，有效推动沿黄地区经济、社会、文化的可持续发展。

四、沿黄黄金旅游带旅游景区存在同质化、恶性竞争现象

旅游带内资源丰富，但存在结构单一，产品开发与设计创意性不足，体验性不强，景区（点）内大多数旅游项目的创意设计层次不高，游客参与性、互动性差等问题，部分旅游企业为了抢夺游客，常常通过相互拆台和低价竞争等短视行为来追求短期利润。在对外销售方面，缺乏合作意识，未形成品牌化战略，常常不惜以贬低对方的景区来抬高自己的景区。各个景区都以旅游纪念品销售为重要盈利来源，但是旅游纪念品往往反映出旅游景区的同质化问题。在黄河上游可以买到的旅游纪念品，在黄河下游同样可以买到。没有任何旅游特色的旅游纪念品成为同质化的代表问题。

恶性竞争最终造成旅游市场秩序被破坏，沿黄旅游带的整体形象受损，区域内产品竞争处于杂乱无序的状态，打破旅游带内旅游资源的完整性和统一性，直接或间接地造成沿黄地区旅游品牌的优势分化，影响沿黄地区旅游品牌形象的树立，从而导致沿黄地区对游客的整体吸引力弱化等问题。产业合作利益协调分配

机制不够健全，旅游企业之间缺乏合作意识和相互信任，不良竞争致使整个旅游发展得不到应有的经济价值。同一区域内相同的旅游景点经常形成恶性竞争的问题。譬如，山西大院的文化旅游资源的丰富度是毋庸置疑的，但是大多数大院经常宣传"去过我家不用去别家"。实际上，不同的大院有不同的特色，同时其可以和周边形成不同特色的旅游组合，而恶性竞争直接减少着山西大院旅游的影响力。

五、沿黄黄金旅游带城市化水平不高，旅游资源没有形成集聚效应

城市形象不佳、城市化发展落后也是黄金旅游带的阻碍因素。另外，沿黄各省（区）存在城市化发展落后，由资源的无序开发造成的城市生态环境严重破坏等现象。例如，作为中国的农业大省、人口大省，河南的城市化进程一直以来均处于缓慢发展的阶段。虽然在改革开放后期，河南的经济结构不断调整，城市化发展相比以前已经有所进步，但就全国整体发展水平而言其仍处于比较低的阶段。发展特征集中表现在以下五个层面：一是缺乏超大型城市；二是整体城镇化水平较低，城市规模总体较小；三是产业结构调整过于缓慢，现阶段的第三产业仍处于较低的发展水平；四是城市基础设施落后，环境状况不好；五是城市管理体制不合理，管理水平有待提高。

从目前的情况来看，旅游带的休闲旅游产品规模小且分散。沿黄地区旅游产业具有产业联系和产业集聚特征，具有产业集群发展的先天条件。在旅游产业带建设中，促进产业集群发展有利于更好地发挥区域旅游资源的核心优势，打造区域品牌。它可以解决小规模、整体竞争力和消费不足、休闲产品规模和服务管理水平较低的问题，有利于促进产业间良性竞争，加强产业间的合作，增进产业间的信任，从而进一步实现资源的优化配置；有利于吸引更多的企业加入，在这样的发展氛围下会形成巨大的投资吸引力，促进更大的产业集群的落地与发展，产业的规模优势初步凸显，为休闲旅游产业带的可持续发展局面的产生奠定坚实的基础。在旅游产业带建设中，政府必须重视旅游产业集群，通过进一步释放政策红利来营造良好的社会发展氛围，这也有利于促进沿黄旅游带旅游产业集群的健康发展。具体来说，政府在沿黄地区休闲旅游产业集群中扮演着组织、协调、引导和服务的角色。

六、沿黄黄金旅游带旅游市场主体地位不明晰，难以形成旅游经济合力

由于旅游业包含多种业态，如旅行社、景区、酒店等，作为旅游产业构成的重要组成部分，不同的市场主体分属于不同的部门，再加上现在黄河部分河段旅游采取的是"一线贯通，捆绑式"运作模式，造成包括个体经营、旅行社、酒店、景区的不同经营业态之间过分追求自身利益，强化了彼此间的竞争关系，而忽略了合作。另外，由于市场主体网络化、集团化程度不足，自上而下的分工体系尚未确立，所以在这样的社会背景下，大部分旅游企业的组织管理方式仍以水平分工为主，各自为政，没有整体的规划，没有明确的领导，特色化和专业化不足，行业内部分工体系混乱、产权结构复杂、经营管理手段原始。目前，价格竞争是企业间存在的主要问题，此外还存在各自开发、各自经营及共享信息和服务不足等问题。行业管理标准的缺乏，使酒店、旅行社等旅游业态的管理处于相对无序的状态，致使削价竞争等不正当竞争现象时有发生，短期利益驱动下的企业行为得不到有力的控制。旅游经济发展不均衡的最主要的表现就是各旅游经营者只追求自身经济利益，缺少必要的沟通及产业经济合力。建议发挥政府与市场两个主体的作用，形成旅游发展合力来发展旅游经济，政府、市场应各司其职。政府要在自己的职责范围内勇于担当、积极作为，市场也要充分发挥在资源配置中的决定性作用。只有如此，才能形成合力，达到事半功倍的效果。

七、沿黄黄金旅游带旅游业发展水平整体不高、旅游发展差距较大

沿黄旅游带存在规模化、产业化程度低、经营水平低、整体质量不高的问题。归根结底，其是沿黄旅游带总体的发展理念与发展战略需要进一步提升、旅游产业核心竞争力的竞争优势并不突出等原因引起的。旅游产业价值链如食品、住宿、交通、旅游、购物、娱乐一体化的各环节协同作用不足，旅游行业接待能力依然是"散、乱、小、弱、差"的状态。旅游产品开发创新性不足，没有足够的科学合理的旅游营销体系建设，没有高品位、高质量的旅游产品及旅游吸引物，不利于挖掘潜在的旅游市场。具体来说，第一，旅游发展与城市化协同发展的格局尚未形成。第二，旅游产业结构布局不合理，仍然处于初级产业化阶段。例如，许多旅游景区景点缺乏综合性的规划及开发，缺乏统筹发展的理念；此外，景区开发的旅游产品结构过于单一，且更新换代的速度缓慢，不能有效满足不同年龄、消费层次的旅游者的需求。第三，旅游产业经济效应不好，在旅游企业的成熟度

及旅游人才的丰富度方面还有进一步发展的空间，缺乏强有力的旅游龙头企业，一支高素质的产业管理团队还有待建立。第四，各省（区）旅游业在食、住、行、游、购、娱等方面没有很好的联系。

因为不同的旅游资源禀赋和经济发展水平的巨大差距，沿黄不同地区之间的旅游合作区域难以产生"伙伴关系"，地区发展的不均衡现象突出，而"富帮穷"等措施造成的利益分配不平衡、合作能力弱于"伙伴关系"等问题也急需解决。此外，旅游资源分布较为分散的这一客观事实，加上地区经济发展水平的不均衡，旅游产业的发展也较为不足，致使较成熟和较强的省（区）的旅游产业水平较低，吸引力不够。其虽然存在一些景点周边城市的游客，但由于旅游交通网络不健全、可进入性较差、旅游基础设施落后、服务水平低，旅游产品线路难以形成，旅游发展的潜力没有得到很好的展示，无法吸引政府的资金支持及企业的大力开发与推广。

八、沿黄黄金旅游带生态基础脆弱、基础设施薄弱

沿黄黄金旅游带生态基础脆弱、基础设施薄弱，以及旅游成本过高、旅游环境缺乏个性特征、旅游服务质量低下等是黄金旅游带构建的瓶颈。从有代表性的省（区）来看，黄河上游拥有优美的自然风光、悠久的历史文化、丰富的文物遗迹、古朴的风土人情等。这些都作为该地区独特的旅游吸引物，吸引并招来众多游客。保护生态环境不仅是人类生存的需要，也是旅游繁荣的基础。然而，沿黄旅游带内的生态环境建设情况不容乐观，许多地区的生态环境遭受到了不同程度的破坏，保护力度不够，这为后续旅游资源的开发乃至整个沿黄旅游带的建设带来了很大的难度。旅游带生态环境具有先天脆弱性。众所周知，甘肃、青海、宁夏、内蒙古4个省（区）位于内陆，因此每年的降水量相对较少，植被覆盖率低，生态自然环境较为敏感脆弱，而且对如此脆弱的生态环境必须实施严格的保护措施，因为其一旦遭到破坏，要想通过保护等措施重新恢复起来就很难实现。然而，人们的生态环保意识比较淡薄，当地群众以满足生存需要为主要目标，不顾生态环境的恢复功能，对大自然进行了生存性破坏，其过度无序的开发是造成4个省（区）沿黄生态环境持续恶化的主要原因；另外，落后的经济发展水平、不充足的保障资金、不便利的交通方式等深层次原因，使得环境保护和监察力度不够，进一步加剧了沿黄旅游带的生态环境破坏。这种后天的、人为的过度开发活动，在恶化生态环境的同时，也导致旅游带部分地区旅游资源失去了可利用的价值。

沿黄黄金旅游带跨越了甘肃、青海、宁夏、内蒙古等省（区），该旅游带跨度大，牵扯范围广。对于游客来说，旅游消费成本过高会阻碍旅游带内旅游业的发

展，因此进一步完善沿黄旅游带内的公共基础服务设施建设成为该区域旅游业发展的基础。旅游开发的重点是交通，如果旅游开发区域交通不方便，就会给旅游开发带来相当大的困难。与此同时，如果旅游带内用来满足游客基本需求的旅游服务设施不完善，服务能力差，就会降低游客满意度。从宏观层面看，由于经济发展水平的限制，我国西部地区的旅游供给质量整体较差，除交通不便外，住宿接待设施、水电等基础设施都不能满足旅游业的发展需求，不能满足游客的需要。这些缺点会降低游客的满意度和愉悦度，这从无形中就提高了游客的旅游经济成本和精神成本；加之通信设施落后、信息接收延迟，降低了旅游效益。在人口稀少、经济落后的沿黄黄金旅游带，广播、电视、邮电通信等现代通信设施建设滞后，使旅游信息共享难度增加，制约着经济发展。通信行业的发展与旅游业的发展休戚相关，旅游信息传播、旅游市场动态、旅游产品推广和网络预订与先进通信设施的发展密不可分，但沿黄落后地区的通信设施不能满足旅游带的开发要求，由此增加了旅游开发的难度，增加了旅游企业的建设成本，降低了游客旅游的便利程度。

　　沿黄黄金旅游带旅游业的开发和经营似乎步入了一个误区，即对经济效益的过度重视和对社会效益与生态效益的不合理关注；对资源因素、市场因素及文化因素的不均衡重视与旅游业发展的可持续要求相悖。城市应发挥其作为旅游的集散地和目的地的独特功能和作用。目前，沿黄黄金旅游带内的甘肃、青海、宁夏、内蒙古4个省（区）在城市旅游功能的发挥方面存在着很多相通的问题。首先，城市形象塑造千篇一律。城市的形象是指整个城市在经济、政治及文化等各方面的综合表现，在游客喜欢城市与否中扮演关键的角色，既包含了有形的城市形象，也涵盖无形的城市文化氛围。城市形象也是一个动态发展的过程，随着城市经济、文化等的不断发展而发展。但是总的来说，其自然及人文的双重属性是相对稳定并其内涵在不断丰富，是自然与人类合作的结果。作为中华文明发祥地之一的黄河，其沿黄地区丰富的历史文化底蕴是与生俱来的财富。然而，这4个省（区）的各级行政单位普遍存在城市形象塑造缺乏个性，一个个城市除了有自己独有的地名以外，就是毫无文化底蕴的外在表现及千篇一律的建筑风格，没能把各省（区）的文化和民族特色全面地反映在城市的建筑风格和城市环境的塑造方面，个性不鲜明，旅游吸引力不足。其次，其在城市绿化方面采取"千城一面"的做法。各省（区）、市不考虑西北地区干旱缺水的现实，大规模的种植草坪而忽略了红柳、沙枣、胡杨等西北特有的抗旱植物，高成本地"擦除"区域差异化的自然植被景观。城市的自然性质的损失，削弱了旅游资源的吸引力。最后，城市的服务功能不够完备。例如，许多城市的基础设施建设状况不容乐观。以兰州市为例，黄河四十里游览线文化特色、植物景观的地域特色等都很鲜明，是当地居民休闲娱乐和外地游客观光游览的好选择,被誉为"兰州的外滩"。然而,黄河四十里风情线旅游厕所数量较少,给游人带来很多不便。此外,由于设施、技术、资金、人才等方面的原因使得城市垃圾、污水等的处理不够科学化,导致在一定程度上破坏了市区和外围的自然环境,大大减弱了城市旅游吸引力。

旅游服务质量低下削弱了沿黄黄金旅游带的保障体系。旅游服务质量是指在服务水平与预期服务之间进行比较的旅游服务感知差距。依法治旅是提高和保障区域内旅游服务质量的重要举措。沿黄黄金旅游带内涉及的甘肃、青海、宁夏、内蒙古4个省(区)的协作需要相应的法律法规为旅游带内的旅游开发和服务提升保驾护航。如果没有法律法规的约束,就会造成各区域各行其是、多头管理,进而导致倒卖景区门票、景区内乱收费等现象的出现,降低游客满意度,从而使得旅游带的整体旅游形象受损。现阶段,甘肃、青海、宁夏、内蒙古4个省(区)的旅游服务质量还达不到"以人为本"的社会发展理念,过分追求经济利益和个人利益的最大化仍然是不少沿黄旅游带旅游企业及个体经营者的主要追求,并将其奉为经营的第一准则。这种发展现状是沿黄黄金旅游带停滞不前的重要制约因素。鉴于目前国内的法治环境,依法治旅的实现要经历一个不断发展进步的过程。《中华人民共和国旅游法》的实施受到中国国情的制约,也受到区域发展现状的影响,因而虽然我国已经颁布实施《中华人民共和国旅游法》,但并不能认为《中华人民共和国旅游法》的出台就为我国旅游业的发展提供了充分的保障。但是,不得不承认,随着国内整体旅游业发展水平的提高及发展进程的加快,我国各省(区)的政府逐渐意识到提升旅游服务质量的重要性,各区域的旅游服务质量也在不断提升与改善。这些积极的举措将会为我国整体旅游业的向前发展提供巨大的推动力。不容忽视的是,沿黄黄金旅游带短期内旅游服务质量的提升还存在着一些难以逾越的困难。目前,国内以自助游、自驾游为主的散客正逐年占领旅游市场。散客时代正在到来,以观光游为主的团队旅游服务体系的转型势在必行。旅游产业的发展将不同于传统旅游发展模式,要求旅游产业转变为以自助游为主导的个性化、差异化服务体系。但是,现实情况是,到目前为止,沿黄区域以组团为基础的服务体系仍占据旅游市场较大比重,沿黄地区主要的旅游形式是商务度假、会议旅游、户外休闲等综合性的自助旅游服务体系。这种服务体系发展并不是很成熟,旅游服务质量不高,市场组织混乱,信息提供匮乏。其具体表现在:与沿黄地区旅游产品及线路相关的旅游资讯获取渠道较少,并且就现有的渠道而言,缺乏互动性,如在线咨询及游客需求的在线调查目前基本上处于空白状态,各省(区)旅游网站大多是对景区的简单介绍和旅行社产品的宣传推广,对一些可以实现自助游的景区并没有过多的介绍和推广。

第二节 沿黄黄金旅游带构建的路径

就字面意思看,沿黄黄金旅游带应该包含三种意思。第一,应是一个状似长带的区域。所谓带状区域强调的是由边界(长度)和轴线(宽度)所构成的带状空间区域。具体来讲,就是从青海省青藏高原的巴颜喀拉山脉北麓约古宗列盆地的玛曲到山东东营黄河入海口的沿岸区域,是未来沿黄黄金旅游带的重点发展轴,是黄河旅游的生命线,也是将沿黄各地区串联起来的重要轴线。第二,应是以黄河文明为代表的富集旅游资源的带状区域。其旅游资源犹如黄金一般珍贵。同时,带状区域内存在省会城市、历史文化名城、"中国优秀旅游城市"等旅游增长极,这些增长极犹如一颗颗珍珠被黄河这条线串起。沿黄地区拥有众多的原生景观和新生景观。将这些景观组合形成强大的旅游产品,才能在沿黄黄金旅游带的发展中起到作用。第三,应是以黄河文化旅游为核心产业定位的带状区域,最终成为沿黄地区的特色支柱产业和现代服务业标志性旅游区域。

一、空间层面沿黄黄金旅游带构建的路径

(一)点状开发阶段

我们需要明确,沿黄旅游带的开发对象主要是贴近沿黄地区的省会城市,享有较高知名度的历史文化名城、古都,旅游资源相对丰沛及旅游发展水平相对较高的城市,其中交通易达性高、市场开发较为成熟的景区及景点同已经与周边相连的景区共同构成沿黄黄金旅游带的一级旅游发展圈。就目前而言,点状景区的发展较为成熟,特别是黄河沿线各省(区)优势旅游景点。这些成熟景点是沿黄黄金旅游带的基础。

(二)点—轴渐进扩散阶段

在区域规划中,采用据点与轴线相结合的模式,最初是由波兰的萨伦巴和马利士提出来的。波兰在 20 世纪 70 年代初期开展的国家级规划中,曾把点—轴开发模式作为区域发展的主要模式之一。该理论的核心是,社会经济客体大都在点上集聚,通过线状基础设施而连成一个有机的空间结构体系。从分析旅游空间行为看,游客游览黄河时,其空间行为呈现"收敛—辐射"状态,即第一聚集沿不同方向前往市中心,然后在市区中心沿着黄河轴向外扩展。从旅游服务系统的空间结构分析来看,作为中心城市的省会城市是黄金旅游带最重要的旅游区,是旅

游开发的主要承办者，是区域旅游服务和信息的二级旅游节点，处于从属地位。旅游资本流动、信息流和物质服务要素的向外扩展也体现了城市中心轴线向外辐射的特征。在旅游产业发展的基础上，通过整体建设和打造区域旅游景观，带动周边地区旅游资源开发和项目建设，围绕经典旅游路线形成休闲带；在轴线开发上，开发单体分布和具有发展潜力的景区和项目，促进景区和项目开发新区形成二级旅游开发圈。新发展循环的形成，通过旅游开发主轴（河流、交通）与主体开发有机结合，使沿黄旅游带空间发展呈点—轴的整体格局。

（三）圈层网络构建阶段

把重点突出与协调合作相结合，把点—轴开发与旅游地系统建设相统一。对于沿黄黄金旅游带来讲，一方面，选取特色旅游景区来重点发展，同时各省（区）协调合作差异化突出优势旅游资源，以黄河旅游开发为主打旅游项目进行点—轴开发；另一方面，将发展方向由内向外延伸扩展，并完善配套设施建设，建设旅游服务体系，提高旅游服务质量，与高铁、高速公路、航线所构成的一小时经济圈相结合，形成全方位、开放型旅游网络结构，全面实施区域旅游一体化战略，将沿黄黄金旅游带打造成为一体化、产业化、品牌化的知名旅游区域，成为彰显黄河文化的国际精品旅游带，形成区域旅游发展的趋势。

二、时间层面沿黄黄金旅游带构建的路径

（一）碰撞交流阶段

由于旅游产业具有增加收入、繁荣经济、解决就业等诸多效应，沿黄各省（区）均把其作为先导产业、优先发展产业，尽可能多地满足其经济发展的需要。因此，他们积极拓展资源和建设信息交换平台，使旅游区的每个单元产生原始协作规则，几乎创造了旅游带组织运行的耦合系统的价值链，使每个组成单元之间在碰撞沟通中识别旅游产业共同发展的互惠互利，并落到实际中去，从而构成旅游带自组织的初始阶段操作。

（二）相互竞争阶段

根据协同理论，旅游带内的相互竞争是最活跃的发展动力。随着旅游经济的发展，区域旅游需求也在不断增加，各省级地方政府在融资、基础设施和人员支持等方面推动每一单元的旅游开发。旅游带内不仅有每个单元之间的竞争，而且每个单元内的元素之间也存在竞争关系。例如，旅游企业和游客之间竞争的目的

是一种有效的各自成本效益的核算；与此同时，旅游企业之间竞争的目的是占据最有利的细分市场。旅游带的内部竞争使沿黄区域的发展展示出了一个不平衡的情况，形成了分层性质的旅游带组织演变。同时，旅游带的外部竞争确保了稳定的自组织的发展，沿黄旅游带自组织在竞争中不断扩大规模、提高强度、迅速生长。

（三）协同合作阶段

协同合作就是指多个人共同完成一件或者多件事项。从字面上来看，协同就是协调两个或者两个以上的不同资源或者个体，使其一致地完成某一目标的过程或能力。沿黄地区通过竞争获得发展优势后，为了保持旅游业的可持续发展，为了提高整个质量联盟的自组织演化，亟须将旅游资源进行深度分化，做到旅游产品的更新和升级。为了共同抵御外部环境对旅游每个组成单元的风险，沿黄旅游带之间合作是必然的趋势。尽管旅游带内部具有竞争优势的角色形成了符合自组织行为规则的"路径依赖"，但不可避免的是，并不占据竞争优势的协作单元之间的非线性相关的结果，即组织行为的"长尾"效应成为旅游带自组织过程必须关注的首要任务。因此，基于竞争的深层共生协同作用为旅游带自组织演化提供了重要的动力。

（四）有序演化阶段

有序演化是指在系统演化进程中，在一定的外界条件下，由无序、低序的平衡态，经历"非平衡"的过渡态演变，达到演化的高级阶段的过程。在此阶段，旅游带的组织实现稳定。黄河旅游区有很强的辐射能力，这显示在市场供求平衡的旅游、旅游产品层次结构相对合理，较为平衡的利益相关者利益，旅游开发的边际收益递增等方面。值得一提的是，旅游与系统内部要素的合理流动和创新溢出效率提高了旅游带"旅游系统下阈值"的弹性范围。但必须认识到，旅游区域有序的自组织演化阶段可以为更高水平的自组织演化提供涨落诱导因素。

（五）评价反馈阶段

评估旅游带内每一个自组织演化阶段的状态，查找在自组织的过程中问题出现在哪一环节，并找到改善方法，学习有益的教训和经验，同时反馈到沿黄黄金旅游带自组织过程本身上，为整合沿黄地区旅游业的创新目标"找引力"，为促进沿黄黄金旅游带的自组织演化至下一阶段打下基础。

三、产业层面沿黄黄金旅游带构建的路径

建立旅游投资集团公司、建立旅游产业载体、发挥沿黄地区旅游资源优势、促进本地区旅游业的发展,是提升旅游档次和品质的有效途径。旅游投资集团公司负责沿黄地区整个旅游建设,进行相关部门管理职能转移,并在各省(区)设立全资子公司,依托相关核心景区(点)进行区域开发、建设、运营和管理。旅游投资集团公司是一家集旅游开发、酒店运营和旅游运输为一体的大型旅游公司。

因此,从以下三个方面进行整合是很重要的。首先,整合沿黄黄金旅游带所涉及的景点和景区,并将发展权和经营权交给旅游开发公司。根据滚动发展和分期见效的原则,着重突出重点项目,优先发展基础设施项目,开发景区景点。其次,将沿黄黄金旅游带内的酒店行业和旅行社整合到酒店管理公司。最后,将沿黄黄金旅游带内的旅游巴士和游船进行整合,并将其经营权转让给运输公司。所有整合都是以转让、收购、持有等形式进行的,而不是简单的几个企业或者几个公司的松散组合。旅游投资集团公司根据公司治理结构,在股权多元化的基础上,规范股东大会、董事会、监事会和管理职责,形成有效的制衡机制。

沿黄地区旅游业的发展需要大量的资金,而旅游业作为一个竞争的产业,并不是金融资本的投资重点。因此,单纯依靠政府的财政支持是不能实现旅游业的发展的。旅游投资集团公司只有专注于建设投融资平台,拓宽投融资渠道,才能解决发展资金瓶颈问题。目前,国内资本市场较为成熟和完善,产生了各种形式的资本管理,存在着大量的社会资金,为旅游企业的融资创造了条件。第一种方法是将旅游投资集团公司打包上市融资。在市场逐步完善的今天,这是一种较为理想的融资方式。第二种方法是通过发行债券、收购合并、资产重组和破产清算来筹集资金。这不仅有助于理清旅游投资集团公司之间的关系,整合资源,建立现代企业制度,也使得旅游投资集团公司更加注重投资回报,进一步加强管理。第三种方法是加大招商引资力度。应将黄河沿线相关旅游项目作为城市招商引资的重点,大力推广,并允许合资、合作、拍卖、股权参与、租赁、承包,以此扩大对外合作的深度和广度。第四种方法是加大政府资金投向及政策倾斜。政府的支持是旅游业发展的关键。政府的公共政策将会影响到区域经济的发展和旅游业的发展。政府基金、贴息贷款可以通过结构调整,加大招商引资的优惠力度,让更多的社会资本投入黄河沿线旅游开发中,实现良好的社会资本机制运行,广泛参与旅游开发。与此同时,相关的税收政策和贷款政策应该是优惠的,银行应该倾向信贷。

第三节 沿黄黄金旅游带旅游开发模式

沿黄旅游区旅游资源丰富,跨越黄河的9个省(区)及周边地区旅游资源各有特点,形成了独特的旅游模式。对于旅游开发模式,应根据旅游资源的赋存条件、发展潜力、地理位置、经济条件、产业结构、产业不同的阶段、政府对旅游业的支持程度等,形成或决定一个国家或地区在特定的时间内的整体旅游开发方式。目前,黄河流域所有省(区)都有自己的旅游资源,发展水平各不相同,较大的地区差异也是沿黄黄金旅游带发展的主要障碍。特别是黄河上游和下游的经济发展水平将成为黄河旅游开发模式的瓶颈。面对每一个景点、景区的旅游资源,结合各省(区)的具体情况,如何将新的黄河文化旅游产品结合起来形成新的旅游增长极,如何在黄河流域形成旅游开发模式,都将是沿黄黄金旅游带发展的关键。

一、沿黄黄金旅游带旅游开发模式定义及特征

旅游开发模式的不同定义、旅游发展模式的主要内容与当地独特的旅游文化资源、经济水平、产业结构、区位条件等因素息息相关。旅游开发模式根据地域空间分类、文化分类和民族风俗文化的分类等定义。旅游规划与开发是一个渐进的发展的过程,尤其是沿黄黄金旅游带各省(区)之间的协调和合作机制、旅游发展目标和性能问题,将是解决沿黄黄金旅游带旅游发展和全面的区域旅游发展的关键。

(一)独特性与重复性

沿黄黄金旅游带的发展模式在发展过程中具有独特的旅游发展个性。所谓的独特性主要是沿着黄河,这是各省(区)旅游文化资源独一无二的特色。黄河上游主要有自然景观旅游资源,如黄河的源头自然保护区、青海湖、高原景色、地质公园,兼有文化景观,如宗教寺庙、长城遗址、石窟艺术等。其独特的自然环境使黄河上游地区的旅游资源呈自然为主、人文为辅的特点。黄河中下游的旅游资源特点以人文为主,如中国古都文化、墓葬、宗教建筑、红色革命等。相比之下,其自然资源较少。山西有"中国地上博物馆"之称,而陕西则被称为"中国地下博物馆"。这种旅游资源造就了黄河上游和中下游开发模式的独特性。

沿黄地区旅游开发模式在其历史发展过程中也具有重复性。其重复性主要集

中在黄河中下游地区，如该地区的古都文化旅游模式。陕西西安、河南洛阳与开封古都文化虽然不是完全相同的，但是中间会有一个重复性的开发过程。古都城市建筑问题是各省（区）开发过程中都要面对的问题，同样的现代建筑风格造就了相似的旅游文化区。古建筑修复问题，尤其容易造成古都旅游独特性的丧失。所有省（区）的古代文化旅游都各自发展，缺乏全面发展和建设的意识。

（二）分散性与整体性

黄河流经中国的9个省（区）。在形成历史上的主权国家之前，黄河本身具有整体性的特点。在主权国家建立之后，国家开始对黄河文明的发展进行管理。沿黄黄金旅游带的发展模式有两个特点。在形成政府主导的发展模式之前，每个省（区）都专门研究其各自的旅游模式，每个省（区）的旅游开发模式都具有分散的性质。沿黄黄金旅游带的发展具有整体性，因为沿黄黄金旅游带都具有黄河文化底蕴。与此同时，相似的气候类型构成了相同文化背景。黄土高原、华北平原等北部平原地区，共同具有华北地区自然与人文文化的特征，作为一个整体的共同发展基础，反映出旅游发展模式的整体特征。

（三）组合性与联动性

沿黄河各省（区）旅游开发模式在每个省（区）都有一定的地域组成，并结合了类似的旅游景区和景点。以山西为例，在当地开发的主要旅游线路是晋商文化、宗教旅游、寻根文明旅游、红色旅游路线等。由于山西地形的原因，晋商文化主要分布在晋中地区，形成的复合文化类似于明清文化，并据此设计出旅游路线。宗教旅游路线是由山西佛教与道教相结合而形成的，如山西佛教名山五台山。将类似的旅游景点结合，形成旅游路线，形成沿黄黄金旅游带独特的发展特征。类似或相似的旅游开发已使旅游开发模式具有交互性的特点。设计旅游线路时应考虑主题文化在发展过程中相互影响，它具有"引导整体"的联动特性。在形成旅游路线的过程中，景区之间的交互性决定了旅游开发模式是否成功。

二、沿黄黄金旅游带旅游模式类型

根据黄河流域旅游资源的特点，黄河旅游开发可以分为自然模式和人文模式两类。自然模式包括河流、山地、森林、地质、高原、平原6小类，人文模式包括文物、古镇、民俗、宗教圣地、红色革命5小类。黄河旅游开发模式具有不同的水平，同时各省（区）有着相似或类似的旅游资源，但发展水平和发展程度不尽相同。针对如何协调发展问题，沿黄旅游带沿线景区需要根据自身的旅游资源特点，重组旅游开发模式，形成新的黄河文化作为旅游发展模式的主要特征。同时，旅游开发模式也应有其自身的特点，这些特征也需要在旅游开发中增加关注度。

以区域内独特的旅游资源为依托，以打造特色旅游产品为基础，坚持市场导向原则，坚持生态效益、社会效益及经济效益的协调发展，将资源的优化配置作为主要途径，优化提升沿黄旅游带的规划开发。在规划开发中，需要明确政府的主导地位，坚持旅游产品的高层次开发，同时推进旅游扶贫工作及旅游现代化工作。以项目建设为依托，着重打造一批对国内外游客均能产生巨大吸引力的、市场输入及输出效率较好的，并能对沿黄旅游带的旅游产业发展起引领作用的重点项目。与黄河中上游地区相比，下游地区有平坦肥沃的土地，自然环境优越，人力资源丰富，人口密集，人类活动的起源相对较早。人文旅游资源成为黄河中下游发展的主要方面。沿黄黄金旅游带的每个省（区）都有自己独特的旅游资源，在发展过程中始终注重旅游发展模式的特殊性。在黄河中下游，整体发展的角度是开放的，旅游发展模式十分丰富。

三、沿黄黄金旅游带的开发模式

（一）空间开发模式

从区域旅游空间的发展模式看，其有3种类型：增长极模式、点—轴开发模式和网络模式。这3种类型都属于区域发展的不平衡理论。在发展过程中，应根据区域旅游条件和发展阶段选择恰当的开发模式。

增长极模式是20世纪50年代初由法国经济学家弗朗索瓦·佩鲁首先提出的。此后，许多学者把佩鲁的增长极概念转换到地理空间上，其中具有代表性的人物是法国经济学家布德维尔。他认为，如果把发生支配效应的经济空间看作力场，那么位于这个力场中的推进性单元就可以描述为增长极。增长极模式具体是指，通过专注于开发一个旅游胜地，使之成为接待服务设施集中的区域旅游中心，该中心还可分流游客和分化旅游活动，这个中心就是增长极，再通过增长极的极化效应，对旅游的空间扩散进行准备。该模式适用于发展区域旅游的初期开发阶段。

点—轴开发模式是一种从增长极模式发展出的空间线性推动成长模式。在区域旅游发展的过程中，有意识地选择将两个增长极及其中间的交通线作为区域发展的纽带，将客流与渠道轴的运行发展联系在一起，逐渐发展成点—轴的格局。该模式适于区域旅游的中期发展阶段。

网络模式是高级阶段的区域旅游空间发展的理想模式。随着区域经济增长极的发展，区域间旅游服务产业的发展也发生了变化，同时也可以在增长极的辐射范围内繁殖次一级的增长极。不同等级的增长极与互联形成的发展轴线形成区域旅游的网络空间架构,通过扩展网络来加强区域的全面发展。该模式适用于区域旅游的后期开发阶段。

根据表 4.1,结合沿黄黄金旅游带内旅游业发展的现状及旅游资源的空间分布特点,提出以交通干线为纽带,构建点—轴开发模式,使其能够实现旅游空间结构的优化及可持续发展的目标。

表 4.1　区域旅游空间发展模式比较

模式	发展优势	适用范围
增长极模式	集中利用有限的资金、技术等资源形成规模经济效益	从时间角度看,适用于区域旅游的初期开发阶段;从区域角度看,比较适用于欠发达地区
点—轴开发模式	将区域开发重点由点向轴线转变,能够通过发展点将增长极连接起来形成轴带	从时间角度看,适用于区域旅游的中期开发阶段;从区域角度看,比较适用于发展中地区
网络模式	有利于缩小地区间发展差距,促进区域整体均衡发展	从时间角度看,适用于区域旅游的后期开发阶段;从区域角度看,比较适用于发达地区

沿黄黄金旅游带以点—轴开发为主要开发模式,将景点与旅游路线开发的发展模式相结合,实现规划统一、重点突出、特色明显、发展全面的目标。点—轴开发模式对处于开发成长期的沿黄黄金旅游带具有很强的合理性和积极的指导意义。除此之外,沿黄黄金旅游带的交通干线均沿黄河而建,沿岸行政区划及旅游资源的分布特点适合用点—轴开发模式。点—轴系统理论可以合理地处理集中与否、公平与否的问题,引导旅游实现从不平衡到较为平衡的进步,充分发挥黄河两岸旅游发展的辐射带动作用,增强旅游带的发展平衡性,实现旅游带"点—线—面"的空间开发。

(二)管理运营模式

旅游行业的竞争不同于其他行业,其市场运作机制决定旅游产品的供给主体。旅游业作为新兴产业,处于产业发展的早期阶段,很难推动产业自身形成规模经济。因此,政府应在拉动产业起步发展和健全市场体系方面发挥应有的作用。当前,旅游业已经初具规模,但是对于黄河沿线各省(区)旅游业的发展来说,仍存在两大挑战。一方面,旅游业内的合作发展机制,要求它面向全社会,所以当今的发展趋势已将通过地方垄断来维持行业的局面的方式淘汰;另一方面,就某些地区而言,摆脱行政区划的束缚,实现企业的独立发展,在责、权、利相制衡的基础上实现进步是当今必须要做的改变。我们可以从国内外经济发展的经验中吸取教训,赢利是发展产业的统一目标;企业主导是产业赢利的首要条件。对于产业而言,政府主导只适用于发展的准备阶段。在旅游业还处于起步阶段时,政府的保护和支持对其非常有帮助,有必要实施政府主导。但当旅游规模较大,形成较成熟的产业时,就应该遵循市场规律运行,转变为企业主导、政府辅之(表4.2)。根据现状,沿黄黄金旅游带旅游开发的最好模式是政府主导与市场运作相结合,即:宏观层面由政府控制,引导基础设施建设;微观层面是企业独立运作,政府和市场有机结合进行运作。

表 4.2 旅游经营运作模式

发展阶段	区域旅游发展模式	主要特征
准备阶段	政府主导型	政府主导型是指在整体上虽然资源是按市场经济原则进行配置,但政府以强有力的计划和政策对资源配置施加影响,以达到某种短期和长期增长目标的经济模式。政府要占主导地位,应用其行政体系的力量,较快地带动所把握的经济资本,加速地区内游览资源的开辟、扶植和整合,快速构成较大的财产范围和供给能力,促进地区游览的快速成长
开发阶段	政府干预型	政府干预亦称宏观调控,是政府对国民经济的总体管理,是一个国家政府特别是中央政府的经济职能。它是国家在经济运行中,为了促进市场发育、规范市场运行,对社会经济总体的调节与控制。政府主要实施监督和服务功能,开始从直接管理到间接控制,建立和完善旅游法律体系,规范旅游市场竞争秩序,发挥政府的宏观调控和市场监管功能,执行服务职能
成熟阶段	市场主导型	各项市场经济活动,除属于自然垄断的、具有外部性的、提供公共品的以外,都应放手让价值规律调节即市场调节。发挥市场在资源配置中的基础性作用,使企业成为真正的市场主体;以市场主导和政府监管为特征,政府以协调和中介为主

第四节 沿黄黄金旅游带构建的机理

一、共生与竞合机制

共生又叫互利共生,是两种生物彼此互利地生存在一起,缺此失彼都不能生存的一类种间关系。竞合来源于合作竞争理论,来源于对竞争对抗性本身固有缺点的认识和适应当今复杂的经营环境的目的。经营活动是一种特殊的博弈,是一种可以实现双赢的非零和博弈。沿黄黄金旅游带旅游业的发展依靠其丰富的旅游资源和良好的自然环境。资源和环境是维护和保障区域经济发展的基本要素,对沿黄黄金旅游带的生存和发展具有重要意义。随着我国旅游业的快速发展,沿黄黄金旅游带旅游资源的竞争日趋激烈。因此,在沿黄黄金旅游带的构建中,应积极寻求竞争中的合作、合作中的竞争,以合作为重点,实现各地共生的融合,解决各地资源和环境的矛盾,这是恢复新的地区关系的关键。沿黄黄金旅游带旅游资源具有相似性或互补性,空间关系便利,与文化、政治、资源和环境密切相关,形成了整合共生的条件。通过市场主导共生界面,在区域资源整合实施的背景下,实现共享区域范围的增加，实现整体竞争力的提升，从而达到整体利益最大化。但这种共生的理想模式不是一夜之间实现的，需要一个共生的过程。因此，黄河共生机制沿线地区旅游业的培育，一方面要从较小的地区和融合单位出发，这要依赖于其他景点的核心景区的开发，保持黄河资源的特征和相对独立；另一方面，在空间要素上，与周边地区建立联系，逐步实现资源、市场、品牌、产业、基础设施等要素的优势互补，共同构建合作共享机制。

二、空间集聚与空间扩散机制

区域经济发展在空间结构上的演变有两种不同的趋势，即空间集聚和空间扩散。两种机制相互依存、相互制约、相互交错，促进区域经济发展。依循一定的媒介，透过时间，传播一种新事物的过程，就称为空间扩散。区域旅游业空间集聚，是以旅游产业链或价值链为纽带，在一定的地域空间内通过多种旅游业要素的有效整合形成具有一定规模、一定空间形态和组合特征及一定旅游服务功能和综合经济社会效应的旅游区的动态过程。集聚机制促进了区域经济的形成和发展，使区域空间结构呈现不平衡的状态。扩散机制促进了空间内生产要素的相对平衡，有利于逐步降低区域经济水平差异。沿黄城市的区位、资源、经济积累及集聚的旅游生产要素具有很大的吸引力。随着旅游业的发展，将形成黄河沿线地区的绿色生态走廊、历史文化走廊、休闲度假走廊，变成彰显华夏文明与黄河生态的国际经典旅游区。这一集聚体是由规模经济产生的，将会吸引更广泛的旅游因素（如劳动力、资本、信息、市场、政策等），并且逐渐统一演变，从而为区域整合奠定基础。由于旅游区过度集中，资源供给不足、生态环境恶化等一系列问题是不可避免的。在这种情况下，均衡发展是势在必行的，可以通过优化产业结构、实施区域分工、进行空间扩散来实现。近年来，加强该地区的城市化进程及与周边地区的联系，为地区的旅游业发展提供了物质基础，如交通、通信和其他基础设施，缩短了城市居民与河滨带旅游空间距离和心理距离，提高了河畔的可访问性。旅游景点的发展及黄河沿线各省（区）旅游业的蓬勃发展是空间扩散的缩影。

三、政府行为机制

政府行为机制是指国家和政府运用国家权力系统，通过行政法令等手段来确立和推广国家所推崇的价值观念，制定和推行发展的目标，建立和调整社会结构，制定和实施社会运行规则，从而对整个社会发展进行管理、调节的过程和方式。作为一种动态机制，政府行为主要体现在政府制定和实施的区域经济发展战略，以及由此而产生的政策和投资流动的地理分化方面。黄河沿岸各省（区）大力促进旅游业的发展,客观上为沿黄地区旅游业的发展提供了有利条件。2011年5月,在三门峡国际黄河旅游节期间,"沿黄九省(区)黄河之旅旅游联盟"成立。政策导向对黄河黄金旅游带的开发产生重大影响,地方政府的参与直接促进了沿黄旅游业的发展,在资源开发与建设、项目运营和管理及环境保护等方面都起到了指导作用。政府的这些措施在实现旅游发展方面发挥了应有的作用,大力促进了市民和外来游客的娱乐活动的多样化,同时也随着空间结构的演变奠定了沿黄旅游发展的基础。

四、区域旅游协作机理

区域旅游协作是一项能实现共赢的经济活动,属于区域经济合作范畴,更符合沿黄黄金旅游带旅游发展趋势。旅游区域随着旅游业的不断发展,经历了从分散到协作的演进过程,呈现出以下几个阶段的发展变化。

第一阶段是自然生长阶段。区域旅游产业随着时间的推移在自己的地区不断发展壮大,完成原始的旅游资源积累。在这一阶段,由于经济发展环境、区域限制和制度环境的制约,除了在客源上有联系之外,区域间旅游经济联系很少。

第二阶段是竞争阶段。随着区域旅游的不断开发,区域旅游因素扩大到区域边界和区域外部。在这个阶段,该地区开始在旅游资源、旅游产品、旅游市场、旅游项目的开发与建设等方面产生激烈的竞争。

第三阶段是合作共赢的阶段。随着竞争的加剧,出现某些恶性竞争,削弱了整体的旅游竞争力。区域利益相关者意识到合作可以实现发展。在保持适度竞争的基础上,区域间开展富有成果的合作,是区域旅游竞争的必然结果。

很长一段时间,沿黄上游黄金旅游带内甘肃、青海、宁夏、内蒙古4个省(区)行政区域分割之间的分歧造成各省(区)之间的各自发展局面,省级工业合作和经济交流以及公路交通的沟通与合作较少,不能强化跨省(区)旅游资源,不能使旅游企业形成一个整体和区域优势,直接影响沿黄黄金旅游带的发展。在旅游发展过程中,4个省(区)未体现出整体推进、协同发展的理念,使这4个省(区)的旅游开发无规律可循,存在严重的重复建设和无序竞争,不能彰显整体的资源优势,导致区域内的建设成本变高。区域旅游交通道路的建设滞后,整个地区未能建成一个现代化、立体化的交通网络。由于旅游资源的相似性和旅游规划的不科学性,许多旅游资源的品位和优良品质都没有得到有力开发,落后的现状和优质的资源并不匹配。

五、旅游业可持续发展机理

1987年，世界环境与发展委员会正式提出了可持续发展的概念。1992年，在巴西里约热内卢召开的联合国环境与发展会议上，该发展理念正式得到承认。在此之后，可持续发展理念的研究范围逐渐拓展。在许多研究学者的共同努力下，该理念被广泛且频繁地应用于多种学科的建设与发展。1990年，世界可持续发展大会在加拿大召开。在大会上，针对该理论进行了进一步探讨，譬如提出了可持续发展旅游业的5个目标。1995年，在西班牙召开的世界可持续发展大会上，制定并通过了《可持续旅游发展宪章》和《可持续旅游发展行动计划》两个文件。

在发展的过程中，旅游产业不可避免地产生了各种各样的负面效应和潜在的威胁，这是旅游可持续发展理论形成的主要原因。该理论认为，旅游与环境之间存在着普遍而深入的联系，旅游可持续发展应得到明确的界定。旅游可持续发展的关键是控制那些影响旅游发展的因素，如旅游资源结构的生态现代化、旅游环境管理的预防、旅游经济机制的运行和旅游扶贫项目的效率。

受历史发展及自然环境的影响，沿黄黄金旅游带内的四川、甘肃、宁夏、青海、内蒙古等省（区）的旅游资源十分丰富，但是因为位于长江、黄河和澜沧江源头区和上游地区，其生态环境也较为脆弱，旅游资源的发展与"中华水塔"的安全问题和西北、华北区域的生态安全问题息息相关，因此必须遵循旅游可持续发展的原则。在发展过程中，有两个问题需要特别注意：一是要谨防建设性的破坏，二是要谨防破坏性的建设。保护珍贵的旅游资源，发展生态旅游，在以旅游产业的发展拉动经济增长的同时，也促进社会的和谐发展。旅游发展过程中需要合理布局，在对区域内的旅游资源进行调查和评估的基础上，进行合理规划和布局，采取合适的开发策略，在保护地区生态环境的基础上，进行生态开发，有效实现经济效益、社会效益及生态效益的共同最大化，达到旅游资源开发与生态环境保护的有效结合，同时为率先发展的旅游目的地注入新的生命活力，实现旅游业发展的衔接。

六、机理要素与动力机制

机理是指为实现某一特定功能，在一定的系统结构中各要素的内在工作方式及诸要素在一定环境条件下相互联系、相互作用的运行规则和原理。从机理的概念分析，机理包括形成要素和形成要素之间的关系两个方面内容。1956年，麻省理工学院最早提出"机制"一词，是系统分析社会、经济问题的一种方法论，也被认为是定性和定量分析工具的结合。本章采用信息技术及其机理要素研究的思路，对推动沿黄黄金旅游带发展的驱动力因素进行以下总结。

（一）资源互补需求

互补品是指两种产品必须互相配合，才能共同满足消费者的同一种需要。同样地，各区域旅游资源的开发也需要相互配合，才能满足旅游者各式各样的需求。区域旅游资源的差异性和互补性可以推动旅游合作。各有千秋的旅游资源类型使得区域旅游市场产品丰富多样，区域旅游的特点和吸引力也随之增加。不同类型的旅游产品也能满足游客各种类型的消费需求。旅游资源的类型、规模和地理位置可以彰显旅游资源与旅游产品的互补性。

在适当的地域范围内，由于地理距离的相近及人类社会生产的阶段性，某些地区的资源类型具有较高的相似性。总的来说，相似的地区资源类型有利于塑造整体的品牌形象。但研究表明，旅游者旅游时，总想看到多种多样的风景类型，即资源丰富性、多样性是游客考虑的一个重要因素。如果该地区的旅游资源过于单一，或旅游资源水平较低，就很难吸引客源。因此，区域内资源类型的差异与互补就显得极其重要。以沿黄黄金旅游带部分地区为例，区域内各地旅游资源类型、禀赋各有千秋：甘肃以丝绸之路闻名天下；青海有万山之宗、江河之源的美誉，其形象突出青藏高原、湖光山色等原始风貌及民族宗教文化特色旅游；宁夏重点强调塞外风光；内蒙古则定位于休闲与激情兼有的大草原旅游。

（二）资源集聚效应

集聚效应是指将经济活动吸引到某一地区的各个行业的经济效应和向心力。迈克尔·波特（Michael Porter）认为，在一定地理区域内，产业的竞争力的提高需要借助于该区域内产业要素的集中。波特认为，集聚可以扩大生产规模，并促进企业进行改革创新。产业集聚理论也可以应用于旅游资源的空间集聚。根据相关理论，丰富的旅游资源和旅游资源的品质决定了旅游目的地的吸引力和竞争力。海南旅游、长江三角洲旅游、珠江三角洲旅游得以蓬勃发展，是旅游资源高度集中的结果。在最初的阶段，该地区聚集了大量的高质量的旅游资源，随着经济的发展，旅游业的重要性越来越明显，资本、技术和人力资源开始流向资源集中地区，以促进旅游资源的开发。伴随着旅游区深化发展和宣传效应，区域越来越受欢迎，越来越多的客人开始知道该目的地，并产生前往该目的地的欲望，在恰当的时间满足其旅游需求。沿黄黄金旅游带集聚着丰富的优质旅游资源，秀丽的自然风光引人前往，历史悠久的人文景观蕴含深厚文化气息，特色鲜明的民族风情丰富多彩。众多优质旅游资源在旅游带内积聚，为区域旅游形象的建立打下了坚实的基础。

（三）区域经济一体化

区域经济一体化是指区域的经济交流、文化沟通和社会需求的内在联系。区域经济一体化主要是针对一定区域范围内的资金、人才等生产要素的流动提出的，通过区域间生产要素的流动，能够优化生产资源的地区配置，与地区发展水平相适应，在优化地区经济发展的同时，也能够促进区域经济的整体协调发展。区域经济一体化的影响包括规模经济和资源配置。规模经济是指将较小的市场整合为一个大的市场，从而实现规模经济。资源配置效应指的是整合后生产要素的自由流动，促进资源的优化配置。区域经济一体化的过程主要从以下几个方面进行研究。

产业经济一体化：企业作为市场主体，通过综合或上下游合并、重组、组建若干龙头企业，形成规模效应。

基础设施一体化：中国的大部分行政区划都是基于自然地理条件、山脉或河流设定的，相邻地区可能存在较大的经济发展差距，基础设施也有好坏交织，而在产品、企业整合实现之后，基础设施的整合则将不可避免。

市场一体化：其形成之后，产品集成也成为必然，但由于行政区域的约束，生产要素的流动仍会有障碍存在。因此，有必要弱化妨碍生产要素自由流动的行政约束，建立共同的市场机制，促进劳动力、资本、技术等在市场上的自由流通，最终实现市场的优化配置。

政府指导下的市场经济由政府引导和调控市场并制定政策，但企业是市场的主体。我国现行的目标考核制度使得地方政府面临着巨大的经济增长压力。地方政府为了促进地方经济发展，将积极推进有利于地方经济发展的措施。与此同时，近年来的发展经验导致国家层面愿意通过制定具体的区域计划来促进地方经济发展。区域经济一体化的主要形式是区域经济合作。我国政府已经做了一些区域经济规划，主要有长江三角洲经济规划、珠江三角洲区域规划、环渤海湾地区规划、图们江区域开发规划、关中—天水区发展规划等。

第五章 沿黄黄金旅游带的构建

第一节 沿黄上游黄金旅游带的构建

一、沿黄上游黄金旅游带主要特征

沿黄上游黄金旅游带的建设目标可以定为西北重要的经济增长与旅游区域。同时,这里是青藏铁路辐射圈沿线、丝绸之路沿线,可以将此区域上升为连接欧亚大陆桥的旅游枢纽。该区域具有以下特征。第一,区域性。沿黄上游黄金旅游带在地域分布与经济结构上具有相对完整的地域单元。第二,层次性。沿黄上游黄金旅游带区域内资源特色各异,在旅游带内形成了明显的空间差异,从空间经济或旅游形象等各方面具有明显的层次性。第三,开放性。沿黄上游黄金旅游带作为相对独立的空间区域,若想实现高速持续发展,必须保持对外联系,需要具备沟通国际市场的能力。第四,协调性。大力发展沿黄上游黄金旅游带,需要有效配置旅游资源,合理布局产业发展,并且有足够的协调能力,这样才能维持整个旅游带的繁荣、发展、进步。第五,效益性。沿黄上游黄金旅游带的构建可以带来最大化的经济效益、社会效益和生态效益。通过构建区域旅游合作带,发挥旅游资源的比较优势,利用乘数效应、产业聚集效应实现经济发展。

二、"一带一路"背景下沿黄上游黄金旅游带构建

"一带一路"倡议是丝绸之路经济带和21世纪海上丝绸之路的简称,是由习近平总书记提出的。"一带一路"倡议旨在各国在互利共赢的基础上打造利益共同体。沿黄上游区域的旅游发展应紧密结合"一带一路"建设,通过区域合作,以点带线,以线连面,逐渐扩大区域,实现合作共赢。

青海多举措并施,积极推进"一带一路"建设。从位置上看,青海是"一带一路"建设的交通要道。2015年,青海省政府工作报告提出,打造与丝绸之路沿线国家和周边省(区)航空、铁路、公路有效对接的现代交通网络,与沿海沿江地区加强区域通关一体化合作,建成曹家堡保税物流中心。着力把"一带一路"建设与区域开发开放结合起来,加强新亚欧大陆桥、陆海口岸支点建设。在文化

商贸交往方面，与土库曼斯坦互办文化节，将青海三大展会与"一带一路"紧密结合，加强各方交流合作。

甘肃自古便是古丝绸之路的咽喉要道和精华路段。自"一带一路"倡议提出后，作为我国向西开放的重要门户和次区域合作战略基地，甘肃加快了与沿线国家互联互通发展，于2014年5月正式印发了《"丝绸之路经济带"甘肃段建设总体方案》，提出要建设丝绸之路经济带甘肃黄金段，构建兰州新区、敦煌国际文化旅游名城和中国丝绸之路博览会三大战略平台，不止要使其成为经济走廊，也要将其打造为人文走廊，努力建成向西开放的纵深支撑和重要门户、经贸物流和产业合作的战略平台。

宁夏积极落实国家"一带一路"倡议，建设成为打造丝绸之路经济带的支点。2015年，宁夏出台《关于融入"一带一路"加快开放宁夏建设的意见》，以宁夏内陆开放型经济试验区为平台，开放通道，以打通交通基础设施建设关键通道关键节点为重点，加快对外开放的步伐，将多维立体的宁夏开放给世界。

内蒙古作为国家向北开放的门户，以"一带一路"倡议为契机，积极进行转型发展。内蒙古应在"一带一路"建设中抓住机遇，选准定位，主动融入，发挥作用，创新模式，积极推进区域合作共赢发展。

第二节 沿黄中下游黄金旅游带的构建

根据沿黄黄金旅游带构建的总体思路，建设以延安、太原、大同等城市为主要依托的，以晋商文化、革命圣地文化、佛教文化为主题的晋陕黄河旅游区（圈），以陕西、河南、山西、山东等省为重点，构建以西安、洛阳、郑州、开封等古都为主要依托的陇海黄河文明旅游隆起带，构建以济南、曲阜、泰安、东营等城市为主要依托的，以"圣山圣水圣人"为主题的山东沿黄黄金旅游带，建设河南隋唐大运河精品旅游走廊。

一、建设晋陕黄河旅游区（圈）

陕西和山西处于黄河中游，两省具有较为相似的文化背景，同时又具备不同的自然风光。陕西的陕北、关中、汉中分别有黄土高原风光、渭河谷地、汉中平原的地域特色；山西主要分布于黄土高原，同时具有西部的吕梁山脉、东边的太行山脉、中部的汾河谷地的地域特色。两省借助黄河形成相似的文化旅游资源，从沿黄黄金旅游带的宏观角度来看，两省具有协同发展的基础。从山西与陕西各自发展的角度分析，两省又具备不可复制的独特性发展条件。在"十三五"旅游规划的内容上，两省不约而同地都提出"文化强省"的口号。山西省鼓励引导红色经典、宗教古建、晋商文化、寻根问祖、黄河风情、太行山水、吕梁风光等旅游板块的产业集聚、品牌塑造和精品线路的打造。陕西省围绕"一带一路"旅游核心区、华夏文明传承地这两项核心工作，提出陕西旅游文化产业的转型升级，着力打造"一圈、两地、三线、四板块"。"一圈"指临潼主城两小时旅游圈；"两地"指东方文化旅游目的地和休闲度假旅游目的地；"三线"指秦唐大道、凤凰大道和秦汉大道沿线；"四板块"指以烽火台为代表的周文化景区板块，以兵马俑为代表的秦文化景区板块，以鸿门宴为代表的汉文化景区板块和以华清宫为代表的唐文化景区板块。这样从全方位、立体角度打造陕西旅游开发。旅游是文化发展的载体，文化是旅游发展的保证，晋陕黄河文化旅游区的构建具有相同的产业需求。

晋陕黄河旅游区（圈）是以延安、太原、大同等城市为主要依托，以晋商文化、革命圣地文化、佛教文化为主题，以陕北高原和山西省为主的区域型旅游区。

（一）晋陕黄河旅游区（圈）的成因

1. 促进晋陕两省旅游业区域合作是必经之路

区域合作目前已成为世界产业发展的必经之路。旅游业作为包容性较强的产业，对区域合作的需求更高。良好的区域旅游合作有利于促进区域间经济合作及互利的质量提升。中国的旅游业在改革开放后实现了跨越式发展，经历了从无人问津到成为国民经济支柱产业、从各自为政到区域间合作发展的转变。尽管目前仍存在个别的景点间竞争，但区域间旅游对比与竞争的大环境业已形成。在实现可持续发展的目标下，督促区域间实现合作与共赢是避免旅游主体恶性竞争、实现供给侧改革的必由之路。

我国在区域旅游合作中已经实现了长足的进步，一些省（区）间的合作取得了明显的成效。例如，京津冀、长三角、珠三角、环渤海等是以国家级协同发展区作为平台实现区域旅游发展的典范，为其他地区间的合作提供了现实参考。陕西作为"丝绸之路"的重要沿线省，借助当前"一带一路"的大背景，同时作为资源大省，近年来大力发展非资源产业旅游业。其主打的三秦文化、宗教文化、黄河文明游，可与"一带一路"的起点形成完美组合，形成"晋陕黄河文化"旅游区与相近旅游文化的结合发展形势。

2. 促进晋陕两省旅游业可持续发展的必要举措

实现区域旅游的真实合作是晋陕两省实现自身旅游业稳定、持续、快速发展的必由之路，是破除行政壁垒、实现区域旅游合作的突破口。两省在旅游资源、资本、人力资源及市场开发上具有类似的劣势，因此出现了大规模的景区重复建设、地方保护主义与旅行社价格战。这些成为两省间合作的障碍。晋陕两省应以互利方式开展区域旅游合作，在旅游资源优化整合的基础上，加大旅游基础设施的建设，开发新的旅游线路，改善并提升旅游环境，开发区域间旅游品牌，实现客源和市场营销间的合作营销，破除障碍，并着力解决同行业恶性竞争、价格竞争及欺诈行为等问题，最终促使晋陕两省旅游圈实现高质量、高品位的转变。这是实现可持续发展的重要措施。

3. 满足游客跨区域旅游需求的必要途径

随着国民经济收入的提升和游客旅游体验需求的增加，更多的旅游者希望在一次旅游行为中体验到更多的旅游产品，从而获得更多的娱乐感、参与感及知识累积。这种多元化的需求仅能通过区域间旅游合作才能实现。因此，对于一个优秀的旅游目的地来说，单个实体是无法比拟联合实体的，多个实体的合作能够形成更深的实力。陕西和山西的合作从交通条件来看，具有天然的优势。由于山西地形条件和传统的交通条件，山西西南部容易到达陕西华山、渭南、西安等旅游景区。这也从旅游资源组合角度给区域旅游发展提供了保证，也满足了游客跨区域旅游的需求。

（二）晋陕黄河旅游区（圈）的发展模式

1. 沿黄河发展的晋商、陕商文化与会馆商业文化旅游

山西旅游主打"晋善晋美"。对于人文资源丰富的山西来讲，晋商文化旅游区的经典在于其大院文化、会馆文化。晋商作为古代的商人集团，每个成员都有着不同的学识、思维及价值取向，但这些均表现出深厚的中国传统文化。而晋商文化的精神支柱——关公的个人崇拜也是晋商文化底蕴的重要依托。陕商在清代商业中也有显著发展，只是相比于晋商来说起步较晚，但是陕商对边疆地区与内地的发展起到过重要作用，特别是茯茶、马匹、毛皮等少数民族地区需要交换的物品。明朝、清朝之际，由于经济制度及市场调控，经商存在巨大风险。商人们在许多地方都建立了晋商会馆。会馆文化资源丰富，其保留的人文景观不仅成为建筑艺术的直观体现，亦是对晋商进行思维引导、道德教育的良好载体，为晋商拥有良好诚信形象、合作精神做出了巨大的贡献。山西大院、山西会馆、陕西会馆等人文景观结合其商业文化内涵，挖掘商业文化旅游资源的内外表现，成为当前晋陕古代商业文化发展的方向。

2. 黄河壶口瀑布及晋陕大峡谷成为两省共建的黄河旅游资源

黄河壶口瀑布地跨山西和陕西两省，是国家地质公园。山西已经对其进行大力开发，陕西也在《陕西省旅游业"十三五"发展规划》中提出加大力度对其进行开发。黄河壶口瀑布作为黄河沿线的旅游景点，可以带动晋陕两省共同开发黄河秦晋大峡谷休闲旅游景区项目，其中延安市黄河段主要开发建设黄河文化旅游廊道，并已经将其写入《陕西省旅游业"十三五"发展规划》当中。这种由点带线的旅游开发过程，不仅符合当前"一带一路"倡议的号召，而且对两地的生态旅游资源保护起到了协调作用。同时从壶口瀑布来讲，可以从黄河下游出发，对壶口瀑布上游的延安旅游起到丰富和推动作用。延安市和吉县不仅可以依托传统红色旅游产业，同时也可以依托黄土高原的独特自然环境的资源禀赋，将其作为中心，成为新的旅游发展动力。两省共建黄河壶口瀑布的发展也将成为两省共同打造旅游文化相互合作的起点，持续推动各方面的合作与协调。

3. 晋陕宗教旅游资源的利用

陕西和山西宗教资源丰富。陕西大雁塔、大慈恩寺、法门寺等拥有佛教资源，山西五台山、恒山、绵山拥有佛教和道教资源。两者相互补充，其不同朝代的宗教资源禀赋吸引着游客。体验不同宗教文化、不同朝代宗教文化是两省宗教旅游的文化内涵。两省本身就已经开发成熟，借助沿黄河黄金旅游带的发展，打造较过去更为丰富的旅游线路。宗教文化不仅吸引普通游客，每年还会有大量的宗教信众参与，使原来单一的宗教圣地发展成为体系化宗教旅游项目，这也是黄河宗教旅游综合发展的主要方面。宗教旅游的发展，对维护社会稳定、保护传统文化等方面也可以起到重要作用。两省不同朝代、不同宗教的旅游资源具有相互补充发展的天然优势。

4. 大力建设晋陕两省历史文化名县、名镇、名城

陕西省要充分发挥名城古镇、历史街区的文化价值和旅游价值，重点推动文化和旅游的功能融合、产业融合、经营管理融合，其中陕西省有476个文化和旅游融合发展重点城镇。山西省也具有大量的历史文化名镇。由于山西省的历史原因和地形封闭因素，大量明朝、清朝和民国传统城镇得以保留，这将作为山西省发展旅游文化名县、名镇、名城的主要资源。山西和陕西两省联动发展历史文化名县、名镇、名城，对沿黄黄金旅游带的整体历史文化发展有一定的联动作用。黄河旅游不仅有自然风光的体验，还应该有沿黄河历史人文旅游的体验，借助陕西和山西保留的历史文化名县、名镇、名城等资源，促进两省历史文化旅游的全面发展。

（三）晋陕黄河旅游区（圈）的发展对策

1. 晋商文化的整合再开发

晋商文化旅游区之中，大院、会馆遍布于整个山西省。由于数量众多，其独特性便相对降低，这就变相降低了游客们的重游意愿。政府应整合现有会馆、晋商大院资源，将晋商文化视为整体，统筹发展晋商文化中的大院文化，保证其未来的可持续发展能力。这就要求，不仅发展本省晋商大院文化，也要走出去与陕西省进行合作，帮助陕西省挖掘陕商文化的历史。其次，晋商大院、会馆的开发与保护要注意与周围原住民和已有景观的联系性，不能分而治之，如将乔家大院与平遥古城实现对接等。陕西商人文化在明清之际同样得到发展，只是之前学界和旅游发展少有研究。当前文化相似性的晋陕旅游发展，可以借助陕商在茯茶、布匹、马匹等传统领域的发展，借助当前陕西茯茶成功发展的案例，不断丰富商业文化旅游项目，不断丰富陕商文化的新发展，使陕商文化旅游项目与晋商文化相媲美。

2. 围绕黄河壶口瀑布国家地质公园的协调开发

要挖掘黄河旅游资源的文化内容需要做到以下几点。一是需要考究其中原真性的文化内容。黄河作为中华民族的"母亲河"，在华夏诞生及发展过程当中，在晋陕地区始终发挥重要作用。当代旅游的发展离不开黄河文化的深厚积淀。二是把已经挖掘出来的资源进行进一步的规范和提升。借鉴当前旅游发展成功案例，推广当前成功案例是"十三五"旅游规划发展的重点推动方向。三是注意挖掘因旅游发展所孕育出来的新旅游文化。黄河文化历史悠久，在新时代有新的文化要素注入，这也成为我们民族文化发展的根基。旅游产业是知识创新的现实载体，黄河旅游资源的文化性发掘应与旅游创新相结合，使黄河文化成为实体性的生产与经济要素，使其从无形变为有形，成为经济发展的新"牌"。发展黄河文化旅游，需要研究并开发建设一批具有黄河文化内涵的景点、博物馆、节庆活动，向世人展示黄河地域所拥有的核心特色，将厚重的历史文化浓缩于景点、博物馆、节庆活动之中，使游客获得更深层次的旅游体验与满意度水平。同时，对黄河文化进行旅游型开发有助于实现文化产业与旅游产业的协同发展。

3. 加强晋陕宗教文化旅游宣传力度

旅游产品的品牌效应滞后是晋陕宗教旅游发展的重要障碍。要改善这种现状，必须从以下方面着手：第一，普及新媒体应用并提升宣传幅度与频率；第二，使用网络营销手段来推销晋陕宗教文化旅游产品；第三，研究和开发晋陕宗教相关的节事活动，提高其美誉度。在宣传晋陕宗教文化旅游产品时，需要以地方性特色为核心，同时突出本地的历史特色，以努力拓展周边及国内客源市场为目标。在相应市场具备一定条件时，可尝试将晋陕文化旅游产品推向世界。

4. 促进晋陕历史文化名县、名镇、名城的可持续发展

文物保护与旅游发展一直以来是文化产业发展过程中的重要关注点。如何在保护中发展，在发展中提供保障是旅游业必须斟酌的问题。根据晋陕地区的旅游特色及国外景区的实践经验，晋陕旅游景区在开发过程中需做到以下几点。第一，加强景区原住民的文化传承与保护教育，使他们认识到历史文化名城的重要性，特别是山西省平遥古城发展的成功范例值得宣扬。陕西省也注意到历史文化名城在旅游发展中的重要作用，同时陕西省在《陕西省旅游业"十三五"发展规划》当中大力推进历史文化名县、名镇、名城等多元化的发展。第二，树立文化认同感。晋陕历史文化的相似性决定当地有相似的文化认同，对旅游文化的发展有一定的认同基础。第三，建立、健全相关法规，加强相关管理。历史文化名城、名镇的发展离不开政府的导向作用，要利用好相关法律法规，积极促成多个历史文化名县、名镇、名城多极化发展。第四，在开发与保护间关系的处理上，应秉持"只有高质量的开发才是对目的地最好的保护"原则。总之，对晋陕历史文化名城文化资源的开发应建立在有效保护的基础上，按需、有序、合理地发展，避免因开发而引起的文化旅游目的地资源遭受破坏或扭曲的情况，保证目的地的可持续发展性。

二、构建陇海黄河文明旅游隆起带

陇海黄河文明旅游隆起带是以陕西、河南两省沿陇海铁路的4座古城——西安、洛阳、郑州、开封构成的辐射中原大地，涵盖多种自然地理景观、文化类型的区域特色型旅游带。

（一）陇海黄河文明旅游隆起带的形成

首先，复杂及多样的自然环境使得该地区拥有多样性的自然资源与生存空间，不论是山系、气候，还是农业发展，都拥有着得天独厚的历史性优势；纵横交错的水系和坦荡的平原为水陆交通提供了运输的便捷条件，郑州、开封、洛阳、西安之间水系交叉，公路铁路运输发达，尤其是近年开通的郑西高铁和郑开城际铁路使得4座城市之间的交流沟通变得更为便捷与紧密。

其次，农耕文化和游牧文化的交叉使得该地区的文化碰撞与融合紧密而明显。在古代中国，城市的选址一向讲究因地制宜、顺应自然、天人合一等各种"天地

人和"的哲学思想。郑州、开封、洛阳、西安 4 座城市的选址正是基于以上观念，形成了不同时代的都城，并因此流芳百世，形成了强大的城市旅游资源基础。

综上所述，郑州、开封、洛阳、西安形成的陇海黄河文明旅游隆起带源于优质的物质资料基础与深厚的社会人文积淀。郑州是早期人类活动的地区，拥有大量的历史遗址；开封位于华北平原，成就了"八朝古都"及北宋王朝的辉煌；洛阳是中国历代帝王争相建都的地域，"九朝古都"便是最好的证明；西安处于关中核心地带，作为世界四大古都之一，拥有秦始皇兵马俑、大雁塔等世界遗产名录，名闻世界的唐王朝在西安留下了传世的缩影。4 座城市各具特色，拥有广泛的旅游资源。在高铁等便捷交通资源的带动下，将沿黄的 4 座城市构成区域型旅游带不仅能优化城市的旅游资源配置，促进旅游文化的传承发展，还有利于带动黄河沿岸、高铁沿线城市的旅游经济发展，从而真正实现区域旅游带的可持续发展。

（二）高铁对陇海黄河文明旅游隆起带的影响

陇海黄河文明旅游隆起带的发展以郑西高铁、郑徐高铁为纽带，构成以黄河文明为核心的东西走向区域型综合旅游带。

高速铁路的主要优势在于其效益高、运量大、占地面积少、安全性能高、舒适性强、全天候无障碍运行且节能环保。

郑西高速铁路专线是中国"四纵四横"客运专线规划中徐（州）兰（州）铁路的中段，东起郑州，西至西安，延长至宝鸡。该线于 2010 年 2 月正式投入运营，使郑州至西安间的旅行时间由过去 6h 以上缩短至 2h 以内，铸就了两大城市之间的"一日交通圈""一日生活圈"。郑州至徐州高速铁路是国家《"十二五"综合交通运输体系规划》中的区际交通网络重点工程，与国家东西交通大动脉陇海铁路、连霍高速公路平行，西起郑州东站，东至徐州东站，途经河南郑州、开封、商丘，安徽宿州（砀山、萧县），江苏徐州。该线于 2016 年 9 月 10 日正式开通运营。

郑西高铁、郑徐高铁、郑开城际铁路沿线的西安、洛阳、郑州、开封等城市均拥有悠久的历史文化背景，在中华文明的画卷上均有着浓墨重彩的一笔。沿线的兵马俑、华山、白马寺、龙门石窟、少林寺、黄帝陵、开封府、包公祠、铁塔、清明上河园等各类知名景点即可组团成为一条黄金旅游线路。在郑西高铁、郑徐高铁的基础上，西安、洛阳、郑州、开封形成了一条三小时旅游圈，3h 内可以通达四地的任何一处。这种交通的便捷性为地方客流的增加创造了极大的可能性，同时也为该地区旅游产业的发展与结构调整带来了新的空间。

（三）打造陇海黄河文明旅游隆起带

1. 打造陇海黄河文明旅游隆起带的基本对策

完善旅游基础服务设施。星级宾馆是旅游目的地接待能力的实力体现。随着高铁的开通、客流的增加，现有的星级宾馆数量已然不能满足当前的旅游需求，增加床位是将游客留宿在城市、提升旅游经济、提高重游率与游客满意度的重要措施。除此之外，旅游服务中心也是旅游基础服务设施的核心场所。随着游客的涌入，其必然对城市旅游的方式、交通、餐饮、景点、宾馆等产生大量疑问。旅游服务中心的合理分布将有利于疏导节日客流的压力。除此之外，应着力打造各市旅游网站与新媒体服务号，用专业的、高品位的推广，展现陇海黄河文明旅游隆起带的新风采。

推出精品旅游线路，打造特色旅游产品。特色旅游产品的开发关乎地区旅游的发展可持续性，休闲度假游、养生旅游、研学旅游、温泉旅游、节事旅游、奖励旅游等都是四地亟待开发的旅游项目。各市旅行社应联手制定不同特征、满足不同游客需求的旅游线路，如古都游、山岳游、温泉游等一日或两日短线游，或"乘高铁、泡温泉、看山水、听豫剧——陇海沿黄民俗文化四日游"游遍4座古城等高质量线路。

开展四市旅游合作。高铁的开通加强了西安、洛阳、郑州、开封四市间居民的交流与联系，产生了巨量的旅游需求，使得各地社会间的发展步调逐步协同化发展。四市的旅游合作一方面是河南省与陕西省之间的深度合作，另一方面也是郑西高铁、郑徐高铁沿线城市间的带状区域合作。

2. 郑州、西安、洛阳、开封等古都支撑沿黄黄金旅游带的核心区建设

西安市是打造黄河文化旅游城市的不二之选。西安市的休闲化、游憩化改造思路对其历史文化名城的建设有着极大的促进作用，但仍有一些内容拥有提升空间，如智慧旅游产品的开发；提升秦始皇帝陵博物院、华清池《长恨歌》、黄帝陵、大雁塔、大唐芙蓉园、法门寺等重点历史文化景区的品质，深入挖掘产品的文化内涵，采用多元手段进行"资源活化"，打造具有全球影响力的旅游文化标识。重点将城墙·碑林、大明宫国家遗址公园、楼观道文化展示区、乾陵、周公庙周文化旅游区、韩城文化旅游区建设成国内一流、世界著名的旅游景区，并力争建成一批国家5A级旅游景区；借助国家"一带一路"倡议和"丝绸之路'长安—天山廊道'路网"进入世界文化遗产名录的机遇，进一步丰富和充实丝绸之路旅游

的内容，打造"丝绸之路起点游"旅游产品，为丝绸之路整线旅游产品的开发奠定基础；树立全域旅游理念，按照旅游供给侧结构性改革要求，努力把西安建成极具东方神韵的国际一流旅游目的地城市。

在"一带一路"倡议的背景下，研究和探索黄河流域的古都文化、路上丝绸之路文化、姓名文化、佛教文化、根亲文化、黄河文化等都是河南省可以把握的重要机遇点，而一些研学旅游线路、民俗旅游线路、红色旅游线路亦是可以改善与提升的区块。具体来说，要以嵩山历史建筑群为载体，以儒、释、道文化圈为主轴，打造嵩山世界文化遗产旅游目的地。以龙门石窟、白马寺、玄奘故里、汉魏故城、隋唐遗址为依托，打造以佛教文化为主题的世界级文化旅游目的地。整合中华始祖文化和姓氏祖根文化资源，打造"记忆中原、老家河南"品牌，建设面向全球华人的根亲文化旅游目的地。整合文化旅游资源，以古都开封为依托，以清明上河园为龙头，打造大宋文化旅游园区，使开封古城成为演绎大宋文化的国际旅游目的地。以殷墟大遗址公园和中国文字博物馆为依托，整合二帝陵、姜里城、曹操高陵等资源，打造以殷商文化为代表的世界级文化旅游目的地。整合具有国际影响力的少林武术、太极拳、杂技等资源，发挥其品牌效应和组合优势，着力打造在国际上有重要影响力的功夫旅游目的地。在大黄河之旅国家精品线路的基础上，整合沿线生态、人文资源，丰富休闲、体验和度假产品，重点建设函谷关、天鹅湖、中流砥柱、黄河丹峡、仰韶大峡谷、龙潭大峡谷、黄河三峡、小浪底大坝、西霞院景区、陈家沟、嘉应观、河洛康家、楚河汉界、郑州黄河风景名胜区、新乡黄河湿地鸟类国家级自然保护区、开封悬河旅游区、濮阳黄河生态旅游区、商丘黄河故道湿地等景区，将河南省的黄河两岸建设成为绿色生态走廊、历史文化走廊、休闲度假走廊，成为荟萃华夏文明、凸显生态黄河的国际旅游精品带，打造一条集世界文化遗产、中华古都群、黄河湿地生态于一体的沿黄黄金生态文化旅游带。

抓住自贸试验区建设的重大历史机遇，河南省应以发展全域旅游为抓手，优化洛阳、开封、郑州三地的旅游资源配置，打造国内顶级、国际知名的中华文化旅游目的地，支撑沿黄黄金旅游带的核心区。其中，郑州要发挥作为华夏历史文明传承创新核心区的优势，依托登封少林寺和新郑黄帝故里两个世界级旅游资源，抓好"少林"和"黄帝"文化旅游产品的开发和提升，继续培育少林国际武术节、黄帝故里拜祖大典、世界旅游城市市长论坛等节事活动，打造国际化的旅游景区，形成"功夫郑州"和"拜祖圣地"两个世界级的旅游品牌；积极推进大运河世界遗产郑州段、大河村遗址、郑韩故城、新密古城寨等考古遗址公园展示利用，打造文化旅游特色产品；加快商城遗址的旅游产品开发，推进老商城、塔湾古街等项目建设，规划建设清真美食街区和民族文化街区，着力打造集历史、文化、艺术、创意和科技为一体的商都文化创意旅游示范区。洛阳要持续强化洛阳的"华夏之源、丝路起点、千年帝都、牡丹花城"品牌打造和形象推广，加快建设洛阳都市文化旅游中心区和黄河文化旅游带、洛河文化旅游带、伊河生态休闲旅游带，加强龙门石窟世界遗产文化园区、白马寺佛教文化园区、关圣文化园、国家考古遗址公园、老城历史文化街区、玄奘文化景区、二里头遗址博物馆等项目建设，推出丝绸之路游、国学研修游、河洛寻根游、黄河文化游、生态山水游、温泉养生游、博物馆游、工矿体验游、特色乡村游等精品旅游线路，将洛阳建设成具有黄河古都特色、中原风格的国际文化旅游名城。开封要深度挖掘开封宋文化，塑造大宋皇城、北方水城、汴京菊花、铁面包公、味道古都等五大旅游品牌，实施文化旅游创新、景区质量提升、旅游产业整合、整体环境保护、旅游产品升级、旅游综合体建设六大工程，策划宋文化体验游、民俗风情游、遗迹奇观游、名街名巷游、黄河生态游、乡村休闲游、研学体验游等七大主题旅游线路，打造黄河生态文化旅游区、童世界文化旅游园区、银基文化产业园区、朱仙镇国家文化生态旅游示范区（启封故园）、尉氏休闲生态园区五大旅游增长极，将开封建设成全城一景、宋韵彰显的国际文化旅游名城。

三、建设山东沿黄黄金旅游带

以济南、曲阜、泰安、东营等城市为主要依托，以齐鲁文化为底蕴，以泰山等自然资源为核心，充分发挥大运河的世界遗产价值，构成以"圣山圣水圣人"为主题的山东黄河黄金旅游带。

（一）山东沿黄黄金旅游带的成因

高品位、数量大的古迹旅游资源。齐鲁大地历史文化遗产非常丰厚，分布十分广泛，有历史文化名城国家级6座、省级9座，有不可移动文物16 000多处（其中重点文物保护单位国家级36个、省级379个）、馆藏文物70余万件，包括属于旧石器时代的沂源人遗址及新石器时代的北辛文化、大汶口文化、龙山文化、岳石文化等古文化遗址。它们反映出齐鲁文化的源头，对游人有种神奇但又很亲切的感召力；部分极品性的历史遗迹造就了山东文化旅游的名牌产品，并成为中国文化旅游的拳头产品和世界文化旅游的胜地；齐文化遗迹中的东周殉马坑、车马坑、晏婴墓、纪国故城、即墨故城、齐长城遗址等同样受到国内外游客的高度关注。这些遗址、古建筑分布在全省各地，作为齐鲁文化的凝结和载体，形成了文化性旅游资源极具旅游吸引力（王宜虎，2003）。

依托齐鲁文化底蕴形成的民俗文化聚落。民俗文化是人民群众在历史进程中通过生活、生产、体验与改善逐渐形成的具有一定固定性的行为、生活、思维、价值准则。它具有浓厚的历史性，也具有全面的客观性。齐鲁之滨在中华文化中素以淳朴憨厚著称。山东地区的民俗文化主要包含了：①信仰文化民俗，如山东省境内的各类庙宇、神像、剪纸、年画、祭祀活动及在此基础上产生的舞蹈、戏曲等；②生活生产文化民俗，如食、住、行、游、购、娱方面的各种生活民俗文化及江河湖海有关的渔民文化，丘陵地区的农耕、纺织、家禽饲养民俗文化等；③节事文化民俗，如山东潍坊的风筝节、山东曲阜祭孔大典、山东烟花节等。这些都是齐鲁文化最直接的表现，能够对游客产生巨大的吸引力。

（二）山东沿黄黄金旅游带的构建路径

加强济泰曲三地旅游交通建设。根据济泰曲三地市域特征及布局特点，以济南、泰安、曲阜之间的城际列车、自行车、自驾游等旅游交通为连接点，基于三地丰富的旅游资源，建设若干项具有省域竞争力的跨行政区划旅游城市集群。通过城市之间的团结与联系，破除行政上的壁垒，实现旅游资源的优化再分配，以共同推动单个城市的旅游竞争实力。通过政策、价格、旅游产品研发、交通等旅游生产要素的统一规划布局，形成大旅游共同体，互惠互利。通过三地共建的、具有一定行政能力的区域旅游委员会管理协调旅游区间的问题与发展，统一区域内交通标志、行业标准、法律制度、基础设施建设布局等，实现区域旅游一体化。以曲阜为核心，将周围孔文化覆盖区与传承区的资源整合，形成儒家文化旅游区域。充分发挥曲阜核心地位的作用，努力提升其他地区儒家修学文化资源的价值利用，大力推进相关重点项目的建设，巩固扩大儒家先贤文化旅游品牌的影响力。

实现济南、泰安一体化旅游发展。济南、泰安两地山水相连，历史同源、文化同根，具有厚实的区域合作基础；同时，两地资源、文化、城市又各具特色，以泰山为核心整合发展，可以实现优势互补、共赢发展。发挥泰山在济南、泰安两个城市间的连接作用。泉水是济南城市自然景观和文化景观的主要特征，可以以天下第一泉、明府城、七十二名泉、雪野湖等景区为核心，实现合作、连接，形成城市区块链的休闲化、游憩化与外向化。实现济南旅游空间格局的重构，构建完整意义上的济南旅游圈层结构。济宁是轩辕黄帝、少昊、孔子、孟子、颜子、曾子、子思子七大圣人的故乡，也是中华文明重要发祥地和儒家文化发源地，应以文化朝圣、国学研修、历史体验为主要内容，构建东方文化旅游胜地，打造国际研学朝圣旅游目的地和中华优秀传统文化观光体验胜地，在空间布局上以儒学文化发源地曲阜、邹城两座历史文化名城为主体，建设曲阜优秀传统文化传承发展示范区和中华传统国学研学旅游示范区。

建设鲁风运河旅游品牌。大运河山东段，是中国大运河的重要组成部分，全长643km，由北至南依次经过德州、聊城、泰安、济宁和枣庄5个城市，支线延伸到菏泽市，被誉为"山东的莱茵河"。大运河山东段在山东境内跨黄河、穿"水脊"（汶上南旺），是大运河历史上维修保护工程技术最复杂、通航条件最困难的河段，也是流经区域最长、施工难度最大、科技含量最高、文化资源最丰厚的河段。山东被列入世界遗产名录的有 8 段河道、15 处水工设施和辅助建筑及衍生工程，总面积 16 603 hm²、缓冲区面积 2950 hm²。运河沿线的德州、临清、东昌、张秋（今阳谷）、济宁、台儿庄，均为历史上交通转输和贸易的重镇，积淀了深厚的运河文化，留下了丰富的历史文化遗存。其中，济宁市还是元、明、清三朝的京杭大运河最高管理机构——"运河总督河院署"的所在地，素有"运河之都"的美誉；德州被称为"九达天衢、神京门户"，当年仓储物流业十分发达；临清是重要的钞关，有"天下第一码头"和"小天津"之称，谓之"南有苏杭，北有临张"；汶上南旺是京杭大运河的"制高点"，白英治水的戴村坝、南旺分水枢纽工程被誉为"江北的都江堰"；微山湖南阳作为京杭大运河沿线四大古镇之一和乾隆下江南的下榻之处，被称为"湖上明珠"；台儿庄闸坝林立，"入夜一河水火，歌声十里，夜不罢市"，被誉为"天下第一庄"。据不完全统计，山东省运河沿线现有古遗址 190 多处、古建筑 16 处、古墓葬 10 处、国家级历史文化名城 3 座、国家重点文物保护单位 11 处、国家森林公园 1 处、省级森林公园 2 处、省级自然保护区 2 处、省级风景名胜区 4 处，市县级文物更是星罗棋布，且运河沿线民风淳朴、风景秀丽、具有众多美食名吃。重点依托枣庄、济宁、泰安、聊城、德州等市相关旅游资源而打造的"鲁风运河"旅游品牌是山东省重点打造的十大文化旅游目的地品牌之一。可以以此作为主要产品来构建山东西部隆起带上的特色文化带、人工运河水生态景观带、运河新经济带，形成具有国际示范意义的历史文化遗产廊道，开发运河遗产观光、运河文化体验、运河城镇休闲、水利科技研修等旅游产品，打造国际知名的大运河世界文化遗产旅游带[1]。台儿庄古城是运河文化的典型代表。近年来，枣庄市在遵循"留古、复古、扬古、用古"理念的基础上，历时 3 年多融合了中国八大建筑风格，在古城的原有风貌上再现了其南北融合的特征，被誉为"运河文化的活化石""中国民居建筑博物馆"，实现了传统文化与现代功能、物质文化遗产与非物质文化遗产、文化景观与文化空间的有机结合，已成为全国首个国家文化遗产公园、首个海峡两岸交流基地、国家级文化产业试验园、国家版权贸易基地、5A 级旅游景区。今后要发挥好台儿庄古城在打造鲁风运河旅游品牌中的龙头驱动作用，大力开展立体营销，不断开拓运河旅游市场，全力打造"鲁风运河"文化旅游目的地品牌。

---

[1] 潘晓泉. 2017. 德州运河将再添新名片. http：//www.dezhoudaily.com/p/1258092.html?spm=zm1353-001.0.0.3AdYbo. ［2020-07-19］.

第三节　开封城墙型"空中花园"及休闲旅游带建设[①]

开封城墙是我国现存的规模最大且最为完整的城墙之一。如何有效地保护这类体系庞大的文物，在当今城市化背景下依然是一个挑战。结合国家经济、社会、文化发展进入新阶段的新需求，分析开封的资源禀赋条件与城市发展的可能性，提出开封应借鉴对不可移动文物的合理性利用的保护经验与做法，依托古城墙这一优势突出的历史文化资源，顺势而为，建设城墙型"空中花园"立体景观带与环城休闲旅游带，既为保护该文物找到有力抓手，又切实推进特色城市建设、实现文化与生态的双重惠民、促进该市作为支柱产业的文化旅游业的发展等。

一、开封建设城墙型"空中花园"立体景观及休闲旅游带

（一）时代性：研究主题提出的城市发展新背景

围合与封闭的城墙是历史上我国绝大多数城市的标志。通常而言，无城不墙。只不过近代以来，城墙的作用日益弱化与下降，并不断遭到人为的毁损与自然的破坏，渐次退出实用功能的舞台和人们日常的视域。然而，虽然如此，但还有一些城市保留了完整的或残缺度不一的城墙。在新的历史条件下，城墙的价值再次被发现。由此，一场保护与利用城墙的活动重新在各地启动，如西安、南京、平遥等。这些城市从接续文脉、创建特色城市、发展旅游文化产业等角度出发，整修乃至恢复、重建古城墙，可谓是各有招式和办法。不过，综合分析与对比我国目前还保留着古城墙的城市，开封是在保护与利用方面极具后发优势的城市之一。一言以蔽之，开封应当依托古城墙这份宝贵资源，紧密结合社会、民生、时代等发展的新要求，把文物保护工作主动嵌入到城市有机更新的过程中，别出心裁地建设"空中花园"式立体景观带和环城旅游休闲带，积极探索在文物古迹的保护与利用上的新突破。

从宏观的层面研判，开封建设城墙型"空中花园"立体景观带与环城休闲旅游带，是难得的历史机遇与时代使然。这需要从探讨开封的城市个性与我国城市整体发展在目前所出现的转型入手。

开封是我国八大古都之一，也是八朝古都，是黄河流域时间跨度颇大的古代都城体系中耀眼的明珠之一。中国历史上第一个王朝——夏——曾在开封长期建

[①] 原文刊发于：李麦产，程遂营. 2015. 开封建设城墙型"空中花园"立体景观及休闲旅游带研究. 中国名城，(9)：36-46.

都。商朝的时期，开封地区近在王畿之侧——抑或即在王畿之内。进入东周，开封先是作为春秋时代郑国的疆土从而得到拓展、开发，其后又在公元前4世纪的时候成为战国时候的魏国的都城，在风云变幻的历史舞台上绘就了浓墨重彩的画卷。到了隋、唐，开封因运河漕运而再次勃兴。五代的时候，后梁、后晋、后汉、后周迭次在开封立国。赵匡胤等发动陈桥兵变，建立北宋王朝，以开封为帝都，并使其达至中国封建城市发展史上的一个高峰，城市规模、市民生活与城市经济和科技文化等都获得了充分自由的发展。宋廷南迁临安（今浙江杭州）后，金人承袭其窠臼，亦以开封为都。元、明、清三朝，开封虽然告别了都城时代，但一直保持着区域性核心城市的地位，甚至最晚到1954年之前，开封还是省会城市。开封历史悠久而文化厚重，当然值得对各种历史文化资源进行大力挖掘和广泛的宣传、保护与利用。

　　开封地处我国北方的黄河之滨、平原之上，水源充足、地力肥沃、气候温和、季节分明，而且交通便利。在漫长的传统农业文明时代，开封具有优越的区位优势，不仅直接毗邻的经济腹地博大、宽广，而且还可以通过济、黄、汴、泗等河流运输，联系更加遥远的地方，譬如江淮等。为了实现和发挥这种区位优势，甚至有时候不得不有意轻视或忽略开封在军事防御方面的短板：开封缺乏山岳关隘的屏障，是一个"四战之地"。对于这一点，战国时人们已经意识到了开封的地理位置、地形地势在军事防御上的不足。例如，魏惠王把国都从安邑（今山西夏县）迁到大梁（即开封）不久，魏国曾在一段时期在战国诡秘多变的角逐与争斗格局中发挥过较大影响与作用，其风云际会的核心就在大梁。然而，战国著名纵横家张仪在给惠王之后的魏哀王的说辞中明确指出魏国及大梁的缺陷，"地四平，诸侯四通辐辏，无名山大川之限"，"梁之地势，固战场也"，"此所谓四分五裂之道也"[①]。但是，魏国及以后诸多朝代之所以还要在此建立都城，做出次优选择，实质是运河时代的开封在物质财富的生产与集散等层面具有突出的便利，是同时代其他城市所不能比拟的。

　　不过，时过境迁。今日开封在自然条件上不但少有优势，而且其资源禀赋还具有不均衡的一面，就是土地、光照、水源等农业资源丰富，而发展现代工商业所需的能源与矿产等贫乏，资本亦缺乏，传统时代的交通便利也不再拥有。开封位于冲积扇平原，远离山地、丘陵，地之所出唯有谷物等农产品，缺少发展工矿与工商业的有利条件。在实施工业化并以工业化实现和带动现代化的相当长的一段时期内，开封前进的步伐显得沉重与缓慢。

　　几乎与此同时，现代交通格局的形成与国家建设新局面的出现，也没有赋予

---

① 出自《史记卷七十·张仪列传》。参见：司马迁. 2006. 史记. 北京：中华书局：434-435。

开封额外的惠顾：先是河运逐渐淤塞、湮灭，后是铁路、公路、航空等异军突起，因河而兴的开封城市地位不断下降，遂日渐远离都城时代与区域性中心城市的辉煌，逐渐成为一个普通的地方性城市，而繁华与梦想也变成了这个城市的印记与符号，沉淀在关于它的各类文本记载里，譬如《清明上河图》《东京梦华录》等。在我国著名的八大古都里面，开封的城市命运或许在有着共同的荣光之外，更多一些酸涩的成分。

把开封这座城市放在我国当代庞大的城市体系与城市化格局中去审视，它的不利之处不言自明：是内陆城市，不是沿海、沿边城市，曾经的区位优势如今不再；连区域性核心城市的地位都已不保，无法享受相应的政策与制度利好；农业基础虽优，却不能从农业生产中获得较大收益，自然无法为城市发展提供强劲动力；很少从外部获得项目与资本的注入，而在今天又成了老工业基地，发展新兴工业自是举步维艰；等等。在其他城市秉承市场经济的力量而不断做强做大之际，开封舒缓前行，其城市人口数量甚至还不及一千年前北宋帝京时代。开封真的失去了重新振作的机会吗？

纵观世界，尤其是我国城市的发展史，我们能够发现，任何一个城市的发展道路都从来不是流线型的。从大的方面看，国家的经济、文化与军事、政治格局的变化或调整，会从根本上决定一个城市的兴衰或强弱、大小，从而影响与规制着该城市在城市体系里面的位次。我国古代不同时期的都城或者说是历史上的首位城市，之所以呈现一个从西至东、南北摆动的大趋势，是与纵向上渐次推进的国土开发走向，以及国家的经济、社会、文化重心的变化相一致的。自然资源的拥有量等先天禀赋，对城市的成长具有重大意义。然而，愈是晚近时期——尤其是进入知识经济时代，人类的创造才能、智慧因素等在社会、文化、生产与生活中的作用愈是不断得到彰显与拔高；城市发展所凭依的能发挥效应的资源条件开始出现新动向。

中国城市发展到今天，在城市化战略的背景下，仍然会继续保持一个较好的发展态势，在一定程度上仍可能呈现粗放扩张的路径依赖特征，但整个时代在经济、技术与社会环境上所出现的巨大变革，也将会调整城市化进程的具体方式。

目前，我国已经进入工业化发展的中期阶段，出现了工业制成品产能过剩的问题，而传统资源的瓶颈制约也越来越突出。我国又是世界上最大的发展中国家，人均资源占有量少。诸多情况表明，我国整体的经济、社会发展需要转型，而城市发展的固有路径与模式也必须一并进行调整。城市原来发展所依托的那些必要的资源禀赋，正在发生着悄无声息的潜在变化：从主要依赖于土地、矿藏、能源、资本、政策优惠等"硬资源"，开始向包括城市的社会生态环境、宜居性、创新与活力、历史文化传统等"软资源"迈进。

因此，耗费型、拼资源的城市成长道路必将无法持续，而历史文化资源等将会成为我国诸多城市在新时期重要的资源（李麦产，2015）。在高铁等大运量的快捷运输方式出现后，城市原来的区位重要性也在重新进行着调整。这些新情况的出现与变化，剔除或减轻了开封在以往城市发展过程中的不利与制约，却进一步把开封城市所拥有的底蕴厚重、历史悠久、文化资源丰富等优势特征给激发了出来。开封不仅有着文化资源的优势，而且城市发展的自然、社会、生态环境良好，没有工业密集与过度城市化地区所出现的空气污染物浓度过高、水体污染严重、交通拥堵等城市病。开封的城市体量与规模偏小，具备良好的成长性和建设未来美好城市的条件，有助于在未来进一步吸引与聚集优秀人才、优质要素。新的历史发展阶段已经赋予了开封一次难得的复兴机会。此时，其建设城墙型"空中花园"立体景观带与休闲旅游带，将是积极把握这一时代机遇的生动体现。

（二）必要性分析

如果按照传统的评价城市的标准与眼光来衡量，当今开封在很大程度上已是一座"泯然众人矣"的城市。然而，倘若从宜居的城市规模、良好的社会生态环境、厚重的历史文化积淀、蓄势待发的成长势头、积极的城市认同与美誉度等方面看，开封又极具发展潜力。仅仅在文化遗产资源的分布方面，即值得开封在当下的城市工作中予以格外的重视。虽然历史上长期受水患的影响，开封很多文物古迹都掩埋在当今地面之下，造成一个世所罕见的"城摞城"的城市，但仍然有大量的可读可见的文物传世至今。各等级、档次的文物充盈在整个旧城区之内，使得旧城区完全成了一个标准的城市博物馆——而城墙可谓是其中的一件杰作。

目前，开封老城区的道路系统、空间秩序、宫殿苑囿，以及寺观、碑塔等主要地标性建筑物的分布，均与城墙的框架作用、城门的纽带作用密切相关。开封丰富的历史文化资源，在空间呈现方面，就主要分布在这个城圈内。依托开封古城墙，建设"空中花园"式立体景观带与旅游休闲带，有利于把旧城区内呈颗粒分散状态分布的文化"珍珠"串起来，具有多重意义。

1. 有利于在文物保护与利用之间实现平衡创新

在讨论开封建设城墙型立体景观带和环城休闲旅游带之前，应该辨析文化遗产资源或不可移动文物的保护与利用的关系问题，即各种类型的文物在多大范围与程度上可以在保护的同时重新利用。

《中华人民共和国文物保护法》等相关法律法规及文博事业的相关技术性操

作规程如《中国文物古迹保护准则》等，都提到对文物资源的保护与利用的二重原则。除一些在性质或条件上不适宜利用的文物与文化遗产资源外，文物资源被重新利用是允许的，而且在不少情况下也是有益的。除静态的博物馆等保护之外，适度、适当地对文物资源进行利用，反而能够促进保护工作的深入、持续进行。尤其是对于城墙这类大型建筑物来说，其基本不具备完全封闭与隔离保护的条件与可能，即使在文物保护意识空前强化的今天，依然会遭受潜在的自然因素的损坏，譬如流水侵蚀、酷暑霜冻和自然风化等。倘若不进行日常的、动态的、投资巨大的维护与维修，现存的古城墙仍然难逃最终湮灭的命运——只不过这个过程会缓慢一点，时间上会延迟一些，不像当年的炮火纷飞等那样发挥破坏作用罢了。既然"静态"的保护模式不能很好地适应变化中出现的所有问题，在博物馆式的历史文化遗产保护模式也不是应当选择的正确道路的情况下，新型的保护体系就应该是适应城市发展变化的"动态"体系，实现"功能调整""文化提升"，让历史文化遗址与历史地区能够处于长期自我更新的状态（秦社芳等，2015）。

根据实测，开封古城墙总长度达14.4km，是国内长度仅次于南京城墙的第二大城墙，略长于知名度较高的西安城墙。这圈城墙长期以来存在着一个如何保护与利用、协调与城市发展关系的问题，其情形基本也与北京在城墙的保护与利用等上的困惑相差无几，只不过开封城市的次要地位、晚清以来较慢的发展速度、省会的迁移、最近这些年未曾出现的城市膨胀等因素共同挽救了这个城圈。然而，尽管如此，开封古城墙自辛亥革命之后，也在一定程度上影响了城市的现代发展，保护与发展的矛盾也无时不在，甚至有时候相当尖锐和突出。因此，对"古城墙的保护应当基于其多元的价值体系。全面而理性地认知城墙的历史、文化、情感和使用价值"，"从社会总体需求考虑各价值的关系"，进行古城墙的保护也要坚持"真实性、系统性和可持续性"等原则，而"系统性和可持续性"就是要恰当"协调城墙保护和城市建设的矛盾"，"古城墙保护应当建立动态整体的保护观"，"把城墙保护纳入到了城市的发展建设中"（付晓渝，2007）。建成城墙型"空中花园"立体景观带与休闲旅游带，或许有助于在保护与利用之间找到适宜的平衡点，并最终促进保护工作。

2. 有助于建设平原上的特色城市

我国各个城市经过最近数十年的繁荣经济、建设市政等初级阶段的发展，在城市外观方面基本上都已做到了"强身健体"。像北京、上海、广州、深圳这样的一线城市，与纽约、伦敦、东京、巴黎等世界名都的差异也不是很大了。然而，在城市的管理、运营及都市文明等方面，中外城市之间仍是差距明显。尤其令人遗憾的是，我们曾一度倾情与迷恋于欧美风格，模仿、复制与拷贝了不少人家的东西，这当然是可喜的学习与借鉴，但也由此也丢掉了中国传统城市固有的一些特征与色彩，造成城市的民族性与风格的丧失。在反省与检点后，国内越来越多的城市开始重视特色城市的营造，采用方法亦多种多样。而开封凭借历史悠久、文化积淀厚重、城圈完整等条件，有可能率先建成国际知名的文化旅游城市与平原上的特色城市，从而与众不同、彰显其独特魅力。

开封作为一座平原城市，不像山地城市或者沿海城市那样，可以凭借天然的地形地势发挥其比较优势的城市建设，从而建成自然风格各异的城市类型。平原城市固然具有在实施城市建设与开发上便利性的一面，有助于城市实现棋盘式格局的外延扩张，在保证城市实施水平方向或平面横向的建设上具有优势，然而从立体景观构建、实施各种尺度的纵向城市建设项目上来说，无疑又是不利的。所以，人们通常有一种感受与理解，就是平原城市在景观呈现与形成方面有些单调、呆板，缺乏韵律感和生动鲜活的生机，其中的原因就是因为大的、宏观的城市地理形胜方面的差异性所致。而开封却在长期的城墙建设与洪水泛滥、流沙堆积等的合力作用下，恰恰形成了今天有助于推进平原城市立体景观建设的有利条件，有可能创造一种特色城市建设的新路径和新经验。

千百年来，黄河既恩泽着华北大地，又有力而沉重地鞭笞着这方沃土。从郑州桃花峪以后，黄河进入下游，逐渐成为地上河。黄河流经黄土高原的中游地区时，接纳了巨量泥沙，一路裹挟而下。在没有人力实施束堤治水的情况下，下游黄河不定期的扇形摆动，在一定程度上自行解决了大量泥沙的淤积沉淀问题。随着华北平原和黄淮海地区开发的日渐成熟，束堤治水成为必然，并且越来越需要让下游黄河的走向定型化、河床固定化，以避水患。然而，在黄河主要泥沙只能在下游沉降的情况下，黄河的河床越抬越高，黄河作为"悬河"的悬空程度也一并上升（葛剑雄和胡云生，2007）。截至目前，黄河在开封柳园口处的河床底部，高过开封城区十多米，与高高耸立于市区的铁塔的高度相差无几。这样，在一定程度上，大河长堤成为开封构建立体景观的凭借远景。不过，真正能够直接成为开封建设立体景观的有形实物还是城墙。

自有明确时间记载的战国以来，开封城就多次遭受北边黄河的洪水洗礼。每一次洪水的来临，都将带来城市的一次覆灭，以及在旧址之上的城市再生、城墙重建。这也是战国魏都大梁城在今天地面十多米下、开封形成"城摞城"的动力学机理。在这个过程中，不同时期的城墙虽然没有真正的保全住城市，但也阻挡了水势、阻滞了泥沙，使黄沙围绕城郭或城圈而隔绝在外围，即水涌进了城市，沙却阻隔在外围。城郭、城墙的这种"过滤"作用，在明清时期，尤其显著。今天开封市区由此形成内低外高、犹如锅底的地形地势（吴朋飞，2014）。本来按照城市建设的一般规律，土木砖瓦等建筑材料有一个持续性的从外部进入的态势，通常情况是城市中心的地形地势要略高于外围,而开封却相反。开封城区的"核心—外围"形成了一定的高程差,在一定程度上弥补了开封作为平原城市尝试建设立体景观而缺乏有利基地的遗憾。

开封旧城区的内外圈层间既已形成了一定的落差,而且在四周地势较高之处还环绕了一道长长的古城墙,更突出了城墙的地位,使城墙与城区有可能形成一定的对景,即城墙是绿色帷幕,城区大展厅里到处是历史文化景观,二者相映成趣。

开封古城墙的平均高度在 10m 左右,底宽 13~20m,顶宽平均也在 5m 以上。墙体夯筑而成,外面包砌大型青砖。20 世纪 70 年代,曾在墙体下面掏挖了几乎等长的防空洞。挖出的生土覆盖在夯土墙体之上,夹杂的乡土树种——诸如槐、榆等的根苗或种子,现如今都已成长为浓密的林带。自然风力和鸟食等所带来的其他各种杂草花卉等种子也在城墙上繁茂生长。其中,亦有少部分的人工种植。当今,高大巍峨的城墙之上,乔木、灌木与野草共生,俨然成了事实上的城市绿色环带。古城墙上这些茂密的植被,不是有意而为之,而是自然生长与原生态的结果,且根系植扎在夯土上面的浮土层,不仅不会对夯土层的墙体构成威胁,还在一定程度上杜绝了夯土裸露时所可能遭受的自然风化,起到了维护、保养墙体的作用。在古城墙已经成了开封绿色"颈项"的情况下,通过进一步修饰、美化、引导工作,有利于高效益、低成本地把开封建设成平原型的立体景观城市,在体现城市的文化特色之外,又能彰显城市的自然个性与特色。

3. 有利于实现文化生态惠民

开封建设"空中花园"式立体景观带和环城休闲旅游带,其重要的社会价值目标也应当是便民、利民,要坚持项目的民生取向与社会效益的最大化。

诚如前文所述,在长期的历史演变过程中,开封城市格局具有超强的稳定性、继承性。然而作为一座历史城市,公共空间又曾经比较缺乏。开封城市发展进入现代以后,虽然努力进行了公共空间的拓建——譬如把原来的私家花园改、扩建成市民共享的汴京公园,但在老城区里面,作为开敞空间的广场、公园、绿地等依然显得相对稀少。伴随时代的步伐,如今开封的公共空间建设早已今非昔比,特别是利用城区内的自然水面等所进行的一、二期水系工程的成功实施,若干景区的新建,以及人口的外迁与要素的疏解等,使开封老城区的公共空间建设卓有成效,北方水城、风韵宋城等特征愈发明显。纵向比较,目前供普通市民享用的公共空间确实比历史时期有了飞跃性的进步。当然,要想进一步满足市民的新需求,实现文化惠民、建设宜居宜业的城市,开封尚需继续拓展、开发公共空间,向市民提供优质的社会生态与文化方面的产品和服务。

目前，开封城市的整体结构格局是东西旧新城区之间的彼此争辉、相互添彩，即东部是城墙环绕与所在的老城区，具有浓郁的历史文化气息；西部是与省会城市郑州相向发展的新城区，日新月异，一派现代风光和景象，而整个开封又是积极响应中原城市群和中原经济区建设的国家战略和省域规划的统一体，组织得比较科学而合理。不过在老城区，居民在实现公共空间的进入性与便利性方面，也有着一些不均衡的地方。概括地说，就是中心城区及北半部城区的居民更有可能方便地享受到共同空间资源——这主要是由公园、景区、寺观、庙宇、广场等的空间分布特征所决定的。南部城区的一些人口，以及在长期过程中形成的围绕城墙而居住那些市民，在相关指标的实现上，明显处于劣势。

倘若能够依托城墙而进一步实施"空中花园"立体景观带与环城休闲旅游带建设，将会在一定程度上改善城区内外、南北城区在分享公共空间资源上的公平性问题，让所有的居民都能够较为便利地接触到共同空间资源，从而实现其在生态、社会、文化方面的价值，这也是从根本上提升居民的城市幸福指数、强化居民对城市认同的措施之一。

当然，这个环形的立体景观带的建成，不仅有利于居民享受相关权利，而且通过环带内外的交通系统及环带自身的沟通联系功能，也可以把诸多景观与公共空间串联起来，充分实现整个城区内公共空间与环境资源的价值，在广泛的范围内发挥社会效应。因此，建设"空中花园"立体式景观带与休闲旅游带，也是一件具有民生意义的事情。

4. 有利于发展文化旅游产业

在不同时代，人们有着不同的需求。物质短缺时期，物质满足显得十分紧迫，所以各类有形的物质商品的生产与供给成了首要任务，在温饱问题已经解决，甚至在一定程度上国人已经富足起来之后，人们对精神文化生活的追求、对高品质生活的向往成了新的需求。开封建设城墙型"空中花园"立体景观与旅游休闲带，也是积极应对休闲时代到来之后大众新消费需求的前瞻性思维的体现。

开封是一座在国内外享有较高知名度和美誉度的文化、旅游城市，拥有众多城市头衔和称号。既然"历史城市的保护，就是要延续空间的连续性，让城市在传统空间结构的基础上有机生长，呈现从过去到现在的历时状态"，那么"对古城不仅要有怜爱之心，还要有继承发扬"（阮仪三等，2014）。在梳理了开封的城市资源禀赋并进行对比分析之后，可以明确该市未来发展的方向和实现新发展的战略支点，其中之一就是继续加强文化旅游业的发展，积极主动地参与和配合华夏文明的传承与当代复兴。

本节在论述之初即指出，缺乏矿产与能源等资源条件，也没有突出区位优势和良好政策等的开封,固然在城市粗放发展的阶段处于劣势,但越是城市向宜居、宜业的终极价值回归,开封的城市潜力越将凸显出来。

作为一座具有独特沿革与经历的城市,开封有着顽强的城市生命力和坚韧不拔的城市精神。在后都城时代,这座城市虽然不断被边缘化,地位一再下降,然而并没有达到严重衰败的程度。跨越历史长河,开封依然宠辱不惊、泰然处之,积淀下厚重的历史文化资源。各个朝代都在这块土地上留下了多彩时光的横断面,成为从物质与非物质形态角度切入华夏文明历史的一个独一无二的窗口。"城摞城"如此,其他众多的可视文物和历史传说、历史典故等亦是如此。整理、利用开封老城区之内的丰富历史文化资源,发展文化产业、现代旅游休闲业,并发挥、利用不同产业之间的协同效应,实现不同业态的融合,促进旧城区的复兴与繁荣,把老城区建成具有独特风格、魅力隽永的城市空间,其发展具有非常诱人的前景。

目前,开封老城区内的各种旅游资源已经得到比较充分的开发利用,等级较高的景区也比较多,特别是人文景观成了最大的亮点,可谓俯拾皆是。而我国经济、社会、文化的持续发展使得旅游业由观光时代迈入了文化休闲时代。这个新趋势的出现,并不是说自然风光不再重要,或者是山水资源的价值下降了,而是说,人们在教育、文化、审美等进一步提高之后,可能会更愿意欣赏一些知识与人文性的景物,更关注生活品质和主体境界在休闲过程中的提升。在满足游客和现代人的这种内在新需求上,文化旅游产品无疑具有最好的应对性。

根据各项城市规划,开封正在实施旧城棚户区的改造工作,城市内部的环境整治也在持续推进,其商业价值与文化价值也会不断得到提升,社会生态环境逐步得到改善,城市的主题特征愈发鲜明,对游客的吸引力与感染力注定会进一步提高,更多的国内外游客会看好城墙型"空中花园"及其环绕之下的各种人文与自然景观。

开封以城墙为依托,建设立体景观带和环城休闲旅游带,能够有效地保护已经成型的整个城市博物馆,并有助于休闲旅游业的发展。

(三)技术可行性分析

1. 与资源禀赋相契合、与城市发展定位相耦合

在城市依托资本要素与其他各项物质资源等推动城市发展的时代,开封明显处于不利地位。自开封不再是省会城市以来,开封的发展速度较慢,城市形象固化,城市更新滞后。不过,在不同时代,国家、区域乃至城市发展所依托的资源要素种类及其在整个发展进程中的功能与价值之权重总是有不同和变化。我国经济经过持续性的高速增长,现已成为世界上第二大经济体。受客观规律的制约,

我国经济开始由高速增长转向中高速增长的新常态。与之相应的是，国内的城市将从经济城市向生活、宜居、文化城市转变。在这种情形下，开封历史文化资源丰厚、城市人文气息浓郁等的禀赋优势一定会得到发挥。开封积极发展文化旅游产业等，定位为北方水城，努力建成国际知名的优秀旅游城市，承担起华夏文明传承与创新的使命，这一切外在的有利条件的叠加，都将为开封建设"空中花园"式立体景观带和环城休闲旅游带提供助力。

2. 具备了较好的基础

最近这些年来，开封在城市更新、旧城改造与环境整治、城市文明建设等方面做了不少工作。城市的形象日益鲜活，满城充盈着宋风宋韵，历史文化名城、北方水城、国家优秀旅游城市等特征突出，同时新城区的建设也得到积极推进。在当前，由总长 14.4km 的城墙围绕起来的整个老城区，已经成了名副其实的城市博物馆，各等级的文物、文保单位犹如繁星闪烁。庞大的水系工程风光旖旎；龙亭公园、天波杨府、翰园碑林、清明上河园、铁塔公园、开封府、包公祠、大相国寺、延庆观、山陕甘会馆等数十处旅游景观园区星罗棋布；开封博物馆、河南大学等文教科研单位填塞其间，增强了人文吸引力。原来紧靠城墙内外两侧的私搭乱建不仅得到有效遏制，而且还根据城市发展需要，实施了要素外迁，并在拆迁之后的城墙近邻的保护区、毗邻的建设限制区及时进行了绿化改造，建设成大面积的环城公园，增添了若干适宜的市政设施，以满足周围市民的锻炼、游览之需，在保护城墙这一文物的同时，也保证了更多群体的社会、生态、文化权利的实现。截至目前，除极少数段落，整个城墙内外都实现了环境改造，墙体也得到了有效的修整与保护。把整个城圈贯通起来，建设一体化的"空中花园"立体景观与休闲旅游带，将是一件水到渠成的事情，而且实施成本极低，效果却会极佳。

3. 配套设施较好

长期以来，由于城墙的存在，开封老城区的交通组织与发展受到较大影响，尤其是近代以来，交通的机动化程度不断提高，原来城市建设依据人体步行、车马为先的尺度而确定下来的城市街道与空间，显得越发狭小、逼仄与拥堵。为了满足要素曾经不断向城市聚集、城市密度提高之后的空间承载需要，开封也一度在城墙上新开了若干城门，甚至还不得不在 20 世纪 80 年代拆除了新宋门。只是由于开封在最近几十年的总体发展上的略显落后，城市规模没有像国内很多城市那样快速膨胀，才从根本上保护了城墙，也为今天发挥其后发优势并创新性地保护与利用这一资源提供了可能。借助现代规划手段与工程技术，开封城墙内外的交通组织与安排整体上是良好的。棋盘式的交通系统不仅没有对城墙再次造成冲击、分割、破坏，还以方形的城墙为限，在内外两侧形成了"回"字形环绕的临城道路，并以城门为关键节点，东西南北纵横组织了完整的路网，初步实现了人们接近城墙的交通便利性。

（四）秉持原则

从目前看，开封已经具备了建设"空中花园"立体景观带与休闲旅游带的条件与时机。其城墙内外环境整治进度较好，环城公园建设呈现预期效果，尤其是北半部城圈绿带形成，有清明上河园、翰园碑林、龙亭公园、铁塔公园、万岁山公园、汴京公园，以及二期水系工程，立体景观效果渐次铺展开来。南部、西部等实质上也演化成了社区公园等。在城墙的南部与西部的外侧，城墙北部的内、外两侧等地方，都具备了良好的绿色生态条件，城墙上下已经呈现出了立体景观带的特征，城墙上下的景观互动也已生成，这都为建设"空中花园"打下了良好基础。

当然，如何把美好而吸引人的设想变成现实，在具体技术路线与行动策略上仍是比较复杂的问题。解决这个问题，既需要有事前的规划设计，提出一整套的技术方案，又需要在具体操作与实施的时候结合发生的情况而灵活应对。建设"空中花园"式立体景观带与休闲旅游带，表面与形式上只是做一个文物保护与有限度的合理利用的项目，实质上则是要做一个城市的发展战略与新常态下的重新定位等。这个特征是由依托城墙建设"空中花园"式立体景观带与环城休闲旅游带所涉的庞大范围与诸多方面、领域所决定的——不像历史上的巴比伦王国时代的"空中花园"那样，仅是一个极小的范围或点。然而，无论怎样，有两个关切点值得在此提出：一是坚持低冲击度开发与建设，二是采取各种技术措施以确保未来的利用行为的最低程度的环境影响。如此两条要求都与保护和适度、适当地利用古城墙相联系。

虽然根据经济进入新常态、社会迈进新文明、人们对文化消费需求的新变化等因素，开封应该紧密结合自身资源禀赋与城市特点，从其保存完整的古城墙等有利条件出发，建设"空中花园"式立体景观带和环城休闲旅游带，但时刻不能忘记，提出这个设想的初衷仍然是保护性利用，是探索在赋予城墙适当的新功能、发现其新价值之后，如何更有助于促进对它的保护。"城墙在作为军事防御功能丧失后，人们一直没能找准城墙在新的城市景观中的作用，对其建筑价值认识不够，没能给予城墙在现代城市中应有的位置，这是全国上千座城墉被拆的主要原因。"（刘玉芝，2001）赋予城墙新的景观欣赏等价值，是为了悲剧不再重演。

在建设"空中花园"立体景观带与环城休闲旅游带时，应该自觉坚持低冲击度开发、利用的原则，尽可能地利用现已形成的客观条件与资源，进一步去除不利于城墙长期保护的方面，避免过大的工程动作。其实，就目前而言，再稍作环境方面的整治、环城公园的建设、尚存的私搭乱建的拆除或拆迁、在局部关键节点与部位的精细化——如此进一步绿化与美化数座城门与若干适宜的城墙段落，"空中花园"就能脱颖而出。从这个意义上看，"空中花园"天生丽质，不是刻意打造与策划，而是在基本要素与客观条件已经基本具备时的匠心独运与整合。

大致说来，在检讨与普查城墙病害情况的前提下，要对墙体进行修补、加固，使之更加安全、牢固；在保留目前城墙上植栽的同时，再适当补充种植一些花卉品种等，进一步满足观赏的审美需要，使城墙美起来；在城门楼与局部允许的城段，放置座椅，提供登城体验，学习其他城市开展适宜的城上活动，引来更多的人关注、关爱城墙，拉近与城墙的距离，既避免让过分的人为行动干扰城墙保护，又避免城墙被人们忽视而受到的自然风化等损坏。

而为了在保护的前提下，把整个开封老城区建成风格独特、形象鲜明，并深具人文魅力与历史文化韵味的世界级优秀文化旅游城市，还需要对目前的城墙与交通进行进一步的优化处理，尤其要进一步发展公共交通。譬如，在已经变成"空中花园"的立体景观带与环城休闲旅游带的外围，多建一些停车场，让自驾车搭乘低排量汽车或无污染的电动汽车进入大景区等。当然，也需要促进一些与休闲旅游业相关设施的完善，如进一步发展餐饮酒店服务、增加产业之间的相关性，如此一来，既能便利游览者，又能为古城的保护寻找到新的动力与源泉。

在国内众多城市中，开封是一座具有城市个性与精神的城市。其中，完整的城墙是其显著标志之一。

为何要建设"空中花园"立体景观带与环城休闲旅游带？该问题的提出来源于新形势下对如何实现更好的保护的探索。主题构想或粗略描画仅是手段与措施，而出发点与落脚点还是从城墙的价值重新发现与新功能赋予中去讨论怎样才能更好地实现城墙的永续保护。

因地制宜地倾力打造具有真实历史文化渊源的地域性景观，才有利于兼顾名城保护的"真实性、完整性两大基本原则"。2011年，联合国教科文组织第36届大会通过《关于历史性城镇景观的建议》，倡导在更广泛的背景下重新思考城市历史景观的保护，强调动态、连续、活态、整体性的认识思想；在承认人类环境之动态性质的同时，提高城市空间的生产效用和可持续利用，以及促进社会和功能方面的多样性。总之，是"将城市遗产保护目标与社会和经济发展目标相结合，其核心在于城市环境与自然环境之间、今世后代的需要与历史遗产之间可持续的平衡关系"（唐鸣镝，2015）能够得到实现维护。

开封城墙曾经因为偶然的历史机缘而保留得较为完整，在当今更应该珍惜、爱护。但如果城墙这样的不可移动文物长期脱离时代生活的需要，予以隔离保护，则很可能最终会消失在历史的长河里。相反,赋予一种新的功能与使命,有助于它与时代节奏和民众生活始终保持着活力,也会得以日日"维新",从更多的功能必要性上保证其不朽。

相比于国内其他城市,在城墙保护、利用方面,开封有着后发优势。譬如,西安城墙穿行在钢筋水泥的建成区,虽然在很多方面也很成功,却被切割成凌乱的数段,难以形成完整的一体。南京城墙翻山越水,串并了若干景区,也做了一些绿化,却不如开封城墙那样早已成为一条绿带。

二、开封市古城特色历史街区保护与旅游开发

(一)基本原则

1. 保护为先

开封历史街区的旅游开发,首先应当确立"积极保护,适度开发"的思路。历史街区传承的文化元素、营造的文化氛围,都是不可模仿和复制的历史遗产。在旅游开发过程中,首先要树立保护意识,无论是对文化的延伸、对建筑的修复,还是对业态的扩展,都不能离开历史街区原本的文化土壤和历史环境。

2. 旅游引领

历史街区具有深厚的历史文化积淀,具备了旅游开发的基本条件,并初步产生了一定的旅游效益。当务之急,是要充分发挥旅游的引领作用,围绕旅游做文章,在旅游基础设施、旅游要素配置、旅游宣传与促销等方面下真工夫、出真效益,使之成为开封旅游发展的一个新亮点,提升游客在开封的旅游体验深度,延长游客滞留开封的时间,提升旅游就业和增加旅游的经济与社会效益,从而为开封旅游业水平的全面提升做出应有的贡献。

3. 根植文化

历史街区的旅游开发,必须深深根植于开封深厚的本土文化。延续几百年的文化积淀,是开封旅游发展不可动摇的根基。历史街区的开发,首先,要体现文化因素,历史街区应当成为开封历史文化的缩影;其次,本地数量可观的非物质文化遗产以历史街区为舞台和载体加以表现,作为提升旅游吸引力和竞争力的重要方式。

4. 服务社区

服务社区,是现代旅游业发展的必然选择,不仅能扩大旅游的影响力,而且

能够坚定旅游开发的群众基础。开封历史街区与社区居民有着难以分割的紧密关系，历史街区的文化载体和文化遗存，也都流传在社区之中。发展旅游，首先宜居，才能宜游。只有社区居民充分认可，才能给外来旅游者带来吸引力和冲击力。因此，想要对历史街区进行全面、完善、立体的开发，就必须立足于社区，服务于社区。只有这样，才能拥有长远发展的不竭动力。

5. 着眼未来

着眼未来，文化的精粹既然可以经历历史的涤荡后在今天仍然熠熠生辉，魅力独特，那么必然也能够继续在历史的长河中接受检阅。因此，文化既是历史的，也是未来的。根植于文化的开发和保护，才能拥有长久的生命力和吸引力。

（二）基本思路

开封城市内的大街小巷纵横交错，四通八达。从宋代至民国，许多街道更换名称，有的街道通过扩修改造而面目全非，新旧交织间，印刻着历史的演进与时代的变迁。课题组通过调研分析，将开封的历史街区做了归纳分类，其中马道街和书店街的部分沿街建筑还维持着清末民国时期的建筑风格，属于继承型传统商业街；宋都御街是1988年建成的仿宋商业街，多为两层仿古建筑，两侧角楼对称而立，楼阁店铺鳞次栉比，属于再现型传统商业街；而寺后街、双龙巷等一些传统街区由于历史变迁等因素已经逐渐衰败。根据5条主要历史街区的区位及历史文化特色，应把现有街区划分为两大功能区进行有序开发。

1. 以鼓楼为中心，打造"大棋盘式"商业文化街区

以复建的鼓楼为核心，连接书店街、马道街、寺后街、鼓楼街，再通过书店街连接徐府街、河道街，再加上外围的中山路、自由路、东大街、解放路，构成"大棋盘式"格局。把6条富有特色的历史街区连成一体，构成一个浑然天成的古城特色商业文化区。

该区域以鼓楼为中心，融合饮食文化、商业老字号、"书籍、书画、书房"特色商业文化要素与载体，集旅游、饮食、娱乐、购物诸功能为一体，全面满足游客深度文化体验的需求。条件成熟后，在寺后街与中山路交叉口、鼓楼街与解放路交叉口、马道街与自由路交界处再建3座牌楼，与书店街牌楼一起成为特色文化商业中心的地理标志。同时，各条街道的主题定位应各不相同，做到功能互补。

1）书店街

定位于休闲、文化、娱乐、教育功能，重点展示"书籍、书画、书房"文化，

核心业态包括主题书店、休闲茶室、咖啡吧、书吧等，打造一个儒雅闲适的文化休闲场所。

2）鼓楼街

目前，鼓楼街保留的老字号仅有王大昌茶庄。应逐步恢复一些老字号商铺，如"包耀记"南货店、开封稻香村点心店、万福楼金银首饰店、乐仁堂药店等，打造商业老字号一条街。

3）寺后街

重点展示以"第一楼""又一新"为代表的老字号餐饮一条街。老字号见证了一个城市的历史，它背后的人文、历史、轶闻、趣事等也是城市的重要文化资源。

4）马道街

引入高档精品商户，从建筑特色、商业氛围等各方面着手，打造成为具有现代气息的高品位商业步行街。

5）徐府街

将保留完好的四合院进行装修改造，形成以四合院为主题的高档会所区。

2. 以宋都御街为中心，打造Y形皇城文化街区

以宋都御街、中山路为中轴线，向北延伸至龙亭东路、西路和北路，连接环龙亭湖各主要景点，形成以北宋皇城文化为核心的特色文化街区。

宋都御街全长只有400m，街区规模太小，不容易再现宋代御街的繁华盛景。因此，可将宋都御街向南北方向延伸：向南延伸至中山路传统商业街，向北左右延伸至龙亭东路和龙亭西路。这样就自然形成"一轴两环"的空间布局，类似一个大Y形，或者火炬形。从另一个方面考虑，这个区域也是一个"一心多点"的皇城文化旅游区。这"一心"即龙亭前午朝门广场、樊楼；"多点"即散布在龙亭湖周边的龙亭公园、清明上河园、翰园碑林、天波杨府等旅游景点，以及以中山路为中轴线连接的大相国寺、开封府、延庆观包公祠等景点。

从这个大格局来看，宋都御街、中山路和龙亭东西环路是参观开封主要景点的必经之地，而其作为历史街区的重要性也是不言而喻的。

因此，在作为历史街区的功能上，应合理配置，与诸景点优势互补，依托丰富的旅游资源、以宋文化为核心，形成城市游憩中心，共同构建宋都皇城文化特色的休闲旅游区。同时，在功能定位上，各街区应有相应侧重。

1）宋都御街

延续龙亭风景区的宫廷文化，以御街两端的主题建筑樊楼、角楼为主，建造宋都皇城主题酒店，形成以精品酒店、收藏艺术品、特色餐饮、风味食品于一体的高档餐饮、休闲、购物区。

2）龙亭东、西路

以时尚休闲为主题，针对都市青年群体，形成以酒吧、茶馆、咖啡厅、艺术画廊等时尚创意为主题的情景消费区。

3）中山路

中山路有比较开阔的旅游空间，已经相对集中了一批高档时装、饰品、珠宝等商铺。但街区的历史风貌显得不足，特色不突出。应在店面装饰风格上遵循外在古朴、内在时尚的原则加以改造，并适当配置一些特色饮食、小吃。

（三）书店街旅游发展提升策略

1. 精准书店街功能定位

1）还原以书店为主的文化功能

书店街因其书店聚集而闻名。对书店街的开发，应当还原其最初的书店、教育、账表、健身器材、锁具等文化功能。此外，其余店铺中，经营内容与书店街主题相近或相关者可以适当保留，但数量不宜过多；与书店街主体完全不相关的店铺和机构，如医院，可以迁移至附近其他位置。

2）凸显休闲为主的书店业态功能

书店街另外一个重要的城市功能是承载着开封著名的夜市场所。历史街区的开发过程中，根据总体的统筹规划，应当淡化书店街的夜市场所功能，将夜市迁往马道街。夜市迁出后，书店街应当在书店的业态中，扩展读书和购书的新兴模式。例如，环境幽静的书吧，主要承载休闲功能；休息、读书区较大的书店、读书俱乐部等，提供给社区居民和游客休憩、品书的场所和资源；开发书店的衍生产品，如明信片、徽章、书签、图册、记事本等文化主题产品，将开封的清明上河园、金明池、包公文化等文化符号和文化元素融入其中，提升感染力。

3）丰富非物质文化遗产展示功能

书店街作为开封最具代表性的文化街区，应当充分发挥载体作用，使其不仅成为开封书店的聚集区，更成为开封非物质文化遗产的窗口。整理开封及周边具有地方特色代表性的非物质文化遗产，如木版年画制作工艺、汴绣制作工艺等，以书店街为舞台，为社区居民和游客进行展示和表演，为开封的文化生活增添新的活力。

4）完备文化串联功能

书店街四通八达，交通区位优势明显。在街区的开发过程中，应当在交通串联和线路设计方面予以重视。特别是中部徐府街有著名景区山陕甘会馆，与书店街承载的文化一脉相承，两者相互呼应。

2. 主营业态多元发展

目前，书店街业态档次较低。本应是主营业态的书店，不但数量越来越少，而且也多是以经营中小学生教辅为主，造成恶性竞争，不利于居民和游客的深度体验。书店街应统一规划街区商铺，突出主营业态，引导商家进行主题化经营，使书店分类化、专业化。

1）特色主题书店

每家书店选取一个主题，在与书店街和开封文化本身相契合的基础上，针对市场需求，有所扩充和延伸。其装修方式采用主题文化形式，突出每个主题的特色。例如，打造宋文化主题书店，店铺内营造宋文化氛围。店内悬挂宋代推崇的古文字画、牌匾、盆景、瓷器等饱含文化意蕴的事物作为装饰，书架采用古式木架，图书分类的标识牌以木牌上书写毛笔字的形式呈现，古色古香、引人入境；店内独辟一处显眼位置，摆放北宋式样的图书、锦帛、竹简等，以《东京梦华录》《清明上河图》《金明池争标图》等北宋名著、名画作为书写内容，供游客欣赏和购买。

再如，针对市场需求打造卡通亲子主题书店，图书市场中，儿童、学生所占比例较大，需求旺盛。书店街作为游客休闲、娱乐、读书场所的同时，也为开封市社区居民的庞大市场群体服务。针对两个市场中数量较大的儿童和学生群体，可以在主题书店建设中，以卡通亲子的主题模式吸引相应的顾客群体。此类主题书店的装修建设，可选取一个深入人心的卡通形象，如米老鼠、Hello Kitty、小叮当、海绵宝宝等，作为书店装修主题，在书店经营的细节中融入卡通元素。这样的设计，不仅会吸引儿童和学生，而且能够唤醒成年人心中的童真童趣。因此，卡通亲子主题在实际经营中不会因为主题定位而受到限制，反而会增强对市场整体的吸引力。

此外，书店街的特色主题书店可以选取的主题有：包公文化主题，宋词文化主题，清明上河图文化主题，铁塔、繁塔佛文化主题及开封饮食文化主题等。

2）休闲书吧

休闲书吧主要呈现休闲业态，以创造闲适意境、提供休憩场所为主，卖书为辅。此类书店装修风格幽静，店内图书陈列占据三分之一空间，公共读书、休息区占据三分之一空间，另外三分之一设计隔断为相对较为僻静的小空间，供有需要的顾客和游客使用。店内以舒缓安静的音乐为背景，配置可以提供简单的咖啡、奶茶、点心等饮食的吧台。还可以邀请绘画艺术家进行书画表演，或邀请速写艺术画家进店，为游客绘画速写人像或漫画式人物，增加游客的参与度。书吧应当把图书的衍生产业作为重点，在开发过程中着力进行发掘，除了最常见的有开封地域文化特色的书签、明信片、笔记本、徽章、文化衫、杯子等，还应该把开封特色物品如镇纸（也叫镇尺）、折扇、微型风筝等加入其中，这些都可以成为极具吸引力的书店衍生品。开发相关产品，不仅丰富了书店街的旅游商品种类，而且使得开封深厚的历史文化能够成为真实的、可以"看得见、摸得着、抓得住、带得走"的实物。这对开封旅游产品的总体开发有较大的借鉴意义，能够解决多年以来开封旅游纪念品种类少、陈旧、缺乏特色的困境，对开封旅游发展具有重大意义。

3）现代化图书广场

书店街要发展旅游，就要把"书店"这一文化和主题真正落地。现代化图书广场的设计，主要是遵循开封历史街区服务社区的开发原则，服务周边社区居民，特别是在书店等城市教育功能上，要以整个开封市乃至周边区县作为目标市场，所以建设一个现代化的图书广场在城市功能方面就显得尤为重要。只有综合性现代化图书广场，才能够满足各类人群对各种门类图书的需求。现代化图书广场的外观仍然采用与书店街整体风格相融合的仿古建筑外形，内部结构全部采用现代化配置。要让社区居民和游客在这里体会到现代文明和现代科技带来的便利，引入先进的图书检索、图书出售管理系统，提供高效、便捷的购书服务。各类图书都要兼顾，特别是工具性、技术性较强的书籍及在周边特色性书店不容易买到的书，都要在图书广场出售。

4）书店博物馆

全国范围内，目前没有以书店作为主题和展示内容的博物馆。作为全国唯一一条以书店命名的街区，书店街规划建设书店博物馆，当属实至名归。依赖开封深厚的文化内涵，这里也有建设书店博物馆的文化优势。

书店博物馆，首先，以时间为轴，搜集全国书店发展的历史，介绍全国知名的书店的发展进程，如三联书店等有代表性的书店；其次，选取几个有代表性的时期，以图文声像等立体丰富的形式对书店文化进行展示；最后，通过现代社会有代表性的书店模式进行展示，与书店街内设计建设的特色主题书店相结合，把书店街落地的主题文化书店作为书店博物馆的展示终点，进而引起游客对书店街的游览兴趣。另外，中共豫陕区委旧址位于书店街北口，正好在入口位置。以书店博物馆为书店街街区整体的起点和引子，不但契合"书店"的主题，而且文化意蕴悠远，能够充分调动游客兴致。

3. 辅助业态链式延伸

书店街除了以书店为主要经营内容外，其辅助性业态也不可或缺。

1）艺术店铺

其指与书店经营商品性质相关的业态，如专门经营文房四宝、古式牌匾及承接牌匾的定制、经营以"老开封印象"为文化内核的艺术纪念品商店等。此类店铺与书店一脉相承，在文化上相互依赖，在产品上相互补充，是书店街必不可少的业态之一。

2）文化酒吧

书店街应当有一家体现老开封特色的文化酒吧。书店街以文化为主题，但是它与开封其他历史街区不同，这里是古都文化与现代气息融合的地方，不仅要有文化的内涵，更要有突破惯有模式、敢于创新的新兴产物。酒吧是休闲功能的重要载体，丽江古城、凤凰古城、北京什刹海等将酒吧元素与本地文化、历史文化相融合的许多成功案例正是最好的例证。书店街的酒吧设计，可以通过与本地特色酒吧的合作，或者直接进行品牌引入。

3）特色美食

书店街现有的餐饮业态以小吃为主，如米线、擀面皮、凉皮、串串香等，均属于不成规模又影响街区整体形象的经营模式。在改造建设过程中，必须对现有的摆摊经营模式进行规范化整治，对小吃摊点统一管理，统一时间和地点，但对于铺位外观应当尊重摊主各自的特色与经营内容，力求使小吃摊点从美食味道和摊点特色两方面给游客带来视觉、听觉、味觉的多重震撼。此外，对现有的餐饮品牌，如小楼米线、李记四味菜馆等在本地知名的老字号，应当加以保护和开发，如保持老字号的外观与牌匾，对内部环境进行提升，改善卫生环境，提升服务质量。

4）主题住宿

书店街现有的少量宾馆都位于街区两旁的小胡同内，内部空间狭小，条件一般，不能满足一个旅游中心区的市场需求。位于特色历史街区内部的酒店宾馆，首先，要在文化上与街区保持整体一致。外观设计应当符合书店街全街的建筑风格，内部装修与陈设要以顾客的舒适度为标准，采用现代化的装修设计。同时，可以引进现代旅游业中比较受欢迎的青年旅社模式，为自驾游、骑行游等散客群体提供物美价廉，又独具文化特色的住宿场所。

4. 创新载体，实现文化的活化

文化的活化主要通过对书店街开封年画博物馆进行文化扩充，与朱仙镇木版年画联合开发来实现。朱仙镇木版年画是国内四大木版年画之一。朱仙镇距离开封市城南10km，前往朱仙镇去欣赏木版年画的多是进行科学研究或者学术探讨的专业人士，普通游客很难近距离地了解木版年画的制作工艺、艺术特点。而开封市每年游客流动量较大，以书店街为载体，对朱仙镇木版年画进行传承和发扬，是以市场为直接对象的推广，这相当于从源头上给木版年画的保护开辟了一条新的路径。开封市年画博物馆位于南书店街中部，鲁迅先生题写的牌匾依然吸引着来来往往游客的目光。但是，由于博物馆展出形式的单一，现在的博物馆一直是冷冷清清的局面。博物馆与朱仙镇木版年画的联合开发，要以年画为文化载体，把年画的制作过程、雕版过程、引述过程，通过游客可以观赏、参与的形式表现出来，如举办木版年画展、木版年画雕版观摩班、儿童木版年画创意比赛等。

（四）宋都御街旅游提升对策

1. 基本思路

1）通过景观设置，营造北宋第一街繁华的感官印象

宋代的御街是一条贯通当时被称作东京城南北的中轴线，在《东京梦华录》中记述了皇太子纳妃和皇太后、皇后出行时的盛况。宋代御街是显示皇家尊严和气象的主要街道，其奢侈豪华、阔绰气派，无出其右者。尤其是到了每年的元宵节，更见其繁华荣耀、热闹喧嚣。繁华热闹是北宋御街的重要气象特征，因此通过景观环境的营造来重现北宋一街的繁华盛景显得极其重要。

2）通过创意手段，提升大宋盛世文化的体验性

为了迎合现代旅游发展的需要，应该主要通过设计艺术博物馆、主题酒店、收藏文化会所等方式，将宋代文化进行创意性演绎，为游客提供丰富多彩的体验性旅游产品。

3）通过节庆表演，活化利用大宋非物质文化遗产

宋都御街作为宋代都城的中轴线，直通皇宫，有着较强的皇都宫闱特色的历史文化传承和积淀，应着力突出宋朝的经济、文化、饮食、科技等方面的非物质文化遗产，使游客对宋代文化进行更为深入的全方位理解。

4）通过业态升级，提升街区的文化休闲品位

针对目前宋都御街经营混乱、发展无序的问题，除保留具有历史渊源的商铺之外，把销售中低档旅游商品的商铺逐步分散到周边街巷中，补充高品质的文化休闲项目。将特色商业与文化休闲消费项目相结合，使保护作为街区旅游开发的第一诉求点，重现繁华时期的盛景，实现街区的升级发展，延续城市历史文脉。

2. 旅游提升策略

1）构建文化主题景观体系，提升街区品质

（1）街景构建。宋都御街的街道两侧所有建筑均为仿宋建筑，景观效果较好，

特别是街区两端的樊楼和角楼规模宏大,形成了一定的视觉冲击力;另外,实地调查发现,街区建筑美观也是游客最满意的部分,应在今后的开发建设中重点保护。此外,应围绕街区文化主题,设计街区主题景观体系,将文化主题转化为各种可视的文化符号,并融入雕塑小品、路灯路牌、垃圾桶、休息座椅、绿地空间、艺术墙绘、沿街商铺店面等设计之中,提升街区景观品质,营造古朴美观的街道景观。

(2) 夜景打造。龙亭夜色已经被列入开封新八景之中。同时,水系二期还借鉴了桂林漓江的经验,通过后期亮化工程,开展夜游项目,使其成为"夜游开封"的重要组成部分。因此,宋都御街应做好景观视觉效果的延续性,进一步打造夜间环境景观,利用路灯、灯笼、局部亮化等各种方法烘托空间气氛,吸引人群。对重要的建筑物如樊楼、角楼等采取亮化措施,突出建筑轮廓及体量、造型,重现北宋一街的繁华景象。例如,用串灯等勾勒建筑物的轮廓,包括街道的路标、广告,打造开封的灯笼博物馆等。

2) 打造重点主题项目,突出街区品牌特色

(1) 樊楼。宋都御街北端西侧新建的樊楼(建筑面积 5000m^2,朱门绣窗、古色古香、十分气派)是宋都御街最有价值和吸引力的仿古建筑群,应得到重点开发和利用,将其打造成为宋都御街重量级的核心旅游吸引物,今后可设想重现"夜深灯火上樊楼"的盛景。打造以宋代皇宫文化为主题的精品酒店,补充以宋词乐舞等高品位的文化娱乐活动,经营高档食品,如皇宫御菜等;延续龙亭景区的皇宫文化,形成集住宿、特色饮食、文化休闲、收藏艺术品交流中心于一体的多功能文化消费场所。同时,可以开展"楼院旅游",借樊楼之名把旅游内容丰富、充实起来。同时,采用四维(4D)电影等多种方式,讲述宋徽宗与李师师的故事。例如,灯火阑珊处,一代名妓李师师翩若惊鸿,演绎自己、与徽宗的爱恨情仇……这将成为宋都御街极有吸引力的景观之一。

(2) 角楼。把角楼改造成为非物质文化遗产展览馆,配备完善的解说系统,采用图片、史料、雕塑、微缩模型、蜡像、环幕电影等方式,将开封非物质文化遗产如朱仙镇木版年画、汴绣、官瓷器、汴梁灯笼张等活化再现。

(3) 御街邮局。将现有御街邮局进行改造,营造北宋时期邮驿的内部场景,面向游客提供特色邮政服务,如发行纪念邮票和以汴京八景、名人轶事为主题的明信片、代寄明信片,在其上加盖开封府大印等,形成一个具有宋代风格的特色邮局。

(4) 御街宾馆。将御街宾馆更名为皇家客栈,打造为大宋宫廷文化主题酒店,与龙亭和御街的皇家气派相映衬。酒店内部的装饰从大堂的设计到走廊、客房、餐厅都应体现宋代皇宫的辉煌气派。将东京快捷酒店更名为东京驿站,打造宋文

化主题餐厅。例如，店内可以提供多种菜系品牌，从高到低依次可分为御宴、府宴、家宴、名厨宴等；采用宋式桌椅，大宋官瓷、钧瓷等餐具。

（5）宣和画院。宋代专门设有国家书画院，即宣和画院。院内设有书学博士（米芾曾任）、画院翰林（张择端为翰林）。宋代书画名家辈出，"苏、黄、米、蔡"作品已经是绝世珍宝，《清明上河图》已经成为中国文化的重要代表符号之一。书画院可以展示开封的一些书法名作，或者现场表演书画，游客既可以欣赏书画作品还可以亲自学习参与体验。

3）恢复传统节庆，丰富休闲娱乐活动

在历史街区的商业开发中，恢复传统的节庆活动，可以吸引大量游客，增加街区中商品的交易机会，从而提升街区的经济活力。在街区的旅游开发中，通过展示街区文化内涵来营造空间的传统文化氛围，使游客愿意到这里体验历史与文化，保持街区的旅游收益。同时，对街区内部原来盛行的民俗节庆、信仰活动也通过一些手段进行复兴。

（1）《东京梦华录》里记载了皇太子纳妃、公主出嫁、皇太后出行乘舆的盛况，应该在一些重要节日时再现其盛况以吸引更多的人群。此外，可以挖掘当地的非物质文化遗产进行活化表演，如表演捏泥人、吹糖人、皮影、拉洋片、剪纸、二鬼摔跤表演等。应该训练专业的演示和讲习人员，带领游客进行深度体验。

《东京梦华录》记载了宋都御街元宵灯会的盛况，灯山上彩、金碧相映、锦绣交辉。宣德楼前的彩山上，布列华灯数十万盏，结彩饰金，大部分都画着神仙故事。每年元宵节，清明上河园的焰火晚会规模宏大，达到高潮。元宵灯会活动期间，应该向市民展示各种类型的灯笼，如菊花灯、荷花灯，以及由灯笼组成的造型各异的灯组。此外还可以安排高跷、舞狮、舞龙、小车会等民俗活动和文艺节目演出、民间绝活表演及丰富多彩的灯谜展猜、风筝展示、风味小吃、艺术摄影、图书展卖、小游艺等游乐活动。市民也可自己设计、制作灯笼，自己动手（DIY）制作元宵花灯。大家一起动手设计出独一无二的元宵花灯，将其汇聚成充满诗情画意的"灯笼秀"，提高社区居民的参与度，同时也会是古城的一道亮丽风景。

（2）开封是中国历史上掀起第一次收藏高潮的发祥地。开封人自古以来就以收藏为雅事，对收藏情有独钟，人们喜收藏、爱收藏、说收藏、比收藏，收藏活动之活跃，收藏氛围之浓厚，其他城市少有。2007年，由中国收藏家协会和开封市人民政府联手打造的首届中国收藏文化（开封）论坛的成功举办，对古城的收藏活动起到了推动作用。可以组织开封的收藏爱好者将自己的收藏品进行展览，邀请收藏界、文物鉴定界的名家来开封开展讲座、鉴宝活动。还可以尝试将中央电视台《鉴宝》栏目或者河南电视台的《华豫之门》引入开封。

（3）1983年，开封举办了第一届菊花花会，此后每年举办，并于2013年升格为国家级节会，更名为"中国开封菊花文化节"，因此开封也被命名为全国首座"中国菊花名城"。"中国开封菊花文化节"的主会场设在龙亭湖风景区，并包含有龙亭公园、清明上河园、中国翰园、天波杨府、铁塔公园等10个分会场。宋都御街应作为主会场龙亭湖的延续景观，在策划节庆活动时，让游客能够参与其中，其动态展览可与景区菊花的静态展览相补充。还可设计以"赏开封菊花，品大宋菊宴"为主题的菊花宴，厨师现场做菜，游客赏菊花灯、品菊花茶、吃菊花菜、喝菊花酒。

（4）宋代是中国书画艺术的高峰时期，书画家辈出。开封作为书法名城，理应让到汴游客领略到宋代书画艺术的辉煌。宋都御街有书画院、炎黄书画院，有出售书法作品、文房四宝的店铺，可以充分利用这些资源举办书法文化节，也可以定期举办儿童书法大赛，暑假举办儿童书法大赛及优秀作品展等。

4）创新旅游商品业态，提升游客购物体验

全长400m的御街上，共有店铺60余家，其中将近30家都是以出售汴绣、清明上河图、古玩字画为主。这些店铺多为散户经营，规模较小。除两家专营汴绣的店铺之外，大多数店铺商品太过繁杂，古玩字画、汴绣、钧瓷、玉器、铜器、文房四宝等无所不有，商品档次不高，与街区的文化品位不匹配，严重影响了游客的感知效果。

基于旅游开发的前提，依据街区的主要功能，应该重新规划街区旅游产业业态。街区应重新规划业态，在与街区文化意象与景观氛围相符合的前提下，注重业态的主题化和特色化。在业态配置选择上应坚持以主题酒店、文化展示、收藏艺术品交流中心、文化休闲等高端文化产品为核心特色，打造艺术品收藏特色街区。

宋都御街作为城市的中轴线，是连接市内核心景区的必经之路，因此可以在街区内选择规模较大的店铺来集中销售开封的特色纪念品，增加顾客参观、体验环节，这样将有助于提高商品的质量和游客的感知效果。购物中心应该采取专营店的形式，装饰体现宋文化元素，产品包装应该进行精心设计，产品质量应该严格把控，使其成为开封销售土特产的知名品牌。

5）整治街区风貌，适应其主题化发展要求

完善综合配套设施，突出各项设施的文化特色，在入口处增加街区解说牌。解说牌的设计应符合地区的特色文化。同时，街区两边应增加公共设施，如长椅的设计也应融合地方文化特色，可在扶手或靠背等醒目位置刻上富有代表性的宋代人物画像等。此外，垃圾桶的造型、公共厕所的外观和内部设计都要突出宋文化特色。

门店招牌、幌子：店铺名字应该具有古色古香的风味，如邮局可以改为邮驿；

另外，银行、店铺招牌改为传统的木质招牌，统一样式。

店门：逐步将铝合金卷帘门替换为传统的可拆式木板门或有镂空雕花的木板门。

内部装饰：店铺内的装饰风格应与街区文化定位相契合，地板尽量采用木质地板，采用复古风格的灯饰，悬挂一些具有地域文化特色的装饰品，如汴绣、书法、宋词等，将现代的玻璃、铝合金柜台换成具有宋文化特色的木质框架柜台。

道路：禁止在街区人行道上乱停放车辆，转移街区上的露天摊点，禁止商铺将商品摆在店铺之外，将宋文化元素融入现代化道路指示牌中，街区内的广告牌应从外观到内容进行严格控制和筛选。

建筑外观：经实地调查发现，多数游客来此街区的主要动机为观赏特色建筑。目前，街区建筑外观并没有得到很好的保护。体积庞大的店铺招牌、裸露在外的空调、照明设备影响了建筑的外立面。应对裸露在外的现代设备进行适当的遮挡，裸露社备及遮挡颜色应与街区主题相融合。

第六章 沿黄黄金旅游带的可持续发展

第一节 沿黄黄金旅游带可持续发展概述

一、旅游可持续发展的定义

旅游可持续发展是可持续发展理论在旅游业的实践。国外比较权威的旅游可持续发展的定义有两个。一是世界旅游组织（WTO）的定义。1993年，世界旅游组织出版了"旅游与环境"丛书，其中《旅游业可持续发展地方旅游指南》一书对旅游可持续发展给出的定义是："指在维持文化完整、保持生态环境的同时满足人们对经济、社会和审美的要求。它能为今天的主人和客人们提供生计又能保护和增进后代人的利益并为其提供同样的机会。"这一定义是对旅游可持续发展理念的进一步总结，不仅指出了旅游业本身的特质，而且提出了"主人"和"客人"区际公平发展的思想，对旅游可持续发展的国际认定具有重要的指导意义。二是1995年联合国教科文组织和世界旅游组织等联合颁布的《可持续旅游发展宪章》中所指出的"可持续旅游发展的实质就是要求旅游与自然、文化和人类生存环境成为一个整体"，即旅游、资源、人类生存环境三者的统一以形成一种旅游业与社会经济、资源、环境良性协调的发展模式。

二、沿黄黄金旅游带可持续发展的内涵

沿黄黄金旅游带的可持续发展，包括四重含义：①保证沿黄黄金旅游带的自然生态完整性和生物多样性，禁止过度开发、竭泽而渔；②注重满足基本的人类物质需要，就是使得经济效益得到发展，既要满足当地居民提高生活水平和质量的需要，又要满足旅游者的审美、享受的需要；③保证后代可以享受平等的经济收益及旅游资源的份额；④沿黄黄金旅游带的可持续发展可以使得良好的沿黄环境、完整的社会文化、发达的经济协同发展。沿黄黄金旅游带旅游可持续发展，需要发展的是旅游经济，需要持续的是自然环境和人类文明，以及黄河文明旅游。

此外，沿黄黄金旅游带可持续发展，不仅要谋求旅游经济的快速增长，更要注重沿黄省（区）经济、生态环境和社会的协调发展。只有实现了经济、生态环

境、社会的全面协调可持续发展,才能保证沿黄黄金旅游带今后的协调稳步发展。

三、沿黄黄金旅游带可持续发展的现实基础

1978年以后,黄河及其沿线自然和人文旅游资源一直是沿黄省(区)旅游开发利用的主要内容。其中,河南一直在打造"郑汴洛"旅游隆起带,宁夏一直在高规格打造以沙坡头旅游区、青铜峡大峡谷等为龙头的黄河休闲旅游产业带,青海正在全面推动以三江源生态旅游线为核心的沿黄黄金旅游带发展,山西将黄河旅游经济带和黄河文明旅游精品线路纳入全省旅游发展的总体布局,山东以济南、淄博、滨州等沿黄"绿色长廊"和东营黄河口生态旅游区为依托,力争把黄河旅游培育成为山东旅游的精品线路。

"黄河文明"旅游线路作为国家旅游局2009年公布的中国国家旅游线路首批12条线路的其中之一,以黄河文明为纽带,连接了青海、四川、甘肃、宁夏、陕西、内蒙古、山西、河南、山东等9个省(区),其中陕西、河南、山西、山东等省(区)的中原黄河文化旅游区是其建设的重点区域。当前,以黄河文明为核心的黄金旅游带已初现端倪。大黄河之旅正日益成为广大游客认知、了解中国的窗口和全国旅游的名片。

四、沿黄黄金旅游带可持续发展的主要意义

沿黄黄金旅游带可持续发展,对促进沿黄省(区)旅游产业的可持续发展、提升沿黄省(区)旅游产品的影响力、实现黄河文明旅游线路的精品化有着重要的现实意义。

沿黄省(区)的可持续发展对中华民族复兴的意义十分重大。黄河流域是华夏文明的重要发祥地,沿黄的山东、河南、陕西、山西、内蒙古、宁夏、甘肃、四川和青海等省(区)是我国自然与人文旅游资源富集地区。因此,实现沿黄黄金旅游带的可持续发展,能够与黄河自身可持续发展相得益彰和交相辉映。

第二节 新时代沿黄黄金旅游带可持续发展的基本原则

一、"道法自然":沿黄黄金旅游带可持续发展的基本指导思想

老子是春秋末期道家学派的创始人,他的《道德经》是道家文化的奠基之作。以《道德经》为主要载体的老子思想,在中华思想文化史上具有极其重要的历史地位,对新时代坚定文化自信和推动社会主义文化繁荣兴盛有着重要的价值

和作用。老子思想里面的"道法自然"等内容，对新时代我国黄河文明旅游发展有着重要的指导意义，是协同推进黄河文化传承与沿黄黄金旅游带可持续发展的基本指导思想。

党的十八大报告提出："建设生态文明，是关系人民福祉、关乎民族未来的长远大计。面对资源约束趋紧、环境污染严重、生态系统退化的严峻形势，必须树立尊重自然、顺应自然、保护自然的生态文明理念，把生态文明建设放在突出地位。"党的十九大报告提出："必须树立和践行绿水青山就是金山银山的理念，坚持节约资源和保护环境的基本国策，像对待生命一样对待生态环境，统筹山水林田湖草系统治理，实行最严格的生态环境保护制度，形成绿色发展方式和生活方式，坚定走生产发展、生活富裕、生态良好的文明发展道路，建设美丽中国，为人民创造良好生产生活环境，为全球生态安全作出贡献。人与自然是生命共同体，人类必须尊重自然、顺应自然、保护自然。人类只有遵循自然规律才能有效防止在开发利用自然上走弯路，人类对大自然的伤害最终会伤及人类自身，这是无法抗拒的规律。"这些尊重自然、顺应自然、保护自然、人与自然和谐共生等生态文明理念的提出，可以说与老子"道法自然"思想有异曲同工之妙。从此意义上讲，老子是倡导生态文明建设的先驱。

人类社会和自然本为一体，人类本身即是自然界的重要组成部分。旅游可持续发展的实现，首先要做的就是人们的旅游发展与自然和谐，人们的旅游行为建立在尊重自然、师法自然的"道法自然"基础之上，旅游产品的开发与建设亦与基本的自然规律相适应。老子"道法自然"中的人与自然和谐共处的思想与当今大力倡导的低碳旅游、绿色旅游不谋而合。

"道法自然"是处理好人与自然界关系的根本准则。老子"道法自然"思想，倡导对自然的顺应和无为，反对人为地去破坏自然，对今天我国生态建设和实现经济社会的可持续发展具有重要的指导意义。今天旅游业发展中所提倡的生态旅游、绿色旅游和旅游可持续发展思想，就是老子"道法自然"思想在现代旅游业发展中促进人与自然"天人合一"的和谐发展观的具体体现。按照老子"道法自然"思想，旅游的发展不应该以盲目地、无节制地破坏旅游资源或旅游环境为代价，而应该根据可持续发展的原则，强调旅游发展、环境变化、社会和谐等的协调与统一。

老子"道法自然"思想可以帮助人们树立健康的文明旅游观。现代社会上的大量不文明旅游现象的存在，首要的原因是有些人的生态文明素质低下和生态保护观念淡薄。绿色消费观念是有助于可持续发展的理性消费观，是人们树立健康的文明旅游观的前提和基础。老子"道法自然"思想中蕴含的生态伦理价值观，

"为旅游者行为的严格生态化转变提供了一种意识上的可能路径"（曾武佳等，2013），可以帮助人们树立正确的绿色消费观念，加强文明旅游的意识，促使人们自觉自愿地去文明旅游、健康旅游、低碳旅游。

沿黄黄金旅游带可持续发展的最重要目标就是实现沿黄旅游、沿黄社会与沿黄环境的和谐发展。根据老子"道法自然"思想，是要在"人法地，地法天，天法道"的和谐相处基础上实现社会发展和环境可持续。沿黄地区要积极推进黄河中下游生态旅游片区、陕蒙晋豫黄河大峡谷、黄河小浪底等重点生态旅游目的地建设，打造黄河文明生态旅游线路。

二、"全域旅游"：沿黄黄金旅游带可持续发展的重要支撑

随着旅游与休闲成为人们常态性的生活方式，中国的旅游业正在从传统的"景点旅游"模式向"全域旅游"模式转变，以全民旅游和个人游、自驾游为主的全新阶段正在来临。推进全域旅游是一场具有深远意义的变革，是新时期我国旅游发展的战略再定位。

发展全域旅游的本质和核心在于要把旅游从原来孤立的点和线向全社会、多领域、综合性的方向推进，在经济社会发展的方方面面融入旅游的理念。在目前的中国，发展全域旅游有利于促进旅游业转型升级和实现可持续发展，是我国推进新型城镇化和美丽乡村建设的不二利器，具有重要的现实意义。

全域旅游在国内外已经具备了一定的实践基础。欧美国家和地区的现代旅游业开始较早，很早就具有了全域旅游的一些特点。例如，法国的全域旅游突出体现在都市旅游、乡村旅游一体化发展上，西班牙的全域旅游是在应对"阳光与海滩"模式结构性问题中逐渐发展起来的。在国内，苏州市提出"城市即旅游，旅游即生活"的理念，强调"大空间"，把整个城市作为最大景区、最美旅游目的地来整体建设，丰富苏州在游客心目中的印象和记忆；桂林的"两江四湖"工程是集城市水系梳理、防洪排涝、环境整治、城市建设、文化建设、旅游基础设施建设等于一体的综合工程，将城市景观文化拓展成为全域旅游，实现了城市旅游的创新突破，既做好了城市防洪防涝、排污，改造旧城，优化城市风貌工作，又激活了城市旅游，提升了"两江四湖"沿岸的商业和土地价值，实现了多功能融合，可谓一举多得；海南省琼海市提出实施田园城市、幸福琼海战略，将全市当成一个 5A 级景区来建设；河南省栾川县提出了"全景栾川"的发展思路，提出全区域营造旅游环境，全领域融汇旅游要素，全产业强化旅游引领，全社会参与旅游发展，全民共享旅游成果，规划了全域旅游建设的主要载体——游客服务集散中心、生态景观廊道、精品度假区、特色庄园（农庄）、风情小镇、旅游新业态、深

度旅游线路等，发展成效明显。在2016年初举行的全国旅游工作会议上，国家旅游局将海南确定为首个全域旅游创建省，承担着探索经验、做出示范的重任。2016年2月1日，国家旅游局公布了首批创建"国家全域旅游示范区"名单，北京市等262个市（区/县）成为首批国家全域旅游示范区创建单位，其中河南省的郑州市、济源市、洛阳市栾川县、洛阳市嵩县、安阳市林州市、焦作市修武县、焦作市博爱县、南阳市西峡县、信阳市新县、信阳市浉河区等10个市县名列其中。

总之，当前我国的旅游业正在以抓点为特征的景点旅游发展模式向区域资源整合、产业融合、共建共享的全域旅游发展模式加速转变。创建国家全域旅游示范区是推进全域旅游向纵深发展的重要抓手。沿黄黄金旅游带的可持续发展，应该与国家层面的全域旅游建设有机融为一体，统筹布局、突出重点。结合国家重大区域发展战略，因地制宜、分类指导，统筹布局一批黄河文化旅游休闲重大项目，建设一批满足大众化、多样化、个性化消费需求的黄河文化观光、休闲、度假等旅游产品，推进沿黄黄金旅游带全域旅游目的地建设，并以此作为其可持续发展的重要支撑。

三、"改革创新"：沿黄黄金旅游带可持续发展的基本动力

为适应大众旅游时代的到来，针对沿黄城市地区普遍存在的旅游产品同质化、与市场需求存在错位、不能完全适应旅游市场的需求、旅游有效供给不足等结构性失衡问题，应该加大旅游产品供给侧结构性改革，并以此作为新时代沿黄黄金旅游带可持续发展的基本动力。具体来说，要着力优化旅游产品在区域、类型、品质方面的结构，不断创新旅游产品，加大有效供给。以旅游需求侧为导向，从供给侧丰富和优化旅游产品新体系，满足多样化、多层次旅游消费需求。以创新性旅游产品引领消费热点，实施旅游景区创新提升工程，整合提升精品旅游线路，推动旅游产品向观光、休闲、度假并重转变。立足于着力解决产品结构不合理、配套体系不健全、地域发展不平衡等问题，构建多元化旅游产品体系，推进旅游景区与旅游配套体系并重发展，提升公共服务功能和旅游购物消费，一体化推进旅游开发、宣传促销和精品线路建设，建设"全景黄河"旅游产品体系，打造一批具有世界影响力的著名黄河旅游品牌。推动沿黄城市地区基础性产业要素的转型升级、融合性产业要素的集成优化、新业态产业要素的创新发展，实现旅游企业的国际化、集团化和品牌化发展。目前，加快沿黄地区旅游供给侧结构性改革，需要重点从以下几方面着力。

第一，完善旅游产业要素，加大休闲度假产品的开发力度。改善沿黄城市带旅游六要素（食、住、行、游、购、娱）中的薄弱环节，完善旅游产业链条，提

升旅游产业化水平。当前,整个沿黄城市带旅游产业中较为薄弱的环节主要在于"购"和游客对旅游信息的获取。因此,根据旅游一体化的整体布局和思路,要建立正规的、大型的特色旅游商品购物店,完善旅游集散中心,建立全方位的旅游咨询信息平台,运用"互联网+"思维实现现代科技与游客需求的完美对接,从而带动整个旅游产业链的发展。这将是沿黄城市带旅游产业整合、提升的又一个重要方向和途径。目前,沿黄省(区)休闲度假旅游产品开发主要以一些规模较小、层次较低的农家乐形式存在,没有形成大规模的品牌化发展,且产品的同质化现象较为严重,区域内恶性竞争激烈。因此,今后应以特色资源为依托,打造若干大规模、品牌化经营的度假基地。

第二,积极开发黄河文化旅游高端市场和研学旅游市场。要通过资金引导和政策扶持,进一步促进黄河文化旅游产品品质的提升,形成适应高端市场个性化特征的高端黄河文化旅游产品体系。根据黄河文化旅游产品的特点,要大力拓展黄河文化专项旅游市场。特别是拓展和扩大青少年旅游市场。落实对青少年在交通、参观游览等方面的优惠政策,鼓励有关单位针对青少年推出各种优惠活动。结合爱国主义教育和黄河文化传承,支持开发有利于青少年健康成长的黄河文化旅游产品,并以青少年旅游市场带动整个黄金旅游带市场。研学旅游是青少年接受爱国主义和革命传统教育、国情教育的重要形式,对培养青少年的社会责任感、创新精神和实践能力意义重大。2014 年,《国务院关于促进旅游业改革发展的若干意见》(国发〔2014〕31 号)出台,提出:"积极开展研学旅行。按照全面实施素质教育的要求,将研学旅行、夏令营、冬令营等作为青少年爱国主义和革命传统教育、国情教育的重要载体,纳入中小学生日常德育、美育、体育教育范畴,增进学生对自然和社会的认识,培养其社会责任感和实践能力。按照教育为本、安全第一的原则,建立小学阶段以乡土乡情研学为主、初中阶段以县情市情研学为主、高中阶段以省情国情研学为主的研学旅行体系。加强对研学旅行的管理,规范中小学生集体出国旅行。支持各地依托自然和文化遗产资源、大型公共设施、知名院校、工矿企业、科研机构,建设一批研学旅行基地,逐步完善接待体系。鼓励对研学旅行给予价格优惠。"沿黄省(区)人文历史厚重,文化遗产资源极为丰富,是中华文明的重要发源地,十分有利于发展研学旅游,并以此促进黄河的文明传承。今后应加强研学旅游示范基地建设,支持各地依托自然和文化遗产、古村落、博物馆、科技馆、知名院校、工矿企业、科研机构等,建设一批研学旅游目的地和研学旅游示范基地。

第三,大力推进沿黄工业旅游。工业旅游起源于 20 世纪 50 年代的法国,被誉为"朝阳中的朝阳"产业。发展工业旅游,能够充分发挥旅游业在化解过剩产能、推动新旧动能转换等方面的独特优势,有助于促进传统工业转型升级和提质增效,更有利于加快将工业旅游培育成旅游业融合发展的新领域和新型工业化的重要增长点。沿黄省(区)的工业基础较为雄厚,一大批工业企业亟待转型升级和创新发展。大力推进沿黄工业旅游,既顺应国家方针,又可以促进沿黄黄金旅游带的可持续发展。要鼓励沿黄城市地区的工业企业因地制宜地发展工业旅游,积极引导工业企业依托工业生产过程、企业文化等发展工业观光旅游、工业体验旅游和商务考察旅游,利用废弃矿山开发矿山公园,利用废旧厂房及工业设施建设文化创意基地等。

第四,持续发展红色旅游。持续发展红色旅游对助推沿黄黄金旅游带的可持续发展意义重大。例如,陕西省可以依托延安革命圣地形象,以创建具有国际影响力的红色旅游目的地为目标,大力加强红色旅游相关基础设施建设,创新红色旅游展示手段,整合红色旅游资源与黄土风情资源,以延安市域内红色旅游资源为核心,打造革命圣地延安旅游品牌。通过打造革命圣地延安旅游品牌,实现红色旅游发展与沿黄黄金旅游带可持续发展的相得益彰。山东省则可以重点依托临沂、枣庄、淄博、潍坊、莱芜等市的相关旅游资源,突出沂蒙红色文化,弘扬沂蒙精神,构建"红色沂蒙""绿色沂蒙""智慧沂蒙"三大优势,挖掘沂蒙及周边国内外知名红色旅游资源,结合革命故地山水风光和特色民俗文化,将沂蒙山打造成为全国红色旅游胜地和北方经典乡村旅游目的地。今后,应整合沿黄省(区)的红色旅游资源,持续发展红色旅游,推进爱国主义和革命传统教育大众化、常态化。加强统筹规划,注重与脱贫攻坚、区域发展、城乡建设相衔接,促进融合发展。加强沿黄省(区)红色旅游区域协作,加强红色旅游景区基础设施和服务设施建设,提升服务水平。不断拓展红色旅游扶贫富民功能,支持当地群众参与餐饮、住宿等经营服务,因地制宜地发展适合革命老区的种养殖业和特色手工业,带动当地贫困人口脱贫致富。

第五,打造精品沿黄旅游线路。沿黄旅游景区众多,为了较好地体现沿黄旅游的特点,塑造大区域旅游形象,根据每个沿黄城市独特的资源特色、旅游资源的空间组合情况、客源市场与客流特征等因素,打造精品沿黄旅游线路。目前,沿黄旅游带的概念还没有形成广泛的影响力,但主要的沿黄省(区)或城市都在竭力建设沿黄城市旅游带,可以从省域内部出发,设计打造沿黄旅游的精品路线,再进行较广区域内的沿黄路线的设计和开发,促成真正的沿黄黄金旅游带的发展。例如,宁夏回族自治区因为有黄河的流经,造就了"塞上江南·神奇宁夏",而沿途的旅游资源也极具特色,可以设计"领略回族风情""激情沙漠探险""奇享塞上江南""探秘西夏古国""礼恩黄河金岸""跟寻红军成功足迹""重走丝绸之路北道"和"探寻长城秘境"八大精品线路,全面整合旅游资源;山西沿黄扶贫公路的修建,穿越4市、19个贫困县、66个乡镇、254个建制村,沿途有河津市黄龙庙、侯禹高速黄河大桥、万荣县阳光地中海、后土祠，永济市鹳雀楼、开元铁牛、普救寺、杨贵妃故里，芮城县合河遗址、吕公祠、圣天湖，平陆县茅津渡等30多个旅游景点。在规划的沿黄区域旅游板块中，省旅游局共筹划建设5条沿黄旅游精品线路：从鹳雀楼至历山小浪底黄河沿岸旅游资源集中连片区，建设成为国际级、复合型的黄河风情文化精品旅游线路；建设以平朔、万家寨、龙口等为主的工业旅游精品线路；从永和乾坤湾至河津龙门的黄河沿岸辐射区，计划建设成为国家级并可推向国际的黄河黄土风情旅游精品线路；组合从兴县蔡家崖至柳林三交镇的红色、古色、绿色旅游资源，建设成为国家级的红色旅游精品线路；大同经杀虎口至老牛湾到保德的黄河沿岸辐射区，横向建设成为国际级、复合型的古都长城黄河旅游精品线路。各省（区）旅游线路的设计为开发"中国大黄河旅游精品线路"打下了基础，线路应依次贯穿山东、河南、山西、陕西、内蒙古、宁夏、甘肃、四川、青海等黄河流域9个省（区），分别以沿黄流域的黄河文明、历史都城、根祖文化、名胜奇观、红色旅游、美食文化、黄河峡谷、黄河湿地、风光景区、休闲度假等10个主题编排设计，囊括黄河流域的重大考古发现、风景名胜、森林公园、自然保护区、地质公园、文物保护单位、精品陈列博物馆、水利风景区、休闲度假旅游区等各类旅游景区，使游客在游览观光的同时，深刻感受黄河魅力、认知华夏文明、体验风土人情、享受休闲娱乐。

创新是沿黄黄金旅游带可持续发展的又一基本动力。只有坚持创新，沿黄黄金旅游带才能具有强大的生命力，沿黄旅游业才能走上不断发展的必由之路。今后要牢牢把握新时代的良好发展机遇，以创新推动沿黄各省（区）的旅游产业转型升级，推动沿黄旅游产业从资源驱动和低水平要素驱动向创新驱动转变，使创新成为沿黄各省（区）旅游产业发展的不竭动力。进一步推进沿黄旅游业的供给创新、体制创新和科技创新，把创新理念贯穿于要素融合、品牌推广、服务管理、资本运作、区域协作等各个环节，推动沿黄黄金旅游带实现高质量可持续发展。

四、"一带一路"：沿黄黄金旅游带可持续发展的合作空间

2013年9～10月，习近平总书记提出共建丝绸之路经济带、21世纪海上丝绸之路的重大倡议。"一带一路"倡议是一种互联互通的理念，是在对话协商、共建共享、合作共赢、交流互鉴的过程中，谋求合作的最大公约数。这种理念，大大加强了国家间的政治互信、经济互融和人文互通，开辟了世界各国合作共赢、共同发展的新路径，在世界范围内受到了广泛的欢迎和响应。

"一带一路"倡议为新时代沿黄黄金旅游带可持续发展拓展了合作空间。沿

黄黄金旅游带建设与发展，需要加强与"一带一路"沿线国家和地区的旅游合作，积极参与打造丝绸之路文化之旅，积极构建跨省（区）的黄河流域无障碍旅游区，联合沿黄 9 个省（区）共同打造黄河文明旅游带，以旅游带动开放，助推沿黄各省（区）的开放高地建设。

《国务院关于印发"十三五"旅游业发展规划的通知》（国发〔2016〕70 号）提出："遵循景观延续性、文化完整性、市场品牌性和产业集聚性原则，依托线性的江、河、山等自然文化廊道和交通通道，串联重点旅游城市和特色旅游功能区。重点打造丝绸之路旅游带、长江国际黄金旅游带、黄河华夏文明旅游带、长城生态文化旅游带、京杭大运河文化旅游带、长征红色记忆旅游带、海上丝绸之路旅游带、青藏铁路旅游带、藏羌彝文化旅游带、茶马古道生态文化旅游带等 10 条国家精品旅游带。"沿黄省（区）应在"一带一路"倡议下，充分利用丝绸之路起点和沿黄各省（区）现有旅游发展的优势，综合发力，把沿黄黄金旅游带建设成"一带一路"上的精品旅游带。

第三节 沿黄黄金旅游带可持续发展的对策与建议

一、推动沿黄省（区）旅游产业转型升级

进入 21 世纪以来，旅游业日益成为国民经济的战略性支柱产业和人民群众更加满意的现代服务业，在国民经济中的地位愈来愈重要，全民休闲时代已经到来。2013 年 2 月，国务院办公厅颁布实施《国民旅游休闲纲要（2013—2020 年）》，提出到 2020 年，中国将基本建成与小康社会相适应的现代国民旅游休闲体系，"职工带薪年休假制度基本得到落实，城乡居民旅游休闲消费水平大幅增长，健康、文明、环保的旅游休闲理念成为全社会的共识，国民旅游休闲质量显著提高"。为了规范旅游经营单位及消费者行为，促进旅游产业健康持续发展，2013 年 4 月 25 日，第十二届全国人大常委会第二次会议通过《中华人民共和国旅游法》，自 2013 年 10 月 1 日起施行。《中华人民共和国旅游法》的颁布并实施，为中国旅游产业的良性健康发展提供了制度保障。

近年来，中国的旅游业发展突飞猛进，旅游产品业态和类型日益丰富，国内旅游环境愈加优化，旅游基础设施建设更加完善，邮轮、游艇、房车、露营等旅游新业态层出不穷，国内旅游、入境旅游、出境旅游三大市场全面繁荣，旅游和休闲成为大众日常消费常态和人们提升生活品质的重要途径。国家旅游局于 2016

年 5 月发布的《中国旅游发展报告 2016》指出，中国已步入大众旅游时代，成为世界上拥有国内游客数量最多的国家，"国内旅游从小众市场向大众化转变，已拥有全世界最大的国内旅游消费市场。国际旅游从单一入境游发展成为出入境旅游并重格局，出境旅游市场更加活跃、发展空间潜力巨大"。

旅游大众化和全民休闲时代的到来，为中国旅游业发展提供了无限广泛的市场和充足的发展动力。为适应旅游大众化和全民休闲时代的需要，推动沿黄省（区）旅游产业的转型升级势在必行。这也是实现沿黄黄金旅游带可持续发展的重中之重。

经济新常态下，当前中国从高速增长转为中高速增长，经济结构不断优化升级，从要素驱动、投资驱动转向创新驱动。适应新常态下的经济发展，保持战略上的平常心态，加快推进产业转型升级，积极稳妥推动新型城镇化、区域经济一体化，实施创新驱动，培育中国经济可持续的竞争力，把握这一重大而又失不再来的战略机遇期，是中国现今面临的新的发展机遇，同时也将给中国的旅游业发展带来持久的动力。

新常态下，创业创新成为旅游业发展的最大驱动力。在线旅行服务、经济型酒店、旅游演艺、智慧景区等发展很好的旅游业态，都是旅游业创业创新的结果。随着"80 后""90 后"的人群逐渐成为旅游消费的主力，中国旅游者的消费需求、消费场景、消费心理等都发生了巨大的变化。注重品牌和品质，看重服务和享受，喜好个性化、精神体验度高的旅游产品，成为当前中国旅游消费人群的基本特征。

为适应中国经济新常态的需要，2014 年 8 月，国务院出台了《国务院关于促进旅游业改革发展的若干意见》（国发〔2014〕31 号）。该文件明确指出："以转型升级、提质增效为主线，推动旅游产品向观光、休闲、度假并重转变，满足多样化、多层次的旅游消费需求；推动旅游开发向集约型转变，更加注重资源能源节约和生态环境保护，更加注重文化传承创新，实现可持续发展；推动旅游服务向优质服务转变，实现标准化和个性化服务的有机统一。"这些指导意见为中国旅游产业在新常态下转型发展，提出了基本纲领与主要发展目标。在新常态背景下，推动沿黄省（区）旅游业的转型升级，是实现沿黄黄金旅游带可持续发展的关键所在。

二、构建权益共享机制，建立跨区域长期合作机制

（一）充分发挥政府的主导作用

政府是沿黄黄金旅游带开发管理中的核心利益相关者，缺乏政府的协调调控会导致沿黄黄金旅游带无序开发、无序竞争和无序管理，相关配套政策不完善，

资源环境保护自觉性不够等问题。处于市场培育、发展时期的沿黄旅游业，因其综合性和带动性，各级政府必须发挥在规划、组织、协调、优化市场环境等方面的主导作用，才能保障旅游业的健康和可持续发展。政府应充分发挥其主导作用，构建公平有序的旅游市场体系，提高旅游资源配置的市场化程度，推动各区域间、企业间信息交流、市场开发、人才培养等合作，协调利益相关者，建立合理的利益共享机制；加快政府职能转变，加强政府的公共服务体系建设的职能，大力提升行业协会服务行业发展的能力，鼓励各种所有制企业依法投资黄河流域旅游产业。沿黄地方政府还应重点抓好沿黄黄金旅游带的发展规划、宣传促销、人才培训和市场监管工作，尽快建立有效的组织协调机制，切实加强沿黄"涉旅部门"的协调配合，努力形成全流域上下发展黄河旅游的强大合力。同时，要理顺沿黄景区、旅游区的管理体制。对符合条件的景区，要整合文物、宗教、林业、水利等各种行政管理资源，成立景区管委会统一行使管理权；对景区内社会、经济事务实施一体化管理，形成旅游发展"一盘棋"的工作格局，解决一些景区存在的机构重叠、职能交叉、效率低下的问题。要形成常态化的工作机制，促使旅游部门与文化、农业、商业、工业、体育、环保、林业、气象、金融等部门合作更加紧密，旅游产业与文化产业、体育产业等相关产业融合不断深化，形成旅游产业融合发展的大格局。

（二）建立健全当地居民利益补偿机制，推进低碳旅游

利益相关者指与企业生产经营行为和后果具有利害关系的群体或个人。沿黄黄金旅游带旅游产业的利益相关者主要是政府机构、当地居民、旅游经营组织和旅游者等4个利益相关方。政府是利益的分享者和协调者，其利益主要体现在宏观经济收益和公共收益方面，包括促进地方经济发展和产业结构调整、制定旅游法规政策、旅游综合体对外宣传推介、提升区域形象、改善投资环境等。当地居民是区域旅游发展的主体，应该是旅游开发经营的重要参与者和主要受益者，然而在实际利益分享机制中其利益诉求却容易被忽略，导致利益分配失衡。旅游经营组织是旅游资源的开发者和直接受益者，利用各种旅游资源和公共设施，从事旅游开发与管理经营活动，取得经济效益，促进产业要素流动。旅游者是旅游服务的购买方，而便利的基础设施、舒适的旅游环境、良好的住宿条件、热情的服务都是吸引旅游者的前提，这需要政府、当地居民、旅游经营组织三方的共同努力。在旅游发展过程中，各利益相关方客观上存在着利益博弈关系，需要统筹各方利益，建立利益共享机制。

利益共享机制包括信息共享、交通共享和人才共享等。建立区域旅游信息库，构建网络营销系统，搭建旅游电子商务服务平台，及时发布沿黄黄金旅游带各省

（区）旅游相关法律法规、办事信息和动态信息，向企业和公众提供一站式服务，实现跨区域信息共享。建立交通网络系统、交通指示系统，完善交通基础设施建设，打破地域限制，实现交通共享。推进旅游人才市场信息联网，加强区域间旅游人才交流，促进人才共享。

当地居民与旅游资源环境密切相关，只有保障好当地居民的利益，才能使其积极参与到旅游资源的开发保护、经营管理中，促进旅游业健康发展。要妥善处理好政府、企业、群众的利益关系，探索并加快形成景区共享发展的利益联结机制。要加大当地居民对旅游资源开发的知情权、参与权；增加当地居民的就业机会和商业机会，吸引他们参与旅游经营，让当地老百姓首先受益；建立生态补偿机制，可将旅游收入的一部分反馈给交通设施、医疗卫生、城市环境、教育发展等公共事业；鼓励参与旅游分红，使当地居民成为旅游开发经营的股东和劳动者，激发其参与旅游发展的积极性和旅游资源保护的自觉性。

倡导绿色旅游消费，推进低碳旅游。牢固树立"绿水青山就是金山银山"的理念，将绿色发展理念贯穿到黄河全流域的旅游规划、开发和管理中去。切实践行绿色旅游消费观念，注重资源节约和生态环境保护，大力倡导绿色消费，鼓励沿黄景区、酒店等旅游企业实施客房价格与水电、低值易耗品消费量挂钩，尽量减少一次性用品使用；引导旅游者低碳出行，提高节能环保交通工具使用比例；大力推广公共交通、骑行、徒步等绿色生态出行方式。开展绿色旅游公益宣传，加强生态文明、绿色旅游教育和培训，引导全行业、全社会树立绿色旅游观念，形成绿色消费自觉。

（三）开展区域旅游合作，建立战略性长期合作机制

沿黄黄金旅游带的可持续发展，需要加强黄河沿线各省（区）之间的区域旅游合作，必须建立战略性长期合作机制，具体对策如下。第一，加强沿黄黄金旅游带旅游产品合作。在实现黄金带内旅游共同体合作效应的基础上，突出本区块的旅游内涵和核心。然后利用黄金带内各城市的丰富旅游资源，进行不同内容的组合，构成满足不同旅游需求的旅游产品。第二，加强沿黄黄金旅游带的客源市场合作。优质且多量的客源市场是旅游目的地的城市持续发展的基本保障，是提升旅游经济发展的基础。黄金带内的旅游城市应加强客源合作，打造核心游览区域。例如，在沿黄中下游地区，郑州、开封、洛阳、安阳的主要客源市场是国内，由于其旅游交通的便捷性，地缘关系较好，在进行客源合作的过程中，一方面，能够显著降低各城市内部的旅游资本投入，提升经济效率；另一方面，也能为游客带来旅游成本减负，降低游玩成本。第三，创建沿黄黄金旅游带旅游品牌合作。沿黄黄金旅游带区块内城市群可以在优势资源上做好更多文章，形成真

正意义上的旅游共同体，建立新的旅游形象，并实现共同对外宣传、招商引资、节事活动研发举办、发展黄金旅游带内全域旅游等重要内容。第四，实现黄金旅游带内城市区块的管理协同化。在旅游管理上的合作，不仅有利于破除行政壁垒造成的屏障与制约，也有利于区域协同化发展。其主要内容应包括：成立多方合作的旅游服务中心，接受合作区域内游客的咨询、投诉及回访，保障游客的权益，提升游客的安全感；同时建立区域旅游信息集散中心，用来合作交流数据，及时预警、分析、发布黄金旅游带内旅游数据，实现在信息化时代下的智能旅游管控。

三、健全黄河流域旅游管理体制，编制全流域统一的旅游规划，对沿黄黄金旅游带资源进行空间整合

（一）健全黄河流域旅游管理体制

沿黄黄金旅游带的开发管理涉及多个部门，有管理部门不统一、条块分割、责权不明、体制混乱等问题。黄河水利委员会是黄河流域上唯一流域管理性质的机构，但是这一机构只是水利部的派出机构，负责对黄河流域内水资源进行统一规划、分配与协调，水资源预报和监测，生态环境水土保持等工作，没有实质性权利，而真正对流域具有管理权限的是流域范围内的各个行政机关。流域管理行政机关涉及水利、国土资源、交通、电力、森林等多个部门，全流域和各地缺乏完整的流域管理体制和体系，增加了沿黄黄金旅游带的开发管理难度。因此，需要健全流域管理体制，进行体制的改革创新。

应当从黄河全流域系统层面上进行宏观把握，将黄河流域的管理权统一到一个实权机构中，建立统一的管理机构。理顺管理结构，明确管理主体、管理权限，避免管理混乱、政出多门的问题。对流域综合治理开发进行统一规划、统一建设、统一执法和统一保护，避免地方利益的干扰，最大限度地发挥管理的功效。着力加强黄河沿线旅游部门和相关部门之间的协调力度，完善黄河流域旅游业的宏观调控体系，推动沿黄各地成立相应的协调机构。

必须实行旅游管理体制创新，成立沿黄地区旅游管理委员会，将建设、园林、文化、市政等部门涉及旅游的相关管理权划归旅游管理委员会，强化现行旅游管理部门的管理权限，进一步明确旅游产业的管理主体、管理权限，从而彻底解决沿黄地区内管理混乱、政出多门的问题，全力营造公平、开放、竞争的旅游市场环境。

（二）编制黄河全流域统一的旅游规划

打破行政区划、行业进入壁垒等方面的限制，在充分考虑黄河沿线各省（区）旅游资源禀赋及其旅游经济差异的基础上，编制黄河全流域统一的旅游发展规划，是构建沿黄黄金旅游带并建设大黄河旅游品牌的必要选择。同时，还应以"多规合一"思路增强规划的统一性、权威性和长效性，全面推进旅游规划与城乡总体规划、土地利用规划等规划的协调衔接，增强旅游发展合力。

编制全流域统一的旅游规划时，一定要注重突出黄河文明旅游与其他旅游板块的融合发展。例如，山西省拥有黄河、长城、太行三大文化板块，而这三大文化板块均为世界级的旅游资源。可以构建沿黄黄金旅游带为契机，充分挖掘山西省黄河、民族精神主题，构建母亲黄河、龙腾黄河、多彩黄河、生态黄河的旅游精品线路。同时，融合山西省的"古建长城、军事长城、民族长城、丝路长城"等长城文化元素和"山水、生态、红色圣地"等太行文化元素，实现山西省"黄河、长城、太行"三大旅游板块融合共赢发展的格局。

（三）对沿黄黄金旅游带资源进行空间整合

沿黄黄金旅游带自然资源和文化资源丰富，青海湖、峨眉山、九寨沟、泰山等自然风光秀丽多姿，河湟文化、齐鲁文化、中原文化、寻根文化、丝绸之路、晋商文化等熠熠生辉，各种资源种类丰富、数量繁多，为沿黄黄金旅游带资源整合发展奠定了基础。旅游资源整合是一个逐渐磨合、不断提升的过程，各个地区要树立旅游可持续发展意识，正确处理好区域内旅游资源的空间竞合关系，在品牌构建、产品体系开发、基础设施建设和资源共享方面加强合作，以优化区域旅游整体发展环境、提升区域整体竞争力。要根据沿黄黄金旅游带9个省（区）的地理位置，旅游资源分布情况、组合特征和开发现状，市场供需情况，将各个省（区）进行旅游定位，按照"点—线—面"和产业集聚发展战略，将相邻相似的旅游资源禀赋区进行空间整合。沿黄9个省（区）旅游资源种类多、特色多，可以采用"分类整合"的整合模式，将沿黄流域拳头旅游资源整合为旅游带、旅游廊道和主题旅游区，将自然资源与文化旅游有机结合起来，提升旅游产品的旅游功能、承载力和地区间的联动性，避免同质产品的替代性、恶性竞争。

四、整合打造沿黄黄金旅游带品牌，促进整体形象塑造与传播

（一）整合打造沿黄黄金旅游带品牌

《国务院关于促进旅游业改革发展的若干意见》（国发〔2014〕31号）提出："推动区域旅游一体化。进一步深化对外合资合作，支持有条件的旅游企业'走出去'，积极开拓国际市场。完善国内国际区域旅游合作机制，建立互联互通的旅游交通、信息和服务网络，加强区域性客源互送，构建务实高效、互惠互利的区域旅游合作体。"要在统一规划、统一开发、统一管理、统一促销和统一保护的前提下，打造沿黄黄金旅游带的整体品牌，发展大黄河旅游产业。通过打造整体品牌，塑造统一的品牌形象，以此为沿黄黄金旅游带内各个旅游品牌的塑造赢得机会。

黄河沿线的旅游资源十分丰富，在全国旅游业快速发展的大背景下，随着黄河文化生态游的升温及沿黄沿线各省（区）对旅游业发展的重视，沿黄旅游的发展应以现有的精品旅游资源为核心，分阶段重点开发黄河沿线旅游资源，着重培育沿黄旅游的龙头品牌，提升A级及以上景区质量，打造旅游发展的增长极，进而形成对周边低层次旅游资源的经济、文化辐射，促进全面的网络化旅游发展格局。

（二）促进沿黄黄金旅游带整体形象塑造与传播

旅游目的地形象塑造是一个复杂的、动态的系统工程，它包含旅游目的地形象调研、形象定位、形象设计、形象传播和形象管理5个子系统。这5个子系统环环相扣、层层递进，共同保证旅游目的地形象的塑造。

沿黄黄金旅游带形象调研是形象塑造的前提和基础，一是针对旅游带的地方性资源调研，包括自然地理特征、历史文化特征和民俗风情等内容的研究；二是针对旅游者的旅游地形象调查，即对知名度和美誉度的调查。形象定位是形象塑造的核心，旨在以沿黄黄金旅游带资源特色为基础，以客源市场为导向，使旅游目的地深入到公众心中，形成鲜明而强烈的感知形象。形象设计是关键，包括沿黄黄金旅游带的人-地感知形象设计，如视觉景观形象、视觉识别符号、视觉形象区位空间结构等；人-人感知形象设计，包括政府形象、旅游从业人员形象、当地居民形象等。形象传播是重点，旅游形象的塑造还要将沿黄黄金旅游带的形象设计传播给广大旅游者，在旅游者心中树立良好形象，激发旅游动机。形象管理是保证，贯穿于整个形象塑造过程。沿黄黄金旅游带形象塑造要深入调研挖掘黄河流域深厚的历史积淀，展现黄河沿岸民俗风情、秀丽风光，设计对外宣传口号，

打造沿黄黄金旅游形象,加大形象传播和管理。

企业是沿黄黄金旅游带发展的基石。企业强,则旅游带强。我国旅游业发展已经逐步跨入大企业带动和引领发展的新阶段。要坚持黄河流域的大区域开发、大集团引领、大资金投入等发展思路,发挥大旅游企业龙头带动引领作用,牢固树立建成一个旅游景区(度假区)就是一个有国际影响力的精品的观念,在此基础上打造一批具有国际影响力的黄河文化旅游品牌。同时,要选择那些比较优势明显、对周边资源具有整合功能、对旅游线路具有支撑作用、对区域旅游具有带动效应、影响力大的特色项目进行综合开发,带动全流域旅游业的快速发展,构建大景区、大容量、大循环的旅游项目,实施项目带动战略。

要建立共同的旅游市场,实行统一营销,共同在中央电视台黄金时间推出沿黄的旅游形象广告,优化旅游线路。2012年10月19日,由国家旅游局召集,沿黄河9个省(区)旅游局局长齐聚河南省郑州市商讨沿黄河旅游产业发展大计。会议达成以下共识:沿黄河9个省(区)将共同推出一部黄河旅游产业发展规划,今后9个省(区)旅游业界将推出沿黄旅游线路,并联合向国内外营销。通过讨论,国家旅游局和各省(区)旅游局人士都认为,目前国内沿黄河各省(区)都在围绕黄河大做经济发展文章,涉及工业、农业等多个产业,在这样的发展基础上,联合发展沿黄河旅游产业的时机已成熟。与会代表经过讨论,最终达成共识,由沿黄河9个省(区)共同制定一部沿黄河旅游产业发展规划,规划中将重点明确9个省(区)联合推出沿黄河旅游线路,并通过共同营销的模式把产品推向国内外。

(三)挖掘黄河文化内涵,确立鲜明的区域旅游形象

黄河蜿蜒曲折流经我国9个省(区),孕育了美丽的自然风光:青海三江源自然保护区,甘肃黄河石林、老龙湾,宁夏中卫沙坡头,山西壶口瀑布,河南黄河风景名胜区,山东垦利区黄河口生态旅游区等,形成了北方独有的黄河风光。并且,黄河流域延伸出了著名的仰韶文化、河洛文化、中原龙山文化、大汶口文化、山东龙山文化、马家窑文化、红山文化等,留下了大量具有科考价值和观赏价值的人文历史古迹,其中大中原地区是黄河文明的中心。大中原区域内的河洛文化又是黄河文明的核心,河南省人文旅游资源极为丰富,成为沿黄旅游发展带上的重要节点城市之一。沿黄城市旅游发展有着得天独厚的环境,旅游资源的开发不仅要满足游客观光游览的需要,更要注重对资源本身的深层次文化挖掘,提升旅游产品的品质,寻找吸引差异。而旅游形象的塑造正是显现景区差异的直观表现。旅游形象是广大旅游者对旅游产品、旅游目的地留下的鲜明印象,而个性鲜明、风格独特的旅游地形象则是形成庞大旅游市场的源泉。虽然本区域的每个省(区)

都有自己重点开发的旅游资源和旅游形象定位,但是"沿黄旅游"并没有在沿黄旅游城市中形成统一的旅游品牌形象和广泛的群众认知,而且黄河沿线各省(区)的旅游市场宣传促销力度非常薄弱,这就导致了沿黄旅游形象的引导作用难以发挥,不能有效促进沿黄旅游一体化的发展。因此从自然、文化、经济等方面加强对黄河流域旅游形象的整体形象塑造,强化大旅游的区域化概念并扩大宣传影响,将对沿黄旅游带的进一步发展有着重要的指导意义。

五、加强沿黄黄金旅游带的支撑体系建设

(一)优化旅游市场环境,不断提升旅游服务质量

建立健全旅游综合协调、旅游案件查办、旅游投诉受理等综合管理机制,统筹旅游市场秩序整治工作,对影响旅游市场秩序的重大案件要实行督办问责制;健全旅游综合监管机制,构建属地管理、部门联动、行业自律、各司其职、齐抓共管的工作格局;探索建立旅游市场秩序综合评价制度,建立旅游产品和服务标准公开承诺和监督制度;加强旅游法制建设,建立健全旅游执法机制,强化旅游质监执法队伍建设。在有条件的地区设立"旅游警察",加强沿黄城市地区的社会安全和环境卫生的治理,全面整治机场、车站、码头、重要商业区等旅游集散地卫生环境;在全流域建设友好型旅游环境,实现旅游服务的标准化、规范化、亲情化和特色化;在 A 级及以上景区和星级饭店评定和复核中,将服务细节、服务水平作为重要标准;持续组织开展城市游客满意度测评,坚持问题导向,建立政府主导整改机制;加快完善旅游相关企业和从业人员诚信记录,发挥行业协会行业自律作用,引导会员企业诚信经营;加大《中华人民共和国旅游法》执法检查力度,对沿黄旅游企业持续开展旅游市场秩序整治行动,依法严厉打击"零负团费"、"黑导游"和强迫或变相强迫旅游消费等行为,建立严重违法企业的"黑名单"制度。

(二)大力加强沿黄地区的旅游基础设施建设

继续实施旅游畅通工程,完善沿黄省(区)的公路、铁路、机场布局及旅游集散网络,解决连通景区交通的"最后一公里"问题,推动机场、车站、码头与主要景区公路交通的无缝对接,增加旅游的可进入性和交通通达性;新建和改扩建一批停车场、交通引导标志、游客服务中心等旅游基础设施和公共服务设施;推进全域化旅游"厕所革命",实现沿黄所有 A 级及以上景区的旅游厕所达到旅游厕所质量等级标准,彻底解决沿黄景区的旅游厕所的问题;加大停车场等重要旅游基础设施和公共服务设施建设力度,实现交通畅通,消除景区"断头路"。

（三）做好自驾游服务与保障

自驾车旅游是伴随着汽车工业的快速发展而出现的，这一旅游方式已经成为一种常态化的旅游方式。随着我国经济社会持续快速发展和旅游个性化需求增长，自驾车旅游市场规模持续扩大并将逐渐演变成为主流的旅游方式。随之而来的是对自驾旅游的需求也越来越大，其中包括了出行前后的汽车保养维护、沿途的线路交通状况、行程的安全及出游目的地的住宿、餐饮、景点门票及娱乐消费等相关项目所相对应的配套服务等。沿黄城市地区应以市场需求为导向，以产业化发展为方向，通过资源整合、区域竞合、市场联合、产业配合，积极构建观光游览、休闲度假、文化体验型等自驾车旅游产品体系，打造若干条具有国际影响和国内示范性的自驾车旅游精品线路，形成具有广泛带动能力和显著综合效益的自驾车旅游产业，从而促进沿黄黄金旅游带的可持续发展。

（四）以旅游信息化建设促进沿黄黄金旅游带的可持续发展

信息化已成为经济社会发展的显著特征。信息化代表了新的生产力和发展方向。旅游业发展需要用信息技术推进旅游生产方式、管理模式、营销模式和消费形态的转变，以便全面提升产业质量效益和核心竞争力，实现旅游经济稳步增长、综合效益显著提升、人民群众更加满意、国际影响力大幅提升的目标。加快旅游信息化发展，既是适应信息化时代的必然选择，也是全域旅游发展的客观要求，更是满足游客需求的内在要求。根据《"十三五"全国旅游信息化规划》，"十三五"期间，我国旅游信息化工作的 10 个主攻方向："一是推进移动互联网应用，打造新引擎；二是推进物联网技术应用，扩大新供给；三是推进旅游电子支付运用，增加新手段；四是推进可穿戴技术应用，提升新体验；五是推动北斗系统应用，拓展新领域；六是推动人工智能应用，培育新业态；七是推动计算机仿真技术应用，增强新功能；八是推动社交网络应用，构建新空间；九是推进旅游大数据运用，引领新驱动；十是推进旅游云计算运用，夯实新基础。"

沿黄黄金旅游带的可持续发展，需要旅游信息化建设的支撑。旅游信息化也是沿黄黄金旅游带可持续发展的必备条件。要充分发挥信息化对沿黄黄金旅游带的引领作用，通过信息化引发沿黄黄金旅游带发展战略、经营理念、运营方式和产业格局的全面变革，全面促进黄河流域旅游产业的转型升级。大力推进沿黄黄金旅游带区域内的旅游信息化建设，到 2020 年，努力实现以下具体化和量化指标："4A 级以上旅游景区实现免费 WiFi、智能导游、电子讲解、在线预订、信息推送等全覆盖；旅游大巴、旅游船和 4A 级以上旅游景区的人流集中区、环境敏感区、旅游危险区，实现视频监控、人流监控、位置监控、环境监测等设施的合理设置；在线旅游投资占全国旅游直接投资的15%以上；在线旅游消费支出占旅游消费支出的20%以上。"(《"十三五"全国旅游信息化规划》)在此基础上，力争实现"信息服务集成化、市场营销精准化、产业运行数据化、行业管理智能化"等四大目标。

（五）拓宽沿黄旅游企业融资渠道

要想把旅游业作为战略性支柱产业做大做强，必须依托金融资本的大力支持，需要将资源禀赋与金融资本有机结合起来，加快旅游业和金融业相互促进、良性循环。沿黄城市地区要建立健全以政府投入为引导、企业投入为主体、境内外投资共同参与的服务业多元化投融资机制，同时积极发挥财政资金对市场的引导作用，以便撬动更多社会资金投资发展旅游业。沿黄旅游企业应该进一步深化与金融系统的合作，不断拓宽融资渠道。引导符合条件的企业发起成立旅游担保公司、旅游资本管理公司，推动旅游企业在主板、中小企业板、创业板挂牌上市。鼓励金融机构开办景区经营权和门票收入等质押贷款渠道；鼓励沿黄省（区）的中小旅游企业和乡村旅游经营户以互助联保方式实现小额融资；积极引导金融、风投机构与创新型、成长型旅游企业合作，鼓励有条件的旅游企业上市融资；大力推广公共私营合作制（PPP）模式，积极引导私募股权投资基金、创业投资基金投资旅游基础设施项目，吸引更多金融资本、产业资本、民间资本参与沿黄地区旅游产业发展。

第四节　大运河文化带建设与沿黄黄金旅游带

一、大运河文化带建设

中国大运河包括浙东运河、隋唐大运河和京杭大运河，具有2500多年的悠久历史，全长2700km（其中京杭大运河1797km），连接北京、天津、河北、山东、江苏、浙江、河南、安徽等8个省（市），贯通海河、黄河、淮河、长江、钱塘江五大水系，是世界上开凿最早、规模最大、线路最长、延续时间最久的运河。其不仅是中国古代最重要的南北交通大动脉，而且是自隋唐以来中国丝绸之路、瓷器之路、茶叶之路、海盐之路的重要通道，还是军事调动、政务服务、商贸物流、文化传播的重要历史文脉之一，在中国的政治、经济、文化、军事史上具有非常重要的地位。

作为媲美万里长城的中国古代人工设施，中国大运河是劳动人民的伟大创造和中华民族勤劳智慧的象征，堪称是中华民族流动不息的血脉。大运河沿线的水工设施、文物古迹、科技教育、文学艺术、诗词碑刻、风情习俗、饮食文化、名人轶事、神话传说等文化遗产丰富多彩，素有"文化长廊"、"科技宝库"、"历史名胜博物馆"和"历史民俗陈列室"等美誉。

京杭大运河是一条蕴含着悠久中华历史文化的河流。京杭大运河把沿线流经的各个城市乡村串在了一起，形成了今天南北交融的经济带和文化带，沿线至今仍保存着丰富的物质文化遗产与非物质文化遗产。京杭大运河沟通了我国海河、黄河、淮河、长江、钱塘江五大水系，大运河文化带建设是沿黄黄金旅游带构建和可持续发展的关键一环，也是"一带一路"倡议中非常重要的部分。

二、建设河南大运河精品旅游走廊

河南省应抓住"一带一路"建设和大运河文化带建设等机遇，通过深入挖掘和展现沿黄古都文化、丝绸之路文化、黄河文化、根亲文化、佛教文化，突出峡谷奇观、黄河湿地、地上悬河等自然景观，加强黄河两岸生态建设，开发生态观光、休闲度假、文化体验等旅游产品。因地制宜地开发黄河游轮、摩托艇、皮划艇、气垫船等水上观光、休闲娱乐产品，加快建设一批集餐饮、住宿、休闲等功能于一体的旅游码头。将河南省沿黄旅游带打造成荟萃华夏文明、彰显中原丝绸之路文化特色、凸显生态黄河风光的国际旅游精品带。当前，应结合沿黄黄金旅游带的构建，集中精力建设河南大运河精品旅游走廊，并以此作为沿黄黄金旅游带的重要组成部分。

当前，应大力整合河南省大运河文化带的历史文化资源，宏观上应与"一带一路"、中原经济区建设等相结合，微观上根据隋唐大运河沿线城镇特色历史文化资源，科学合理规划旅游项目，建立隋唐大运河沿线城市互动与合作的机制，实现文化遗产保护、生态环境建设与社会经济发展的有机协调，打造河南大运河文化带精品旅游走廊，使河南大运河成为世界遗产保护与利用的中国样板，以此作为提升沿黄黄金旅游带国际影响力的重要抓手，打造沿黄黄金旅游带的世界旅游品牌，带动黄河上中下游旅游带的建设与发展。

三、探索大运河文化带保护利用的"河南模式"

隋唐宋时期，以洛阳为中心的隋唐大运河是世界上开凿时间较早、规模最大、线路最长、延续时间最久且目前仍可以使用的运河，也是世界上极具影响力的水道之一。深入挖掘、系统展示河南省隋唐大运河蕴含的丰富文化内涵和时代价值，探索隋唐大运河保护利用的"河南模式"，建设一条文化、生态、经济协调发展的隋唐大运河文化带，打造中原文化新高地，构建河南省隋唐大运河文化带精品旅游走廊，这对沿黄黄金旅游带的构建及其可持续发展意义十分重大。

充分发挥河南大运河文化带经济建设的效益。华夏文明传承与创新区是中原经济区五大战略定位之一，是国家赋予中原经济区的重大文化使命。充分发挥隋唐大运河文化带建设的综合效益，使之在改善沿岸居民生活环境、发展旅游、增加就业等方面发挥巨大的作用。河南大运河文化带的建设必须靠产业支撑和资本驱动。因此，必须整合河南省产业资本、媒体优势、人才智力优势，用好国家级专业团队与本土文化专家的整合优势，谋划隋唐大运河文化带产业发展战略，做好河南大运河文化带的发展规划，大力吸引社会资本进入。

坚持传承与创新相协调。在建设隋唐大运河文化带的过程中，要坚持传承与创新相协调，立足于河南省的基本情况，使用新文化业态产业、新表现方式生产、新手段传播，重新赋予隋唐大运河文化带新的生命、新的魅力，进一步增强中原文化的感召力、感染力和影响力。河南省要以高度历史使命感推进隋唐大运河文化带建设，通过对运河保护好、运河文化传承好来充分利用好河南大运河文化带的丰富文化遗产资源，通过推进大运河文化带保护利用和传承创新，进一步擦亮河南省隋唐大运河的文化名片，增强沿河地区政府和民众的文化自信和文化自觉，使之成为泽被后世的文化精品工程，并在推动中原优秀传统文化创造性转化和创新性发展、培育展现中原风貌和具有国际影响的文化品牌、塑造昂扬向上的中原人文精神、推动中原文化走向世界等方面发挥不可代替的重要作用。

坚持因地制宜、融合发展的原则。坚持传统文化产业与新兴文化产业并重、国有文化产业与民营文化产业并进、规模扩张与产业升级并举，将河南大运河文化带建设成为全国重要的文化产业基地。结合河南大运河文化带建设，实施现代文化创新发展新高地建设工程，打造一批具有中原文化特质的大运河文化知名品牌。坚持因地制宜、融合发展的原则。产业结构雷同、发展思路单一、文化资源过度开发和得不到有效利用二者并存等问题，一直是隋唐大运河沿线城市地区乃至全国各地文化产业发展面临的普遍突出问题。要有效解决这些问题，需要坚持因地制宜原则，尽量做到隋唐大运河文化产品的本地化、特色化、品牌化；促进隋唐大运河特色文化资源与现代消费需求的有效对接，加快大运河特色文化产业与旅游等相关产业融合发展。

加强文化创意产品的打造。加强文化创意产品的打造是河南大运河文化带建设的主要路径。要从流淌着的隋唐大运河文化遗产中以文化创意实现产品活化，以文脉延续实现遗产保护，做到古为今用。中共中央办公厅、国务院办公厅2017年初印发的《关于实施中华优秀传统文化传承发展工程的意见》，也把"创造性转化和创新性发展"作为文化传承与发展的基本原则。河南省应该充分利用隋唐大运河文化带建设这样一项具有划时代意义的文化工程,牢固树立"创造性转化和创新性发展"的理念。大力结合国家"一带一路"建设,通过建设中原文化高地实现国家倡导的"文化自信",让中原文化更具备世界影响力。

编辑出版"河南省隋唐大运河系列丛书"。目前,河南省迫切需要做的是编辑出版一套"河南省隋唐大运河系列丛书",可分为运河遗产、运河文化、运河保护、运河开发利用等4卷,包括河南隋唐大运河的历史变迁、隋唐大运河相关文学作品、隋唐大运河河南沿线城市重点遗产介绍、隋唐大运河河南沿线地区非物质文化遗产、河南省隋唐大运河文化遗产保护与开发、隋唐大运河河南沿线地区主要文化遗产等内容。同时,大力发展新兴传媒业态,比如网络、动漫、游戏、主题公园、实景演出、影视等,利用新兴文化业态广泛传播隋唐大运河文化,将隋唐大运河文化有机融入新兴文化业态,使传统的大运河文化成为人们喜闻乐见的文化故事。

努力探索隋唐大运河保护利用的"河南模式"。在隋唐大运河文化带建设过程中,要注意打造隋唐大运河绿色生态、文化旅游经济带,促进沿河城市乡村生态、环境的优化,注重对沿线文物保护单位、历史文化名县名镇名城、历史文化街区和传统村落的保护,促进隋唐大运河文化带建设与文化旅游产业发展的有效融合,不断提升沿线城市地区人们的生活品质、生活质量和幸福指数。要将隋唐大运河的保护与开发利用与促进大运河沿线地区的经济社会发展结合起来。坚持"统筹兼顾、保护为主、抢救第一、合理利用、加强管理"的原则,在此基础上,力促隋唐大运河文化带建设与河南省华夏历史文明传承创新示范区建设的良性互动发展,努力探索隋唐大运河保护利用的"河南模式"。

四、打造河南大运河旅游品牌

当今,旅游业的产业关联度高、辐射牵引力大、综合带动性强,是最具潜力的朝阳产业、极具效益的优势产业、最具环保的绿色产业。依托隋唐大运河文化带,打造河南省精品旅游线路,既能更好地满足旅游进入大众化时代后人民群众对美好生活的需求,也有利于河南省华夏历史文明传承创新示范区建设。实施"龙头驱动,品牌引领,文化创新"战略是地方文化产业发展的必然选择。运河文化旅游品牌的塑造要做到高起点谋划、高标准构建、高强度宣传、高水平管理。根据"消费大众化、需求品质化、发展全域化、产业现代化"的当代文化旅游产业发展趋势,结合河南省文化旅游产业发展现状与隋唐大运河文化带沿线的资源构成,河南省须集中文化资源、集中财力,精选标志性地段,打造隋唐大运河的整体文化标志。当前需要重点打造朱仙镇国家文化生态旅游示范区、洛阳隋唐大运河博物馆、郑州古荥大运河历史文化示范区等龙头文化旅游品牌，并以此带动河南大运河文化带建设，促进华夏历史文明传承创新，促进沿黄黄金旅游带可持续发展。

以朱仙镇国家文化生态旅游示范区为依托，构建中原水乡旅游品牌。朱仙镇的文化底蕴极其深厚，是中国历史文化名镇和中国民间文化艺术之乡，也是中国木版年画和豫剧祥符调的发源地。朱仙镇始建于战国初期，原名聚仙镇，后因战国名士朱亥的食邑和封地而得名。唐宋以来，朱仙镇是水陆交通要道和商埠重地。明清时期，由于贾鲁河（古名孙家渡）的开通，朱仙镇河道四通八达，不仅是省城开封的外港，而且成为中原的商业重镇，与广东佛山镇、江西景德镇、湖北汉口镇齐名。朱仙镇木版年画为中国木版年画之鼻祖，被命名为中国木版年画民间艺术之乡。朱仙镇国家文化生态旅游示范区是由河南省开心一方置地集团有限公司投资开发的项目，是中原水乡文化旅游的开山之作。项目主体以"生态筑梦，文化延梦，外在古典，内在时尚"为文化旅游规划开发基本理念，着力于建造一个以水上文化观光、娱乐购物、度假休闲为主的特色文化旅游综合体，其中主要打造"河南有个朱仙镇""天下第一镇"的旅游品牌影响力。朱仙镇文化旅游项目建成后，整个园区将体现"镇湖相连、景湖相依、镇在水中、水在镇中、镇湖一体"的独特中原水乡自然及文化风貌，再现历史上朱仙镇商船昼夜穿梭、夜间两岸灯火通明、沿河景色异彩缤纷的景象。目前，部分建成的朱仙镇国家文化生态旅游示范区将对朱仙镇文化旅游项目的发展起到强劲的带头作用和示范作用，可以加快千古名镇的文化复兴步伐。作为中原唯一的按照水乡文化古镇风格建造的特色综合体旅游，朱仙镇国家文化生态旅游示范区以复原明清建筑作为主要类型，同时融合厚重的历史文化，将展示给游客一片"镇湖相连、景湖相依、镇在水中、水在镇中、镇湖一体"的独特中原水乡自然及文化风貌。以朱仙镇国家文化生态旅游示范区为依托，构建中原水乡旅游品牌，将其打造成为中原地区乃至国内最具吸引力的隋唐大运河古镇旅游目的地，并以此为龙头来提升河南省隋唐大运河文化带旅游的品牌度与知名度，形成中原文化新高地。

将郑州古荥大运河历史文化示范区建设成为隋唐大运河文化带的精品工程和河南省重要的华夏历史文明传承创新示范区。该项目以文物保护为基础，传承和发展传统文化符号，依托国家级历史文化名镇——古荥镇和世界文化遗产——隋唐大运河两大顶级资源，实现文、商、旅结合，力求把古荥镇打造成郑州市乃至河南省顶级的文化旅游古镇。当前，郑州古荥镇正在抓"古荥大运河历史文化区"建设的重大历史发展机遇，全力以赴投入"古荥大运河历史文化区"建设工作。2016年，建设"古荥大运河历史文化区"被列为郑州市重点项目，惠济区委区政府更是对建设"古荥大运河历史文化区"从人力、物力、财力等方面全力支持。2017年,古荥镇共梳理出重点项目43个,其中大运河文化区建设项目29个,总投资270余亿元。2017年,古荥镇强力推进"古荥大运河历史文化区"建设的龙头项目——"荥泽古城复建工程"和"古荥故城遗址生态文化公园"的建设。同时还以项目为带动,强力推进大运河遗址博物馆生态文化园、荥阳故城遗址生态文化公园、古荥泽城历史民居及城隍庙、纪信庙、孔氏家庙等修复建设,全力打造一张惠济区、郑州市乃至河南省的对外展示和文化旅游的黄金名片。在中国共产党郑州市第十一次代表大会上,明确了要把"古荥大运河历史文化区"作为提升郑州市华夏历史文明传承创新核心区的重要载体。可以通过郑州"古荥大运河历史文化区"的建设,最大限度地发挥品牌引领效应,形成中原文化现代建设的新高地。

  实施洛阳隋唐大运河博物馆品质提升工程。洛阳隋唐大运河博物馆位于洛阳市,是依托洛河北岸的全国重点文物保护单位——洛阳山陕会馆而建的。洛阳隋唐大运河博物馆利用实物、图片、多媒体展示等手段,全面讲述了洛阳与大运河的关系,展示了洛阳遗存的大运河文化遗产,对公众了解隋唐大运河、对中国历史和中原文化的影响具有重要意义。其中,图片展主要包括隋唐大运河的开凿、隋唐大运河的繁荣和作用、运河遗珠、隋唐大运河洛阳段的保护和申遗等4个部分;实物展则以在洛阳地区发掘或征集的与大运河有关的文物为主,比如大运河河道的河堤石构件、含嘉仓的粮食标本、仓窖模型等通过文物维修、考古研究、开放展示、宣传教育等手段,把隋唐大运河和中原文化的丰富内涵、演变过程、杰出成就充分展现在世人面前,使人们在这里能够近距离感受隋唐大运河文化的厚重历史文化和中原文化的博大精深。今后,应大力实施洛阳隋唐大运河博物馆品质提升工程,持续加大文化创新力度,通过添加新内容、改进展示技术、建立新渠道等多种方式,提升隋唐大运河文物展示与传播的效益,吸引更多观众走进博物馆。通过加快隋唐大运河文物大数据中心建设与投入,可以使用馆内建设集文物记录、展示、分享和沟通于一体的服务信息数字化平台,促进隋唐大运河文化遗产资源在博物馆建设中的传承创新,把洛阳隋唐大运河博物馆建成一座能够全面收藏、展示、研究、宣传大运河文明的国家级博物馆,使之成为具有中原文化特色且特色鲜明的世界一流的大运河博物馆,成为隋唐大运河文化遗产保护传承示范基地及展示和传承中原文化的重要窗口。同时又是一个集弘扬隋唐大运河文化、传承华夏历史文明的主要基地,并在文化旅游休闲、文化产业集聚等方面可以发挥重要作用的国际文化旅游目的地,为中原文化高地的形成提供重要支撑。

第五节 "文旅融合"视角下的黄河旅游可持续发展：以黄河河南段为例

一、"文旅融合"视角下的沿黄黄金旅游带

我国自古以来就有着"文旅融合"的传统。孔子早在2500年前就阐述了"无文不远"的道理，"读万卷书，行万里路"就是中国传统文人"文旅融合"的风尚。在新时代条件下推动文化和旅游融合发展，体现了当代文化产业、文化事业与旅游产业共有共建共享的有机结合，是中国传统"文旅融合"的传承创新。促进文旅融合是推动我国旅游业优质发展的必然要求。

2019年3月8日，文化和旅游部部长雒树刚在"两会"上提出："推动文化和旅游融合发展是以习近平同志为核心的党中央作出的重要决策，我们深深体会到文化是旅游的灵魂，旅游是文化的载体。文化使旅游的品质得到提升，旅游使文化得以广泛传播。第一，通过文化和旅游的融合发展，推出更多文化和旅游精品。第二，通过文化和旅游的融合发展，我们要创造更加舒适、便利的旅游环境。第三，通过文化和旅游的融合发展，实现安全旅游、文明旅游。第四，通过文化和旅游的融合发展，推动中外人文交流。"

结合沿黄黄金旅游带可持续发展，"文旅融合"就是要推进沿黄地区文化事业、文化产业和旅游业的全面融合发展、全链条深度融合，根据"宜融则融、能融尽融"原则，找准黄河文化和沿线旅游工作的最大公约数、最佳连接点，在全流域实现旅游资源共享、品牌优势互补、文化传承与旅游业发展协同推进。结合文化和旅游部党组书记、部长雒树刚有关讲话中的精神，实现沿黄黄金旅游带可持续发展，重点需要做到3个方面"文旅融合"，这也是新时代沿黄黄金旅游带可持续发展的基本路径。

第一，着力推进理念融合。树立以文促旅、以旅彰文的理念，从思想深处打牢黄河文化和沿黄旅游融合发展的基础，真正切实推动文化和旅游深度融合，充分发挥旅游的产业化、市场化优势，在沿黄地区开创文化创造活力持续迸发、旅游发展质量持续提升、优秀文化产品和优质旅游产品持续涌现的新局面，不断增加黄河文化旅游产品的吸引力和影响力。

第二，着力推进产业融合。在沿黄地区全面实施"文化+""旅游+""互联网+"战略，因地制宜地推动黄河文化、黄河旅游及相关产业融合发展，不断培育

新业态,统筹推进黄河文化生态保护区和沿黄地区全域旅游发展。以文化创意为依托,大力促进产品融合,推动更多黄河文化资源转化为文化旅游产品,以文化创意推动沿黄旅游特色化、品质化发展,着力推出一批特色鲜明的黄河文化旅游商品,建立一批具有鲜明的黄河文化主题的一流旅游目的地和集文化创意、度假休闲、康体养生等于一体的黄河文化旅游综合体。大力促进"黄河旅游+研学",依托沿黄各省(区)的知名院校、工矿企业、科研机构等,开发生态、历史、红色、科考、传统文化等研学旅游项目,将沿黄黄金旅游带打造成国家级的精品文化旅游研学旅游带。尤其是,要大力加强沿黄旅游产业与文化创意产业的融合发展。通过设立黄河旅游创意投资专项基金、开设黄河旅游众创空间和创客基地等方式,吸引、推动文化创意产业与沿黄黄金旅游带紧密融合,协同发展。

第三,着力推进服务融合。要协同推进沿黄地区的公共文化服务和旅游公共服务,为居民服务和为游客服务,发挥好综合效益。在旅游公共服务设施修建、改造中,不断深化黄河文化内涵,彰显沿黄区域文化特色。

二、"文旅融合"视角下的黄河河南段旅游可持续发展

河南地处黄河中下游,是中华文明的摇篮和重要发祥地。黄河自陕西潼关进入河南,横贯三门峡、洛阳、济源、焦作、郑州、新乡、开封、濮阳8市、26县(市、区),河段全长711km。黄河河南段自然景观类型丰富,"悬河"奇观举世闻名,小浪底水利枢纽等水工景观旅游开发价值高,湿地生态旅游资源丰富,历史文化底蕴深厚,区位条件优越。发展黄河旅游有着得天独厚的优势。

(一)黄河河南段旅游发展的有利条件

1. 地貌地理景观丰富,"悬河"奇观举世闻名

黄河的地质地貌历经第一级阶梯的青藏高原、第二级阶梯的黄土高原与鄂尔多斯高原,以及第三级阶梯的太行山以东的黄淮海冲积平原,地貌景观异常丰富。黄河流入河南后,从灵宝至孟津,穿行于中条山与崤山之间,峡谷高岸、水流湍急;孟津至郑州桃花峪,南岸有邙山,北岸为沁河、蟒河冲积平原,河道宽4~7km,水流平缓,流势散乱;桃花峪以东为平原地带,两岸堤距宽5~15km,最宽处达20km,河道平坦,水流缓慢,泥沙大量淤积,河床一般高出堤外地面3~5m,部分堤段高出9~10m,形成了举世闻名的地上"悬河"奇观。黄河河南段有峡谷河道、游荡河道、地上"悬河"、弯曲河道,其地貌地理景观在黄河流域各省(区)中,最为丰富、齐全(张新斌,2008)。

从郑州桃花峪到山东的黄河入海口,滔滔黄河全靠两道大堤约束。黄河两岸

的大堤犹如一座巍峨壮观的"水上长城"，管束着黄河流向东海，黄河大堤也成为豫鲁大平原的安全屏障。黄河下游的大堤历史悠久，是随着黄河河道的变迁经历代不断修建而成，如同万里长城、京杭大运河一样，都是中华民族的伟大工程，堪称人类历史的奇迹。举世闻名的"悬河"奇观和黄河大堤是河南开展黄河旅游的特色旅游资源，其旅游开发价值堪与长城相媲美。

2. 水工景观旅游价值高

小浪底水利枢纽是黄河流域极具潜力的旅游胜地之一。该枢纽位于河南洛阳以北 40km 的黄河干流上，是黄河干流三门峡以下唯一能够取得较大库容的控制性工程。该枢纽工程是黄河干流上一座集减淤、防洪、防凌、供水、灌溉、发电等为一体的大型综合性水利工程。作为治理开发黄河的关键性工程，小浪底水利枢纽不仅是中国治黄史上的丰碑，也是世界水利工程中的杰作，共创 3 项世界纪录、6 项中国之最。工程完成后所形成的黄河小浪底风景旅游区，是河南省以黄河中下游水利枢纽工程、峡谷河流为主要特色，体现黄河历史文化和自然风光的大型山岳湖泊型风景区，呈现出高峡平湖、港湾交错、山水交融、风光旖旎的景观，适宜开展观光度假休闲旅游。景区的精华——由孤山峡、龙凤峡、大峪峡构成的黄河三峡更是我国北方少有的山水景观，可以和长江三峡相媲美。此外，作为我国在黄河干流兴建的第一座大型水利枢纽工程，三门峡大坝被誉为"万里黄河第一坝"。坝区所具有的独特峡谷地貌和中流砥柱、梳妆台等千古名胜，以及大禹斧劈三门的神话传说和唐太宗李世民题记等人文景观，也是非常有旅游价值的水工景观。

3. 湿地生态旅游资源丰富

河南省在西起三门峡，东至焦作、济源和洛阳的数百里沿黄滩区，建立了河南黄河湿地国家级自然保护区（2003 年 6 月批准建立），在郑州、开封市黄河滩区建立了郑州黄河湿地自然保护区（2004 年 11 月批准建立）和河南开封柳园口湿地省级自然保护区（1994 年 6 月批准建立）。这些保护区基本覆盖了河南省黄河滩区的湿地走廊。其中的河南黄河湿地国家级自然保护区横跨三门峡、洛阳、济源、焦作 4 个省辖市，东西长 301km、总面积 6.8 万 hm^2。保护区内湿地植物种类丰富，据统计，湿地内有维管束植物 80 科 282 属 598 种，占河南省植物总数的 15%，其中木本植物 38 种、草本植物 560 种；水生植物 18 科 41 种；陆生植物 62 科 557 种；藻类植物约有 8 门 37 科 71 属 124 种。丰富多样的植物为动物的生存繁衍提供了场所，该保护区内保有多种动物，其中，不乏国家级保护动物中国重点保护的水生鸟类在此几乎都有分布，堪称是"珍禽王国，候鸟天堂"（安传艳和赵鑫，2007）。其中，郑州黄河湿地自然保护区紧邻郑州市区，位于郑州市北部，西起巩义市的康店镇曹柏坡村，东到中牟县狼城岗镇的东狼城岗村，全长158.5km、跨度23km、总面积38 007 hm²，是我国中部湿地生物多样性分布的重要地区和我国中部地区具有代表性的河流湿地之一，区内的动植物资源也极为丰富；河南开封柳园口湿地省级自然保护区为湿地生态及鸟类类型自然保护区，总面积16 148 hm²，是亚洲候鸟迁徙的中线，每年都有大量水禽在此越冬或中途停歇。

4. 历史文化底蕴深厚

黄河河南段旅游资源的历史文化底蕴极为深厚，古往今来在这里演绎着数不尽的历史事件和文化景观。开封黄河柳园口水利风景区内的镇河铁犀是明代河南巡抚于谦为镇降黄河洪水灾害而铸造，是古代中州大地迭遭水患的历史见证。近代名臣林则徐被发配途中受命到开封堵黄河决口而留下的"林公堤"，时刻提醒人们不忘林则徐堵口治黄爱民之心；花园口决堤事件是在抗日战争初期，国民党政府利用黄河伏汛期间而人为决堤的灾难性事件，如今郑州花园口景区内的扒口处雕塑正是中华民族那段灾难历史的见证；地处台前县孙口乡黄河北岸的将军渡，因1947年6月刘邓大军在此强渡黄河，从而揭开了中国人民解放战争从战略防御转向战略进攻的序幕；黄河公路大桥、三门峡大坝、小浪底水利枢纽等则展现了中华人民共和国成立后，中国人民治理和利用黄河的辉煌成就。其他如御坝碑、铜瓦厢决口改道处等，都承载着中原地区厚重的文化内涵。

5. 区位条件优越

黄河河南段旅游资源的区位条件也非常优越。河南沿黄地区以郑州为中心，已形成了由航空、高速公路、高速铁路、城际快速通道等构成的综合立体交通体系，方便游客集散，交通区位优势十分明显。特别是省会郑州是全国少有的几个铁路客运专线枢纽之一；郑州至开封、焦作、洛阳等城市的城际铁路的开通和修建更加便利了河南沿黄几个主要城市的交通往来；航空港经济综合实验区的建设与发展使得郑州成为连接世界的现代化国际航空枢纽。

黄河河南段所流经的三门峡、洛阳、济源、焦作、郑州、新乡、开封、濮阳等地市，都是人文旅游胜地，集聚了数量众多的高品质旅游资源，是河南省最重要的旅游目的地。另外，随着河南省沿黄城市的不断扩展，过去离市区较远的一些河段逐渐成为近郊，如开封的柳园口、郑州的花园口等，也使得这些河段成为当地人们回归自然、旅游休闲的理想去处。沿黄的郑州、开封、洛阳、焦作、新乡等城市都荣获"中国优秀旅游城市"称号。以郑州、开封、洛阳为核心的沿黄

"三点一线"旅游线路一直是河南省重点打造的精品旅游线路,现已经成为河南吸引海内外游客的黄金旅游线路。沿黄地区旅游经济的发展必然会对河南黄河旅游产生极强的市场辐射和带动作用。

6. 政策环境条件良好

沿黄旅游线路一直是河南省重点打造的旅游带。早在 2000 年,河南省政府就印发了《河南省人民政府印发关于加快郑汴洛沿黄旅游线发展意见的通知》(豫政[2000]40 号),提出:"沿黄河旅游带是中华民族的摇篮,华夏文明的圣地,沿黄子孙的祖根。这一区域的旅游开发,要以丰富的古文化资源为依托,以黄河为主线,以郑、汴、洛 3 市为重点,突出古都、名寺、祖根、功夫特色,重点开发文化观光、寻根朝敬、休闲度假和生态旅游项目。"2009 年上半年,河南省又进一步确立了"旅游立省"、做大做强旅游经济的重大战略,并明确提出了要把沿黄古都旅游带、黄河小浪底等景区作为高端旅游精品来建设。

当前河南发展黄河旅游的政策环境极为有利。国家旅游局将"黄河文明旅游线"纳入中国国家旅游线路,河南是该线路的重点地区。《国务院关于支持河南省加快建设中原经济区的指导意见》(国发〔2011〕32 号)提出的建设"华夏历史文明传承创新区"的战略定位和"建设中原历史文化旅游区、黄河文化旅游带和南水北调中线生态文化旅游带等一批重点旅游景区和精品旅游线路,建成世界知名、全国一流的旅游目的地"的要求,给河南构建沿黄黄金旅游带提供了充分的政策支持。靠近黄河的郑州航空港经济综合实验区是全国首个上升为国家战略的航空港经济发展先行区,其发展对河南黄河旅游的发展带来了前所未有的战略机遇。习近平总书记提出的"一带一路"倡议和对大运河文化带建设的重要讲话精神,特别是 2019 年 9 月习近平总书记在郑州主持召开的黄河流域生态保护和高质量发展座谈会上发表的重要讲话,更为推动河南黄河旅游优质发展提供了持续不竭的动力。

(二)黄河河南段旅游发展现状

1. 发展现状

目前,分布在黄河河南段上的一些景区、景点在河南乃至全国都具有了一定的影响力,如郑州市的黄河风景名胜区(4A 级)、黄河小浪底水利枢纽风景区(4A 级)、黄河三门峡大坝景区(3A 级)等。其中,郑州黄河风景名胜区紧扣黄河文化主题,持续打造高品质文化旅游品牌,投资建设了黄河国家地质博物馆、黄河碑林、毛主席视察黄河纪念地等文化旅游项目，先后荣膺"影响世界的中国文化旅游名景"、"国家级风景名胜区"、"国家地质公园"和"国家水利风景区"等 4 个"国字号"称号，打造了《百贤拜祖》《桃园三结义》等两个高水平的情景实景演出，成为黄河文化旅游的典型代表，堪称是黄河之旅的龙头景区。正如世界遗产专家邓微教授所说，郑州黄河生态旅游风景区堪称河南、郑州保护自然生态和传承黄河文明的核心区，以其为核心的沿黄生态旅游带是推动郑州可持续发展的重要区域，该区域及周边有望成为世界级黄河文化旅游精品带（徐建勋和何可，2014）。此外，郑州黄河花园口水利风景区、开封柳园口黄河水利风景区、范县黄河水利风景游览区、濮阳台前县将军渡黄河水利风景区等都是黄河上的国家级水利风景区。黄河小浪底风景旅游区作为大黄河之旅的重要组成部分和河南省黄金旅游线路"三点一线"旅游的重要景点，也是河南省"十一五"期间全力打造的"全国一流的生态旅游精品"，2005 年被河南省评为"河南省十大旅游热点景区"之一，2006 年荣获中国旅游胜地品牌推广峰会授予的"中国最具吸引力的地方"荣誉称号；利用小浪底工程一年一度调水调沙资源策划打造的中国黄河小浪底观瀑节，已经成为河南独具特色的旅游节庆产品。在黄河两岸还分布着郑州富景生态旅游区、郑州丰乐农庄等全国农业旅游示范点。近年来，河南省黄河沿岸各城市，充分发挥黄河作为中华民族的"母亲河"对海内外游客极具吸引力的优势，以生态恢复为基础来开发黄河沿岸的旅游产品，初步建成了一条集绿色生态、历史文化、观光休闲于一体的休闲旅游长廊。

2. 存在问题

1) 缺乏精品旅游景区

目前，黄河河南段的景点、景区虽然数量众多，但在全国真正有名的不多，还没有形成旅游热点。如郑州黄河花园口景区虽然长期以来都是党和国家领导人视察黄河，国外学者、友人考察黄河的重要地方，有相当好的人文基础和旅游开发价值，但并没有成为河南省的热点旅游景区；处在国家黄金旅游线路——河南"三点一线"的中心部位的黄河小浪底风景区，也没有成为预想中的旅游热点目的地。由于缺乏真正有名的精品旅游景区，河南黄河段旅游产品的品牌建设严重滞后，不但在省内无法与少林寺、云台山、清明上河园等景区相媲美，就是在与省外同类黄河旅游产品的竞争中优势也不明显。黄河河南段不缺乏国家级和世界级的旅游资源，缺的是国家级和世界级的精品旅游景区，河南黄河旅游品牌建设还任重道远。

2）旅游产品结构单一

黄河河南段地处黄河的"豆腐腰"段，河道宽浅散乱，河势游荡多变，河道淤积严重，防沙、防洪任务重，历史上决溢改道频繁，灾害沉重，不易开展大规模的水上旅游和参与性较强的水上娱乐活动。再加上此段黄河多在平原上流淌，河两岸景观相对单调和缺乏变化，致使旅游产品结构单一，游客参与性和体验性不强。

3）管理体制不顺，资源整合程度不高

黄河河南段流经三门峡、洛阳、济源、焦作、郑州、新乡、开封、濮阳等地的26县（市、区），各个黄河旅游景点一脉相连、人文相通。由于地方利益和部门分割，黄河旅游资源开发呈现出先入为主、各自为政、多头管理的局面，恶性竞争频发，严重影响了河南省黄河旅游品牌的形成。例如，黄河小浪底风景区涉及洛阳市、三门峡市、济源市和小浪底水利枢纽建设管理局"三地四方"，多年来一直未能"火爆""沸腾"起来的重要原因，就是景区各单位合力不够强，"单打独斗"和"各自为政"的情况难以改善，景区协调机制不力。河南各级政府及旅游主管部门在整合黄河旅游产品方面的协调职能也没有很好地发挥。这些因素直接导致了河南省的黄河旅游资源整合程度不高，难以发挥整体优势，不利于旅游品牌的形成和黄河旅游的做强做大。

（三）黄河河南段旅游可持续发展的对策

1. 树立精品意识，打造精品黄河旅游景区

河南在开发黄河旅游产品时，必须树立精品意识，打造精品黄河旅游景区。

在河南省现有的黄河旅游景区中，黄河小浪底旅游区是最具开发潜力的。要加快小浪底旅游区建设步伐，利用黄河小浪底工程的魅力和所形成的大面积水域生态景观，尽快将其打造成为世界级的旅游知名品牌和国内一流的生态旅游精品，使之成为国内一流的度假旅游目的地。三门峡市是我国极为难得的白天鹅观赏胜地，被誉为"天鹅之城"。要倾力打造三门峡"黄河明珠·天鹅之城"的旅游形象，采取多种促销方式提升三门峡黄河景区的影响力和知名度。

郑州黄河风景名胜区地处黄河中下游分界线，是黄土高原的终点和华北大平原的起点，横跨黄土高原与黄淮平原两种地貌景观区，区域内黄土类型齐全，突出展现了"黄土、黄河、黄淮平原、黄河文化"四大主题，是自然和人文高度结合的综合性地质公园（穆桂松等，2007）。今后要努力将其打造成为世界知名的"万里黄河第一景"。郑州黄河花园口景区是历史上震惊中外的花园口决堤事件发生地，地处黄河下游的起始段。这里河面宽阔，气势雄伟，属于典型的游荡型河段，是

号称"水上长城"的黄河大堤起点,也代表了黄河下游治理的最高水平,是黄河治理的窗口,同时还是一处爱国主义教育基地和对外宣传教育基地。今后也要采取切实手段,将其打造成为郑州黄河风光旅游专线的重要组成部分。

南水北调工程是缓解中国北方水资源严重短缺局面的重大战略性工程。南水北调中线穿黄工程位于郑州市以西约 30km 处,其中穿黄隧洞总长 3450m,是南水北调中线干线工程穿越黄河的重要组成部分和关键、控制性工程。穿黄隧洞既为南水北调工程中投资较大、施工最复杂、技术含量最高、规模最大的交叉建筑物。今后河南要大力打造南水北调中线穿黄工程旅游产品群,使之成为体验现代水文明、展现中原古文化的重要旅游吸引物。

总之,今后河南要围绕黄河小浪底风景区、郑州黄河风景名胜区、郑州黄河花园口景区、南水北调中线穿黄工程旅游产品群等在国内外有着较高知名度的黄河旅游资源,深入挖掘其文化内涵和特色景观,不断提高景区的知名度和吸引力,力争早日将其打造成为精品黄河旅游景区。

2. 深挖文化内涵,丰富黄河旅游产品的结构

黄河是中华民族的"母亲河"。黄河河南段以其黄河地貌景观的丰富性、支津文化的代表性、历代治河的关键性、中心地位的特殊性、民族形成的根源性等方面被称为是中华文化"圣河"(张新斌,2008)。河南省沿黄地区有着辉煌灿烂的历史文化和厚重的人文积淀。深挖黄河旅游产品的文化内涵,提高黄河旅游景区(点)的文化品位,从而形成鲜明的黄河文化旅游特色,是发展河南黄河旅游的应有之义,也是丰富黄河旅游产品结构的重要手段。此外,河南在开发黄河旅游产品时,还应充分融合水利科技和黄河文化的精髓,实现黄河的水体风光、人文景观和水利文化之间的和谐统一。例如,在开封柳园口、郑州花园口等景区的开发建设上,就应将把此段黄河的"悬河"特色和历史上的治理、治黄名人事迹、决口与堵口事件等有机结合起来开发。此外,还要推出一批黄河文化内涵丰富的特色旅游商品,将黄河堤防文化、黄河民俗文化、黄河饮食文化、洛阳牡丹、开封菊花、朱仙镇木版年画等具有鲜明黄河文化特色的元素融入旅游商品开发中。

3. 构建黄河大堤观光走廊,大力发展沿黄生态休闲旅游

进入 21 世纪后,随着小浪底、万家寨等黄河上新建水利工程相继投入使用,黄河防洪的标准已提高到可抵御千年一遇的大洪水的程度,这使得黄河中下游综合开发利用的形势发生了重大转机。黄河河南段的黄河堤防正在逐步建设成集坚固的防洪保障线、畅通的抢险交通线、壮美的生态景观线于一体的标准化堤防。围绕黄河堤防,河南黄河河务局大力推进水利风景区建设,目前已经建成了濮阳市台前县将军渡黄河水利风景区、郑州花园口、开封柳园口、渠村分洪闸等多个

国家水利风景区。这些国家水利风景区既展示了黄河工程的坚牢和完善，也成为集中弘扬黄河文化、保护沿黄地区生态良好的平台和屏障。今后要以上述景区为主要依托，构建黄河大堤观光走廊，塑造"水上长城"的旅游形象。

湿地被誉为"地球之肾"，在维持陆地生态系统平衡方面有着重要作用，与森林、海洋一起并称为全球三大生态系统。湿地旅游是以具有观赏性和可进入性的湿地作为旅游目的地，对湿地景观、物种、生态环境、历史文化等进行了解和观察的旅游活动，具有观光、求知、康体、度假等旅游功能（丁季华和吴娟娟，2002）。黄河河南段湿地旅游资源极为丰富，有着发展生态休闲旅游的良好基础。河南省要在现有的黄河湿地旅游资源、特色农业、农家乐游等的基础上，大力发展沿黄生态休闲旅游，打造一条具有国际吸引力的"黄河水韵·国际湿地观光廊道"。

4. 共同构筑黄河旅游产品，充分发挥政府部门的主导作用

黄河流经的省（区）都有着自己的精品黄河旅游景区。例如，兰州市是黄河穿越的唯一省会城市。其百里黄河风情线已成为浓缩黄河文化、丝绸之路文化和民族文化的绿色长廊、雕塑长廊、文化长廊和水上乐园，是兰州值得骄傲的旅游拳头产品、旅游形象品牌及城市标志性景观。如何利用推出"黄河文明"国家旅游线路所带来的大好机遇，对黄河旅游资源进行科学整合和统一规划，实现错位开发，使沿黄各个省（区）形成各自的特色黄河旅游产品和精品黄河旅游景区，是提升"黄河文明"国家旅游线路吸引力的关键所在。对于河南而言，开发黄河旅游资源、打造知名黄河旅游品牌均离不开与沿黄其他省（区）黄河旅游产品的对接融合。河南的沿黄城市要主动出击，联合其他省（区）的沿黄城市，开展深层次的合作，整体谋划沿黄各地黄河旅游产品的空间布局，明确开发重点和特色线路，遵循"资源共享，品牌共树"的原则，共同构筑黄河旅游产品，打造黄河旅游品牌，提升黄河旅游的知名度和影响力，实现黄河旅游品牌的整体共赢与共享。

黄河河南段旅游资源开发是一项系统工程，既需要沿黄地市的统一协调和统一规划，又需要黄河水利委员会等河务部门的共同参与和通力协作。小浪底风景区就是因为协调不力，致使这一个在黄河流域极具潜力的旅游胜地经过多年的开发后仍然处于一种不冷不热的状态。河南省应充分吸取这一教训，建立合理的开发体制，既充分调动各地的积极性，又能使黄河旅游资源得到更好的开发和利用，避免掠夺式的开发，使沿黄地区和相关部门共享黄河资源旅游开发的好处，从根本上实现黄河旅游资源的可持续发展，实现"共赢"的目的，使黄河河南段真正成为河南旅游的亮点和大江大河综合旅游开发的示范工程。同时，支持以郑州、开封、洛阳等河南沿黄的重点城市为依托创建跨区域全域旅游示范区，促进黄河、

丝绸之路、大运河等自然、文化遗产资源联动发展，打造面向"一带一路"的世界知名旅游目的地。

三、黄河河南段文化遗产旅游保护与开发

黄河河南段文化遗产文化资源价值高，特色显著，知名度高，旅游开发价值大。今后要在保护和有利于其可持续发展的前提下，加大对黄河河南段文化遗产的旅游开发力度，促进黄河文化遗产与沿黄旅游产品的融合，共同打造河南黄河文化旅游的品牌形象。

（一）黄河河南段文化遗产的概念

文化遗产包括物质文化遗产和非物质文化遗产。物质文化遗产是具有历史、艺术和科学价值的文物，包括古遗址、古墓葬、古建筑、石窟寺、石刻、壁画、近代现代重要史迹及代表性建筑等不可移动文物，历史上各时代的重要实物、艺术品、文献、手稿、图书资料等可移动文物，以及在建筑式样、分布均匀或与环境景色结合方面具有突出普遍价值的历史文化名城（街区、村镇）。非物质文化遗产是指各种以非物质形态存在的与群众生活密切相关、世代相承的传统文化表现形式，包括口头传统、传统表演艺术、民俗活动和礼仪与节庆、有关自然界和宇宙的民间传统知识和实践、传统手工艺技能等以及与上述传统文化表现形式相关的文化空间。①

文化遗产具有突出而普遍的科学、历史、艺术等方面的价值，同时亦具有巨大的直接或间接的经济价值。通过对文化遗产的开发（主要是旅游开发）来促进地方经济的发展已成为我国不少地方普遍的做法（杨丽霞和喻学才，2004）。黄河河南段文化遗产指的是历史时期河南人民在遭受黄河灾害、认识黄河、利用黄河、治理黄河等过程中形成的物质文化遗产和非物质文化遗产。其时间范围是从史前时期到中华人民共和国成立前，空间范围是黄河在今天河南省境内河段及其沿岸地区。作为数千年来中原人民与黄河相依为命的历史见证，黄河河南段文化遗产记载了河南人民遭受黄河灾害、认识黄河、利用黄河、治理黄河的厚重历史，具有难以估量的文化资源价值。

（二）黄河河南段文化遗产的类型

1. 物质文化遗产

黄河河南段的物质文化遗产主要有灾害文化遗产、堤防文化遗产、航运文

---

① 《国务院关于加强文化遗产保护的通知》（国发〔2005〕42号）。

遗产、碑刻文化遗产等类型。

　　黄河水少沙多,中国古籍中曾有"河水重浊,号为一石水而六斗泥"的记述,素以"善淤、善决、善徙"而著称。从公元前602年至1938年的2540年中,黄河下游共决溢1590余次,较大的黄河改道26次,平均三年两决口、百年一改道(王建平,2008)。频繁的决溢、改道给黄河两岸人民带来了深重的灾难,黄河长期以来被称为"害河""中国的忧患"。黄河流经河南的相当部分属于"悬河"地段,历来是黄河的重灾区,一旦决口河南即首当其冲,所遗留的灾害文化景观数量众多。例如,开封是河南甚至是全国遭受黄河灾害最严重的城市,历史上多次被黄河淹没,形成了奇特的"城摞城"奇观:地下3~12m处,上下叠压着6座城池——魏大梁城距今地面十余米深;唐汴州城距地面10m深左右,北宋东京城距地面约8m深,金汴京城距地面约6m深,明开封城距地面约5m深,清开封城距地面约3m深。

　　黄河堤防工程是随着河道变迁经历代的不断修建而成的,历史十分悠久。早在远古时代,中国的先民们就堆土成堤,以堤束水,与黄河洪水进行斗争,留下了共工、鲧"障堵洪水"的传说和"防民之口,甚于防川。川壅而溃,伤人必多""千丈之堤,以蝼蚁之穴溃"的古训。黄河下游的堤防工程在春秋中期就已经逐步形成,战国时期黄河下游的堤防已经有了相当的规模。从春秋战国至清代末期,河南省境以内曾修筑了巨大的黄河堤防,堵塞了濮阳瓠子、澶州曹村、中牟杨桥、开封张家湾、郑州十堡等一系列重大决口。黄河下游险工也有着悠久的历史,据记载:西汉成帝(公元前32~前7年)时就有险工。过去的险工多为秸料埽。中华人民共和国成立以后,在加培堤防工程的同时,对旧有险工用石料翻修加固,并根据河势工情的变化,相继修建了范县彭楼、台前影堂、郑州南裹头等新险工。1987年,河南黄河共有险工40处、坝岸1548道。其中,封丘县的曹岗险工为黄河下游最为险要的堤防工程之一。这里的黄河波涛由东西流向急转为南北流向,形成横河,河水直冲堤坝而来,形成险工之险,临背悬差为全河之最,世称黄河第一险工。

　　黄河航运在春秋战国之前就已经存在。殷墟出土的甲骨文里有舟船和帆的记载,并留下了商朝大军渡过黄河的记录。从春秋战国至清代末期,河南省境内开辟了南通淮河、北通海河的鸿沟、汴河、通济渠、永济渠等大型水运工程(陈锡畴,1998)。郑州黄河风景名胜区内的浮天阁下是明清时期的黄河古渡口,至今这一带还留存有转运货物的输场和储存货物的土仓遗址;古渡口的东侧,留存有1899年始建、1905年通车的由法国、比利时联合承建的单轨铁桥遗址(即原京汉铁路黄河铁桥)(陈锡畴,1998)。地处台前县孙口乡黄河北岸的将军渡,是1947年6月刘邓大军强渡黄河的地方。正是在这里揭开了中国人民解放战争从战略防御转向战略进攻的序幕。历史上,三门峡是黄河漕运的必经路段。为保证漕运的正常进行,不少朝代都采取了疏通河道和开凿供纤夫行走的栈道的措施。黄河古栈道位于三门峡大坝下游北岸紧靠黄河的陡壁悬崖上,是在黄河两岸的峭壁悬崖上凿出一条狭窄的石路,路断处凿上一排深深的四方洞,塞上木桩搭成栈道,供船夫们在上面拉纤上溯。栈道上还有魏、隋、唐、宋、明、清的石刻。它不仅是古代黄河纤夫艰苦生活的真实写照,而且也是研究我国东西交通史和黄河漕运史的珍贵文物。这些久远的栈道与题刻,像一部史记,记载着黄河漫长的历史。

河南人民治理黄河的历史悠久,多有刻石立碑记载与黄河抗争的业绩。这些记载了黄河的河势、水情、灾害及防洪、灌溉、航运、水政管理等治河实践的碑石铭文,是前人留下来的宝贵文化遗产。2010年1月,郑州黄河博物馆接受了一批珍贵的黄河碑刻拓片资料。这批碑刻拓片是国内著名黄河水文分析专家史辅成所在的黄河特大洪水调查组于20世纪中叶收集的,包括乾隆题诗1761年涨水情况碑、敕建杨桥河神碑记、1761年洛河西石桥涨水碑记、1931年洛河夹河水灾账务纪念碑、吴堡杨家店重修河神庙碑记、八里胡同1843年碑记、同治甲戌年龙门石刻图、渑池县东柳窝泉神庙1843年涨水壁字、渑池县东柳窝1843年涨水壁字、明成化十八年沁河涨水壁字等,为研究明、清及民国时期黄河洪水灾害提供了最为直接、翔实的第一手资料。

2. 非物质文化遗产

黄河河南段的非物质文化遗产包括有关黄河的诗文、音乐、谚语、神话、成语、祭祀仪式及黄河特产制作技艺等。

黄河是中华民族的"母亲河",是古往今来无数文人墨客描绘和歌颂的对象,留下了许多脍炙人口的优美诗文。"君不见黄河之水天上来,奔流到海不复回""九曲黄河万里沙,浪淘风簸自天涯。如今直上银河去,同到牵牛织女家"等传诵千古的佳句,不仅将黄河一泻千里东流入海的雄伟气势描写得淋漓尽致,而且还通过会见牛郎织女的联想给人以神奇之感。"黄河远上白云间,一片孤城万仞山""派出昆仑五色流,一支黄浊贯中州。吹沙走浪几千里,转侧屋间无处求"等描绘黄河的诗句也脍炙人口。

《黄河大合唱》是著名作曲家冼星海最重要的和影响最大的一部交响乐代表作,写成于抗日战争时期,全曲由《黄河船夫曲》(混声合唱)、《黄河颂》(男高音或男中音独唱)、《黄河之水天上来》(配乐诗朗诵)、《黄水谣》(女声二部合唱)、《河边对口曲》(男声对唱、合唱)、《黄河怨》(女高音独唱)、《保卫黄河》(齐唱、轮唱)和《怒吼吧!黄河》(混声合唱)等8个乐章组成。其以丰富的艺术形象,壮阔的历史场景和磅礴的气势,表现出了黄河儿女的英雄气概,也唱出了中华民族反对侵略、为维护民族尊严而英勇搏斗的英雄气概。"黄河号子"是人们在紧张、繁忙的抢险劳动中,为了统一劳动节奏,鼓舞士气,协调统一劳动动作,调解劳动情绪而唱的一种劳动号子,具有较高的艺术价值,是历代黄河河工在治黄实践中用汗水哺育的一项黄河文化。《黄河大合唱》第一乐章——《黄河船夫曲》就采用了劳工号子的形式。其鲜明的民族风格、强烈的生活气息和艺术感染力,极大地激发了民族精神。

有关黄河的谚语、成语也很多。"三十年河东,三十年河西"——形容时过境迁、今昔巨变和世态炎凉,虽有些夸张,但形象地描绘了黄河河道频繁变迁的情景。"跳进黄河也洗不清""不到黄河心不死""中流砥柱""黄河清,圣人出"等谚语、成语也脍炙人口,广为人知。

洪水神话在黄河流域流传非常广泛,反映了远古时代人们对"滔天洪水"的恐慌与悲怆。"共工治水""鲧禹治水"的神话传说表明了人们对洪水习性的认识和治理黄河的愿望,也涌现了我国治水英雄——大禹。三门峡相传就是大禹治水时凿成的三条泄水峡谷,称为神门、鬼门、人门。相传大禹治水时疏浚河道,"斧劈三门",形成神门岛、鬼门岛、人门岛,故名三门峡。

历史上对黄河的敬畏和祭祀绵绵不绝。在古人心目中,黄河是"天河",黄河的主宰是"河伯""河神"。在中国古代,人们对河神的敬畏在相当长的时间内很是盛行,甲骨文中就有"沉玉牛""沉妾"的记载,为"河伯娶妇"的事例也说明了这一点。历代对河神的祭祀也是绵绵不绝,尤其是明清两朝极为兴盛。地处武陟县的嘉应观就是雍正皇帝为祭祀河神、封赏历代治河功臣而修建的一座宫、庙、衙署三位一体黄淮诸河龙王庙,也是我国唯一现存的宫、庙、衙署三体合一的记述治黄史的庙观,文化内涵丰富,有"黄河故宫"的美誉,是中华民族治理黄河的博物馆,也是河南省保存最完好、规模最宏大的清代建筑群,为国家级文物保护单位(陈炜,2009)。

澄泥砚和黄河鲤鱼是黄河河南段的著名特产。澄泥砚产于豫西黄河岸边诸地,以沉淀千年黄河溃泥为原料,经特殊炉火烧炼而成,以制作工艺独特著称于世,为中国历史四大名砚之一,与端砚、歙砚、洮砚齐名,史称"三石一陶"。澄泥砚质坚耐磨,观若碧玉,抚若童肌,储墨不涸,积墨不腐,厉寒不冰,呵气可研,不伤笔,不损毫,倍受历代帝王、文人雅士的推崇,唐宋时皆为贡品。自明代以来,黄河鲤鱼就被列为贡品。鲤鱼跳龙门的传说,几乎是家喻户晓。白居易等古代诗人都曾为其写诗作赋,称其为"龙鱼"。唐代诗人李白赋诗《赠崔侍郎·其一》赞曰:"黄河三尺鲤,本在孟津居。点额不成龙,归来伴凡鱼。""糖醋软熘黄河鲤鱼焙面"为豫菜中的著名菜品,历史悠久,是以黄河鲤鱼为主料软熘而成,又有焙面相配合,故得此名,有"先食龙肉,后食龙须"之说,并得到了清末光绪皇帝、慈禧太后的赞赏。

（三）黄河河南段文化遗产旅游开发构想

1. 坚持"保护第一，适度开发"原则，加强研究和宣传教育

《国务院关于加强文化遗产保护的通知》（国发〔2005〕42号）明确指出："保护文化遗产，保持民族文化的传承，是联结民族情感纽带、增进民族团结和维护国家统一及社会稳定的重要文化基础，也是维护世界文化多样性和创造性，促进人类共同发展的前提。加强文化遗产保护，是建设社会主义先进文化，贯彻落实科学发展观和构建社会主义和谐社会的必然要求。"从长远和整体利益来看，文化遗产的保护和开发之间存在一致性，二者是可以相互促进、和谐共生的。文化遗产保护得越好，旅游吸引力就越持久，就越能促进文化遗产旅游的发展；文化遗产旅游发展得好，能够缓解文化遗产保护经费不足的问题，有利于促进文化遗产保护。黄河河南段文化遗产旅游开发应坚持"保护第一，适度开发"的原则，不断增强保护意识，加大保护力度，要尽量减少旅游活动对文化遗产旅游资源的破坏，实现对黄河河南段文化遗产资源的永续开发和利用，使文化遗产价值的实现达到最佳状态。要在对黄河文化遗产进行深入普查的基础上，依托所搜集、整理、留存的档案、书籍、实物、影像等资料，建立黄河历史文化资料库，全面系统地展示有关黄河的文物古迹、风土人情、建筑遗址、工器具等文化遗产。还要利用可视化、虚拟现实、信息管理及网络等先进科学技术，对黄河河南段文化遗产进行数字化处理，加强其存档、管理、信息交流和保护。

此外，还要加强对黄河文化遗产的研究和宣传教育。与文化遗产研究相关的学科很多，如历史学、考古学、地理学、地质学、生态学、社会学、旅游学、管理学、经济学等，这些学科间的交流与合作对遗产的保护及合理利用具有重要意义（李文华等，2006）。黄河文化遗产的研究涉及学科范围甚广，单靠一个学科的研究力量很难做到面面俱到。要加强对黄河河南段文化遗产的综合研究，综合各学科的优势，开展学科间的协作研究，全方位地挖掘、整理、研究、保护、开发黄河文化遗产，在全国乃至世界范围内凸显河南黄河文化遗产的厚重与价值。还要通过宣传教育，普及与黄河河南段文化遗产相关的法律法规和知识，增强人民群众对文化遗产的保护意识，充分发挥文化遗产的教育、科学和文化、宣传作用，不断提高河南段文化遗产的社会效益和经济效益。

2. 推动申报中国和世界文化遗产，打造河南省的黄河文化旅游精品

世界遗产是指经世界遗产委员会确认的人类最高品味的遗产，具有其他遗产所无法比拟的社会价值、科学价值、经济价值和旅游价值。作为高品位的旅游吸

引物，世界遗产是促使遗产旅游发生与发展的源泉和动力（彭顺生，2008）。开封是中国著名的古都和世界级的历史文化名城，也是1000年前世界上极发达、极繁华的城市之一，在中国乃至世界历史上都有着重要且深远的影响。地下"城摞城"奇观和地上"悬河"奇观这两种都堪称世界奇迹的景观同时出现在开封，这在世界上都是独一无二的。可以考虑将开封的地下"城摞城"奇观和黄河开封段的地上"悬河"奇观整合申报中国和世界文化遗产。实际上，世界遗产的申报工作本身就是一次旅游资源的宣传和开发，如能申报成功，必将给当地旅游业的开展带来无限生机与活力。推动开封的地下"城摞城"奇观和黄河开封段的地上"悬河"奇观申报中国和世界文化遗产，既有利于这两种文化遗产的保护，又可以极大地提升其知名度和影响力，达到保护与开发的双赢。申遗对打造河南省黄河旅游品牌的意义也很重大。如能申遗成功，借助世界文化遗产的影响力和吸引力，无疑对打造河南省的知名黄河文化旅游品牌有着十分重大的意义。

3. 塑造黄河大堤"水上长城"的旅游形象

黄河大堤是河南省发展黄河旅游的特色旅游资源。中华人民共和国成立后，河南省组织群众在1950~1957年、1963~1967年、1974~1985年先后进行了3次大规模的黄河大复堤，两岸临黄大堤平均加高2.15m。加高后的堤防一般高8~10m、顶宽7~12m。3次黄河大复堤完成的各类土石方量，相当于建造起13座万里长城。正是这座巍峨壮观的"水上长城"，管束着黄河流向东海，构成了豫鲁大平原的安全屏障。进入21世纪后，随着小浪底、万家寨等黄河上新建水利工程相继投入使用，以及标准化堤防建设的实施，黄河防洪的标准已提高到可抵御千年一遇的大洪水，全线达到了防御花园口22 000m³/s洪水的设防标准，黄河河南段的黄河堤防，正在逐步建设成集坚固的防洪保障线、畅通的抢险交通线、壮美的生态景观线于一体的标准化堤防。

郑州黄河花园口堤防是黄河下游千里堤防的起始堤段，也是黄河下游悬河的开端，花园口险工素被称为黄河下游"第一险"，拥有黄河流域第一座数字化水文站、第一座全数字水质自动监测站等，集中体现了黄河治理的悠久历史和人民治黄的光辉成就，并以考察黄河的最佳去处而闻名遐迩。景区内的扒口处纪念碑、掘堤堵口记事碑、黄河儿女抗日英雄纪念碑、黄河花园口记事广场等景点都是历史的见证。开封黄河柳园口也是观赏黄河风情的佳地，自明代以来的"大河涛声"为开封一景，高耸的堤岸犹如一条绿色长城，夹护着黄河从开封城北高处流过，形似一条"天河"（吕世范，2003）。

作为中华民族的伟大工程，黄河大堤不仅是黄河防洪的重要工程措施，而且还是一条具有丰富历史人文价值的水文化长廊,是中华民族治理黄河的历史见证。今后要在深入挖掘黄河大堤历史文化内涵的基础上,充分利用黄河河南段地上"悬河"的独特优势,重点打造郑州黄河花园口、开封黄河柳园口段堤防文化景观,构建黄河大堤观光走廊,塑造黄河大堤"水上长城"的旅游形象,争取使黄河大堤的旅游价值达到与长城相当的水平。

4. 注重非物质文化遗产的旅游开发

非物质文化遗产是十分重要的旅游吸引物和现代旅游业得以发展的基础。黄河河南段沿线留存了大量的涉及黄河的诗词歌赋和碑刻,澄泥砚和黄河鲤鱼是闻名全国的旅游特产,大禹、贾让、王景、王安石、潘季驯、靳辅、陈潢等治黄名臣也留下了卷帙浩繁的治河典籍。要注重开发黄河河南段的非物质文化遗产,通过静态展示、动态演艺、综合开发、旅游商品等形式,实现全方位、深层次的开发,以此来丰富河南黄河旅游产品的结构和内容。目前,"黄河号子"已经入选第二批国家级非物质文化遗产名录,郑州花园口景区已经实现了"黄河号子"的定期演出。今后要在此基础上,进一步采取措施,将其打造成为河南旅游的特色演艺项目。黄河澄泥砚已经被列入了郑州市非物质文化遗产,要加大开发和营销力度,使其成为代表河南的特色旅游商品。"糖醋软熘黄河鲤鱼焙面"作为豫菜中的代表性菜品,要确保其制作技术的传承和不断创新,使之成为河南饮食的招牌菜品。要使观"黄河号子"演出、购黄河澄泥砚、品"糖醋软熘黄河鲤鱼焙面"成为河南黄河旅游线路的特色项目。

第六节 乡村振兴战略背景下的沿黄乡村旅游可持续发展

一、乡村振兴战略实施对沿黄黄金旅游带可持续发展的影响

实施乡村振兴战略,是党的十九大作出的重大决策部署,是决胜全面建成小康社会、全面建设社会主义现代化国家的重大历史任务,是新时代"三农"工作的总抓手。对于实施乡村振兴战略的重大意义,《中共中央 国务院关于实施乡村振兴战略的意见》指出:"实施乡村振兴战略,是解决人民日益增长的美好生活需要和不平衡不充分的发展之间矛盾的必然要求,是实现'两个一百年'奋斗目标的必然要求,是实现全体人民共同富裕的必然要求。"

乡村振兴战略已经上升为国家战略，发展乡村旅游是乡村振兴的重要途径和乡村扶贫的重要手段。乡村振兴战略是新时代做好"三农"工作、促进乡村文化复兴的总抓手。党的十九大报告提出了实施乡村振兴战略的总要求，即"产业兴旺、生态宜居、乡风文明、治理有效、生活富裕"。

乡村旅游是以满足旅游者乡村观光、度假、休闲等需求的旅游产业形态。发展休闲农业与乡村旅游对推进我国农业转变发展方式、优化调整农业和农村产业结构、促进农民就业增收、建设社会主义新农村、扩大内需、统筹城乡发展以及拓展旅游业发展空间具有重要的意义，更是实施乡村振兴战略最有力的抓手。鉴于此，国务院出台的《国务院关于促进旅游业改革发展的若干意见》（国发〔2014〕31号）提出："大力发展乡村旅游。依托当地区位条件、资源特色和市场需求，挖掘文化内涵，发挥生态优势，突出乡村特点，开发一批形式多样、特色鲜明的乡村旅游产品。推动乡村旅游与新型城镇化有机结合，合理利用民族村寨、古村古镇，发展有历史记忆、地域特色、民族特点的旅游小镇，建设一批特色景观旅游名镇名村。加强规划引导，提高组织化程度，规范乡村旅游开发建设，保持传统乡村风貌。加强乡村旅游精准扶贫，扎实推进乡村旅游富民工程，带动贫困地区脱贫致富。统筹利用惠农资金加强卫生、环保、道路等基础设施建设，完善乡村旅游服务体系。加强乡村旅游从业人员培训，鼓励旅游专业毕业生、专业志愿者、艺术和科技工作者驻村帮扶，为乡村旅游发展提供智力支持。"《中共中央 国务院关于实施乡村振兴战略的意见》也明确指出要构建农村一二三产业融合发展体系："实施休闲农业和乡村旅游精品工程，建设一批设施完备、功能多样的休闲观光园区、森林人家、康养基地、乡村民宿、特色小镇。"

沿黄地区农业基础雄厚，湿地生态旅游资源丰富，历史文化底蕴深厚，区位条件优越，交通便利，发展休闲农业与乡村旅游有着得天独厚的优势。目前，沿黄休闲农业与乡村旅游发展已经颇具规模，形成了一批特色鲜明、品质优良、类型多样的休闲农业与乡村旅游示范点。但是，与成都、黄山等休闲农业与乡村旅游发达地区相比，沿黄地区的休闲农业与乡村旅游仍存在管理服务粗放、经营档次偏低、文化主题内涵挖掘不够、整体特色不够鲜明等问题，其品质提升和品牌建设的空间还很大。如何实现沿黄地区乡村旅游可持续发展，是发展黄河旅游、构建沿黄黄金旅游带的重要问题，也是做强黄河文明国家旅游线路、促进沿黄黄金旅游带可持续发展的有力支撑。总之，乡村旅游可持续发展对沿黄经济社会发展和拓展旅游业发展空间有着重大的现实意义。

二、乡村文化振兴与沿黄乡村旅游可持续发展

乡村振兴本质上是乡村文化的振兴。中共中央、国务院印发的《乡村振兴战略规划（2018—2022年）》提出，"以传承发展中华优秀传统文化为核心，以乡村公共文化服务体系建设为载体，培育文明乡风、良好家风、淳朴民风，推动乡村文化振兴，建设邻里守望、诚信重礼、勤俭节约的文明乡村"。

乡村振兴本质上是乡村文化的振兴。沈一兵（2018）认为："文化振兴是乡村振兴之魂，乡村文化自信是乡村文化振兴之根本。重构乡村文化自信的过程也是化解乡土文化危机的过程，可以通过文化社会学视角，以四种乡村文化内生情感（乡愁、乡情、情缘、乡风）为导向，以乡村文化系统分层（感知层、整合层、冲突层、交往层）为路径；以四种文化动力机制（安全机制—信任机制—认同机制—表达机制）为内容，来建构乡村文化自信，从而为新时代的乡村文化治理尝试中国特色的理论创新。"刘战慧（2017）则从乡村旅游功能重构视角提出："乡村旅游的可持续发展需要其充分依托乡村旅游地独立的文化价值，充分发挥乡村文化的载体作用，借道旅游发展保护和传承乡村文化，采用各种形式和方式的文化解读、景观塑造、互动体验，以及生动活泼的艺术形式和现场展示，构筑乡愁载体，实现乡村文化的再生产。"

乡风文明建设为乡村振兴战略的"产业兴旺、生态宜居、治理有效、生活富裕"等四个方面提供精神动力和智力支持，是实施乡村振兴战略的紧迫任务和振兴乡村的重要推动力量。《中共中央 国务院关于实施乡村振兴战略的意见》明确指出："乡村振兴，乡风文明是保障。必须坚持物质文明和精神文明一起抓，提升农民精神风貌，培育文明乡风、良好家风、淳朴民风，不断提高乡村社会文明程度。"协调推进乡村文化振兴与乡村旅游可持续发展，是实现乡村振兴战略的基本途径。

当前乡村旅游转型升级和实现可持续发展的关键在于如何提升乡村旅游的文化内涵，守住乡村文化和"美丽乡愁"。2018年3月8日，习近平总书记在参加十三届全国人大一次会议山东代表团审议时的讲话中指出："要推动乡村文化振兴，加强农村思想道德建设和公共文化建设，以社会主义核心价值观为引领，深入挖掘优秀传统农耕文化蕴含的思想观念、人文精神、道德规范，培育挖掘乡土文化人才，弘扬主旋律和社会正气，培育文明乡风、良好家风、淳朴民风，改善农民精神风貌，提高乡村社会文明程度，焕发乡村文明新气象。"[①]

乡村文化传承与创新是实施乡村振兴战略的现实要求，也是满足广大农民美

---

① 央视网. 习近平参加山东代表团审议. http://politics.gmw.cn/2018-03/08/content_27931821.htm[2020-07-19].

好生活需要的重要内容。当前需要构建乡村旅游可持续发展与乡村文化振兴协同推进机制，探讨乡村文化振兴视角下乡村旅游可持续发展的路径与对策，是建设美丽中国、实施乡村振兴战略的重大课题和现实要求。在乡村旅游可持续发展与乡村文化振兴协同推进机制构建中，乡村旅游与乡村文化传承创新的良性互动机制是前提，乡村旅游可持续发展与乡村文化振兴的运作协同机制是重点，乡村旅游可持续发展与乡村文化资源保护利用协同推进的利益驱动机制是动力，乡村旅游（文化）人才培养、引进、使用的人才管理协同机制是保障。

按照《中共中央、国务院关于实施乡村振兴战略的意见》，沿黄乡村旅游可持续发展，应该："传承发展提升农村优秀传统文化。立足乡村文明，吸取城市文明及外来文化优秀成果，在保护传承的基础上，创造性转化、创新性发展，不断赋予时代内涵、丰富表现形式。切实保护好优秀农耕文化遗产，推动优秀农耕文化遗产合理适度利用。深入挖掘农耕文化蕴含的优秀思想观念、人文精神、道德规范，充分发挥其在凝聚人心、教化群众、淳化民风中的重要作用。划定乡村建设的历史文化保护线，保护好文物古迹、传统村落、民族村寨、传统建筑、农业遗迹、灌溉工程遗产。支持农村地区优秀戏曲曲艺、少数民族文化、民间文化等传承发展。"在此基础上，应当秉承"全域共建，主客共享"的发展理念，在黄河流域各地推进景村共建、村庄景区化，构建沿黄乡村旅游地区"全体动员、政府主导，市场运作，全民参与，资源共享"工作体制机制，在沿黄乡村旅游地区全面发挥"文化+"功能、全方位推动农村一二三产业深度渗透融合、提升乡村智慧旅游服务科技水平的基本途径和方法，以乡村特色文化产业发展引领沿黄乡村旅游转型升级和业态创新，以此促进沿黄地区乡村文化振兴与乡村旅游可持续发展的协同推进。

三、以创意农业发展促进沿黄乡村旅游可持续发展

作为创意旅游的一种重要形态，创意旅游农业是创意农业与乡村旅游业、休闲农业等相结合的产物，是创意农业与休闲农业、乡村旅游业发展到一定阶段，相互渗透、相互融合的结果。近年来，创意农业在全国各地蓬勃发展，呈现出良好的发展势头，正在成为农村经济新的增长点和社会主义新农村建设的亮点。沿黄省（区）农业基础良好，乡村旅游产业发展迅速，农耕文化悠久，客源市场庞大，经济社会发展水平较高，交通便捷，政策环境有利，具备发展创意农业的良好基础和条件。

当前，如何推进乡村旅游转型升级和实现可持续发展，是乡村旅游产业发展的重中之重。创意农业作为休闲农业与乡村旅游发展的重要载体，是传统休闲农

业与乡村旅游转型升级的主要途径。以创意农业为主要内容的创意休闲农业和创意乡村旅游已经成为乡村旅游产业转型升级的必然选择。在国内休闲农业与乡村旅游发展的实践中，涌现了一大批创意农业提升乡村旅游转型升级的典型案例。例如，四川省成都市锦江区三圣街道（原三圣乡）的"五朵金花"，将传统农耕文化创意要素成功融入了当地乡村旅游发展中，打造"幸福梅林"等国内外驰名的创意农业旅游园区；北京昌平区小汤山镇土沟村的四季蔬菜创意观光园，利用温室规划设计了春意盎然踏青园、姹紫嫣红瓜果园、金秋十月赏菊园、寒冬保健菜园四个植物创意景观园和一个蔬菜迷宫，成为国内景观创意农业的典型代表；山东栖霞创作出的《农具交响乐》，生产出的亲情苹果、生肖苹果、艺术苹果，利用苹果制作的"感恩农业赋"和康熙皇帝的耕织诗，均为颇有文化内涵的创意农业旅游精品。

　　沿黄省（区）发展创意农业的条件十分优越，具有充足的光、热、水资源和肥沃的土地。例如，河南省是全国粮食生产大省，农业产业化水平高，被誉为"天下粮仓""国人厨房"。河南粮食产量占全国粮食总产量的十分之一，夏粮占全国的四分之一，在保证国家粮食安全方面，地位举足轻重；河南的土特产资源十分丰富，四大怀药、新郑大枣、灵宝苹果、西峡中华猕猴桃、信阳毛尖等都是驰名中外的土特名产。农耕文化优势是沿黄省（区）发展创意农业的重要依托，悠久的农耕文化为沿黄省（区）留下了丰富多彩的创意农业资源。黄河流域是农耕文化的重要发祥地，中国农业的起源与发达、农业技术的发明与创造、农业的制度与理念，均与黄河密切相关。新石器时代的裴李岗文化、仰韶文化和龙山文化，都是同时期领先的农耕文化。裴李岗文化遗存中出土的琢磨精制的石磨盘棒，是我国所发现的最早的粮食加工工具。三皇之首的伏羲教人们"作网"，开启了渔猎经济时代；炎帝号称"神农氏"，教人们播种收获，开创了农业时代；黄河流域的神农山是 5A 级景区，也是人类始祖——炎帝神农活动频繁、集中的地方，神农的祭天坛就位于河南的沁阳市。河南也是国内较早把农业与旅游结合起来的省（区）。商丘市的古梁园就是建于西汉时期的一个集农业、林业、畜牧养殖业为一体的开放式园林。每逢春末夏初，丽人游子蜂拥而至，骑射狩猎，望月抚琴，饮酒赋诗。商丘市也因此被国家旅游局认定为旅游发源地和景区文化发祥地。

　　发展创意农业可以延伸农业产业链条，促进农业、农村资源的开发利用，有助于增加农民收入和改善乡村生活环境，促进农耕文化的传承与保护，推进休闲农业与乡村旅游转型升级。沿黄省（区）应加大力度，用创意产业的思维方式和发展模式整合农业、农村资源，创新农业产品，形成一种适应现代乡村社会经济发展转型的新型创意农业模式，以此来促进沿黄乡村旅游可持续发展。其基本思路如下。

（一）以科技创新与文化创意作为发展创意农业的主要动力

科技创新与文化创意是发展创意农业的主要动力。发展创意农业，就是根据市场的需要，以科技创新与文化创意为基本手段和主要动力，全方位整合农业、农村的生产、生态和生活资源，通过创新思维来设计出具有文化内涵和相当科技含量的创意农业产品、创意农业文化、创意农业活动和创意农业景观，把创意农业活动与科技创新、文化传承与创新结合起来，把农业生产、加工全过程与科技创新和文化创意并举，满足乡村旅游市场需求，形成一种富有浓郁的地方文化气息和高科技的综合性产业。国内在这一方面有不少成功的案例：如北京通州宋庄通过文化创意，把一些长期闲置的农家住宅盘活，把它们变成了画家作坊及创作基地；北京大兴是传统西瓜产区，一些专业合作社及种植公司（园区）将西瓜种植与艺术、高科技结合，研发并制作了玻璃艺术瓜、贴图瓜、造型瓜等系列农产品，不但丰富了该地区观光农业的内涵，同时使西瓜的用途由食用转向观赏，提高了该地区西瓜产品的知名度；山西和顺县药农充分利用独特地理资源优势将中药材进行综合性开发，扩展其用途，将从中药材中创意出的人物画、山水画、装饰画等三大类、十几个品种远销海外，深受国外消费者喜爱，取得了很好的经济效益，给农民带来了一条致富之路；内蒙古赤峰市元宝山区引导发展创意农业，让加工业生产与文化创意相结合，特意突出内蒙古草原文化、地方民俗风情，让"美在自然，美在原始"的理念融入产品中，不但吸引了无数游客到草原观光，也提高了该地区产品知名度，拉动了地方经济（朱瑀，2010）。

沿黄省（区）具有发展农业的良好条件，农业科技总体实力雄厚，农业科技创新力量强大，加之丰厚的农耕文化优势，在农业领域进行科技创新与文化创意资源充足、动力强劲。在利用技创新与文化创意发展创意农业方面，已经取得了一些成就。例如，以打造国家级创意休闲农业典型样板为发展目标的洛阳"中国银杏嘉年华"，就是国家休闲农业与乡村旅游示范点。今后的河南创意农业发展，应大力加强科技创新与文化创意，设计和打造出一大批具有科技水平高、文化内涵深、创意特色鲜明的创意农业精品，充分发挥科技创新与文化创意在发展创意农业上的作用。

（二）以创意农业旅游的发展推动沿黄乡村旅游转型升级

目前，沿黄省（区）旅游业已经进入战略调整期，旅游产业的转型升级已成为战略调整的重中之重，促进乡村旅游转型升级是当务之急。作为乡村旅游的高级发展阶段，创意农业旅游是指"以农业创意环境为背景、以创意农业和乡村文化为资源基础，通过运用创意学、旅游学、美学、经济学原理和可持续发展理论对农业资源、乡村文化的整合，将创意元素作为农业旅游的核心，以创意农业生产和创意旅游为主要功能，集创意农业建设、科学管理、创意旅游商品生产与游人参与创意农业、参与农事劳作、体验乡村情趣、获取农业知识为一体的一种新型创意旅游活动"（王桂霞，2012）。沿黄省（区）应以创意农业旅游的发展促进乡村旅游转型升级，加强创意农业旅游产品开发，将农产品与文化、艺术创意结合，大力构建创意生产、创意生活、创意生态，推进工农互促、统筹城乡发展、共享现代文明的创意农业、创意乡村发展模式，实现创意农业的可持续发展，以此推动沿黄省（区）乡村旅游快速转型升级。

（三）培育构建乡村旅游品牌体系，打造知名创意农业品牌

沿黄省（区）应当树立乡村旅游品牌意识，推出一批黄河文化浓郁、地域特色鲜明、产品优势突出的乡村旅游品牌，构建全方位、多层次的全流域乡村旅游品牌体系，培育一批名扬全国的乡村旅游精品村、精品单位，打造一大批具有国际影响力的乡村旅游目的地，不断增强沿黄乡村旅游品牌的影响力和竞争力。

黄河流域地域广阔，自然条件不一，东西南北生产生活方式差异很大，各地土特名产众多，是建设沿黄黄金旅游带的宝贵资源。沿黄省（区）应该充分发挥黄河流域各地土特名产优势，突出各地市的地方特色，打造知名创意农业品牌。例如，河南省地处中原，气候优越，物产丰富，土特产品数量众多，门类齐全，名品众多。其有郑州的新郑大枣、中牟西瓜，开封的汴梁西瓜、花生糕，焦作的"四大怀药"、武陟油茶，鹤壁市的无核枣、缠丝蛋、淇河鲫鱼、冬凌草，新乡的原阳大米、辉县山楂、封丘金银花，濮阳的顿丘花红、焦夫西瓜，济源的山楂和冬凌草。这些都是驰名中外的土特名产，且大多具有丰富的历史文化内涵，具备打造知名创意农业品牌的良好基础。

农耕文化的传承与发展是乡村旅游业发展的基础和农村文化繁荣的前提。从某种意义上讲，农耕文化是构架乡村传统生活与城市现代生活的桥梁。创意农业具有显著的农耕文化传承功能，沿黄省（区）丰厚的农耕文化资源是创意农业旅游取之不竭的素材库，对农耕文化的消费和体验是创意农业旅游消费者的基本原动力。以创意农业的发展来促进中原农耕文化的传承与创新，是建设"美丽中国、美丽乡村"，实现中国梦的重要途径。这不但有助于我们吸收和继承传统中原农耕文化中的合理成分，如精耕细作的科学技术体系，集约经营、主攻单产、用地养地、以粮为主多种经营等做法，迈向农业现代化；也有利于我们在新的历史时期创新传统农耕文化，增强历史自豪感、自信心和使命感，巩固加强农业基础地位，促进农业更好更快发展。所以要大力挖掘黄河流域传统农耕文化遗产，创新其传承的路径与方式，不断提升创意农业旅游活动的文化内涵，打造创意农耕文化旅

游精品，真正做到以创意农业的发展促进黄河农耕文化传承与创新。

"创意农业的特色及其优势在于能够构筑多层次的全景产业链。通过创意把文化艺术活动、农业技术、农产品和农耕活动以及市场需求有机连接起来，形成彼此良性互动的产业价值体系，为农业和农村的发展开辟全新的空间，并实现产业价值的最大化。"（诸丹和袁力，2009）要大力推进创意农业与旅游产业的融合，实现新型农业现代化、美丽乡村建设、农村扶贫开发等同步发展。例如，河南省北徐（集团）有限公司是河南省构建筑创意农业全景产业链的典型代表，它通过"一个麦子创意"，围绕农副产品精深加工做文章，已形成了集粮食加工、饲料生产、生猪养殖、肉类加工、废物综合利用为一体的全国大型企业集团，成为农业产业化国家重点龙头企业、全国农产品加工示范企业、全国文明村、中国食品工业百强企业、中国粮食行业十强、国家生猪饲养农业标准化示范区、国家生猪活体储备基地、河南省无公害生猪养殖基地；洛阳市栾川县的重渡沟风景区利用景区独特的竹资源，开发了数十里竹林长廊、数千米竹林幽径、竹筒米饭、竹制办公用品、竹制旅游纪念品、纯粮酿造的竹筒老酒、清淡高雅的竹叶清茶等，开发出竹林传说、竹乡土文化、竹饮食文化。鼓励村民跳竹竿舞、唱竹字歌、自编竹字戏，以重渡沟命名的农副产品就有 90 多个，真正实现了创意农业全景产业链的构筑。沿黄省（区）今后要在全流域范围内推广河南省北徐（集团）有限公司、重渡沟风景区的创意农业开发经验，在全流域范围内构筑多层次的创意农业全景产业链。

四、综合提升沿黄乡村旅游可持续发展的支撑因素

沿黄地区乡村旅游的可持续发展，离不开懂乡村旅游业务的高素质人才的支撑。沿黄省（区）需要着力培养高素质的乡村旅游人才，重点开展对乡村旅游示范点、乡村旅游创客示范基地、生态观光园、乡村旅游特色村、农家乐、采摘园、田园综合体、特色村镇等所在乡镇干部、经营户和服务人员的技能培训和文化素质提升，大力培养创业型、实践服务型、技术技能大师型旅游英才，建设一支产业领军型、高层创新型的乡村旅游人才队伍。必须牢固树立人才培养是乡村旅游发展之本的理念，不断创新工作思路。努力提高乡村旅游从业人员的职业道德水平，不断加大对沿黄乡村旅游单位人员的培训力度。

推进乡村旅游单位的规范管理是提升沿黄乡村旅游发展和服务水平的关键所在。农业、旅游部门要会同其他相关部门研究制定乡村旅游质量等级评定标准和组织实施相关评定工作。沿黄各地要加强对乡村旅游经营环境、服务设施和设备、接待服务和经营管理等的规范化管理；建立和实施乡村旅游住宿、餐饮、娱乐、购物等主要消费环节的服务规范和安全标准；探索建立乡村旅游的统计体系，提

高休闲农业的科学统计水平。采取切实措施提升乡村旅游地居民的旅游观念和服务意识，帮助其提升文明习惯、掌握经营管理技巧，大力开展专业志愿者支援乡村行动，鼓励乡村旅游专业人士参与乡村景观设计、乡村旅游策划等活动。

促进乡村旅游的规模化、品牌化发展。优先支持沿黄省（区）中资源条件好的地区成方连片发展乡村旅游，带动乡村生态保护、生产发展、生活富裕。通过"合作社+农户""公司+农户""公司+合作社"等模式，在全市打造若干个相对集中、业态丰富、功能完善、拥有特色吸引物与较强竞争力的乡村旅游集聚区。打造和推出一大批黄河特色旅游商品品牌，大力提升乡村旅游文化内涵。加大对传统村落、古街区、古民居等的保护利用，并以此为依托，打造一批乡村精品民宿。依托非物质文化遗产资源，培育一批木版年画村、刺绣剪纸村、传统民俗表演村、手工艺制作村等"非遗"村落。

大力加强沿黄省（区）的旅游基础设施和公共服务设施建设。从游客满意、放心、舒适角度出发，大力推行乡村旅游的标准化、个性化、细微化服务，规范乡村旅游市场秩序。持续推进"清洁厨房"和"厕所革命"，使所有乡村旅游单位的厨卫做到卫生安全。积极改善乡村旅游道路交通条件，重点抓好交通主干道及机场、高铁、城市客运与乡村旅游点的道路无缝连接。要把农村沼气、乡村道路、人畜饮水、文明建设、污水处理、村容村貌治理等支农工程项目向发展乡村旅游的村镇倾斜，加强交通干道建设，确保中心城市、重点旅游景区到乡村旅游点的道路畅通。要加快建设乡村旅游的游客服务中心体系、标志引导和解说体系、散客自助游服务体系、自驾车旅游服务体系和安全救援体系，大力提高休闲农业与乡村旅游的市场化、信息化程度，为游客提供优质、便捷的服务。

参 考 文 献

安传艳, 赵鑫. 2007. 河南省黄河湿地生态旅游资源的开发与保护研究. 环境科学与管理, (2): 154-157.
曹新向, 苗长虹. 2009. 黄河流域省际旅游合作与互动. 商业研究, (11): 167-169.
陈建勤. 2007. 银川黄河开发区旅游基础条件与发展策略研究. 生产力研究, (7): 86-88.
陈炜. 2009-09-29. 嘉应观: 武陟的一张人文名片. 河南日报, 第82版.
陈梧桐, 陈名杰. 2001. 黄河传. 保定: 河北大学出版社.
陈锡畴. 1998. 河南旅游地理. 开封: 河南大学出版社.
陈玉英, 程遂营. 2017. 沿黄黄金旅游带质性特征及其理性存在. 河南大学学报(社会科学版), 57(5): 24-33.
程遂营. 2006. 郑汴一体化背景下开封旅游业发展研究. 人文地理杂志, 21(2): 41-45.
丁季华, 吴娟娟. 2002. 中国湿地旅游初探. 旅游科学, (2): 11-14.
付晓渝. 2007. 中国古城墙保护探索. 北京林业大学博士学位论文.
葛剑雄, 胡云生. 2007. 黄河与河流文明的历史观察. 郑州: 黄河水利出版社.
郭琰. 2003. 郑州沿黄河旅游的开发思路. 中州大学学报, 20(3): 32-34.
河南大学黄河文明与可持续发展研究中心. 2009. 黄河开发与治理60年. 北京: 科学出版社.
江金波, 梁方方. 2014. 旅游电子商务成熟度对在线旅游预订意向的影响——以携程旅行网为例. 旅游学刊, (2): 75-83.
雷帅. 2011. 关于山西与河南区域旅游合作研究. 山西财经大学硕士学位论文.
李麦产. 2015. 在历史文化资源的土壤里培育城市竞争新优势——以扬州为例试谈城市群中单体城市的发展. 城市观察, (1): 184-192.
李民, 史道祥. 1994. 黄河文化的历史价值. 郑州大学学报(哲学社会科学版), 27(6): 5-12.
李敏. 2011. 黄河河套地区旅游竞合研究. 四川师范大学硕士学位论文.
李文华, 闵庆文, 孙业红. 2006. 自然与文化遗产保护中几个问题的探讨. 地理研究, (4): 561-569.
李艳娜. 2008. 郑汴洛沿黄旅游资源带的成因分析. 安阳师范学院学报, (5): 93-97.
刘军, 于国伟. 2011. 黄河兰州段湿地生态旅游开发研究. 西北民族大学学报(哲学社会科学版), (6): 105-109.
刘玉芝. 2001. 对我国古城墙保护的回顾与思考//中国古都学会. 中国古都研究(第十七辑). 西安: 三秦出版社: 395.
刘战慧. 2017. 乡村旅游地乡村文化再生产的内在机理与路径选择综述与评论. 江苏商论, (3): 54-57.

刘喆，刘凯，王玮. 2018. 黄河小浪底旅游风景区的发展现状、不足之处及应对策略. 度假旅游，（2）：115-117，121.

吕世范. 2003. 中州览胜. 郑州：中州古籍出版社.

穆桂松，陈淑兰，霍孟杰，等. 2007. 河南地质旅游资源研究与开发. 成都：西南财经大学出版社.

钮仲勋. 2009. 黄河变迁与水利开发. 北京：中国水利水电出版社.

彭顺生. 2008. 世界遗产旅游概论. 北京：中国旅游出版社.

秦社芳，蒋冠林，杨晓娟. 2015. 旧城疏解背景下的历史文化遗址保护研究——以延安红色革命遗址群保护为例. 中国名城，（2）：85-90.

秦书茂. 2007. 黄河三门峡湿地生态旅游开发研究. 河北师范大学硕士学位论文.

阮仪三，袁菲，肖建莉. 2014. 对当前"重建古城"风潮的解读与建言. 城市规划学刊，（1）：14-17.

沈一兵. 2018. 乡村振兴中的文化危机及其文化自信的重构——基于文化社会学的视角. 学术界，（10）：56-66.

司马迁. 2006. 史记. 北京：中华书局.

宋军令. 2012. 新乡市沿黄地区休闲农业开发研究. 江苏商论，（2）：123-126.

宋振春，朱冠梅. 2007. 世界文化遗产旅游深度开发研究——以曲阜为例. 旅游学刊，（5）：54-60.

苏建军. 2008. 晋陕豫黄河金三角区域旅游协作建设构想. 技术经济与管理研究，（1）：123-125.

唐鸣镝. 2015. 历史文化名城旅游协同思考——基于"历史性城镇景观"视角. 城市规划，（2）：99-105.

田雪娇. 2007. 黄河三峡风景名胜区旅游资源价值评估及客源市场研究. 兰州大学硕士学位论文.

王桂霞. 2012. 创意农业旅游内涵及相关概念辨析. 上海农业学报，28（1）：97-101.

王建平. 2008. 黄河概说. 郑州：黄河水利出版社.

王琦. 2011. 晋陕豫黄河金三角跨界旅游合作研究. 辽宁师范大学硕士学位论文.

王淑华. 2007. 郑州黄河湿地生态旅游开发与可持续发展研究. 河南大学学报（自然科学版），37（4）：377-381.

王宜虎. 2003. 齐鲁文化与山东旅游业的发展. 东岳论丛，（4）：55-57.

魏凌峰，杜旭东. 2009. 黄河上游城市群结构优化研究. 干旱区资源与环境，（12）：11-14.

吴朋飞. 2014. 清代开封城市湖泊的形成与演变. 历史地理，2：65-69.

夏树人. 1994. 黄河上游多民族地区历史的总括和开启——《黄河上游地区历史与文物》评介. 重庆社会科学，（2）：88-90.

辛德勇. 2011. 黄河史话. 北京：社会科学文献出版社.

徐建勋，何可. 2014-05-23. 传承黄河文化添彩美丽河南——郑州黄河风景名胜区创新发展之路. 河南日报，第19版.

许顺湛. 1993. 黄河文明的曙光. 郑州：中州古籍出版社.

薛宝琪，杜文霞. 2007. 河南省沿黄河一线旅游优化整合研究. 南阳师范学院学报，6（9）：59-62.

薛宝琪，范红艳. 2007. 黄河沿线旅游资源开发整合研究——对建设大黄河旅游走廊的构想. 河南大学学报（自然科学版），（5）：496-500.
杨丽霞，喻学才. 2004. 中国文化遗产保护利用研究综述. 旅游学刊，19（4）：85-91.
余汉清，王新喜. 2000. 黄河花园口旅游景区深层开发定位及策略. 人民黄河，22（4）：45.
曾武佳，曾华艳，欧阳立群. 2013. 论"道法自然"思想对促进旅游者行为生态化的启示. 社会科学研究，（2）：110-114.
张纯成. 2010. 生态环境与黄河文明. 北京：人民出版社.
张慧霞，刘斯文. 2006. 晋陕豫黄河金三角地区区域旅游合作研究. 山西财经大学学报，（2）：44-48.
张新斌. 2008. 论河南段黄河为中华文化圣河. 学习论坛，24（2）：61-66.
张志伟. 2007. 黄河风景名胜区旅游产品开发. 河北师范大学硕士学位论文.
朱瑀. 2010. 大力发展创意农业，让科技创新和文化创意真正成为加快驱动县域经济发展的引擎. http：//www.zgcyny.com［2010-08-30］.
诸丹，袁力. 2009. 现代农业发展方式创新：创意农业助推乡村旅游升级发展——以四川省成都市为例. 农村经济，（9）：54-56.
Paelinck J H P，Nijkamp P. 1976. Operational Theory and Method in Regional Economics. Farnborough：Saxon House：169-170.